ASAHI SENSHO 朝日選書 983

境界の日本史

地域性の違いはどう生まれたか

森先一貴／近江俊秀

朝日新聞出版

目次

（図版作成　鳥元真生）

境界の日本史
地域性の違いはどう生まれたか

森先一貴／近江俊秀

はじめに

進歩・中心史観からの脱却

私たちの住む日本は、国民国家としては一国であるが、そのじつ、多彩な地域文化からなっている。とくに、生活や社会という側面に焦点を当ててみれば、日本列島の各地には、長い歴史を通じて形作られてきた多様な生活文化が育まれ、地域ごとに社会的な自他意識がたしかに息づいている。しかし、こうした地域社会の成り立ちや由来の深層に魅力を発見していく作業はまだ少ない。

これまでの日本史は、発展段階論にもとづく「進歩史観」と、列島中央部に成立した一政権に焦点を当てた「中心史観」によって語られることを基本としていた。進歩史観とは、狩猟採集の生活から説き始め、稲作の導入を経て、古代国家の成立、近代以降の工業化、情報化社会化といった変化を社会・経済の進歩という形で描く歴史観で、社会・経済が過去から現在に向けてよりよい方向に変化してきたとみる発展段階論である。中心史観とは、社会の中に地位の高低が生じ、政治的な統合が進んでいく古墳時代以降、畿内や東国に成立した一政権が、地方支配を進めていく過程に着目して描く歴史観といえる。

元をたどればこうした歴史観は、世界を支配せんとばかりに植民地主義を推し進めてきた西洋文明が、自らを世界の中心かつ人類発展のめざすべき頂点とし、植民地の先住民社会を進歩史上の遅れた存在とみなす、一九世紀に主唱された考え方である。しかし、その西洋文明がもたらした社会・経済の「発達」が、自然破壊や社会崩壊といったさまざまな負の遺産を将来に残した二〇世紀の現状をみれば、それを単なる進歩などと歓迎してばかりはいられない。こうした進歩史観が奪い去り、永遠に失われてしまった先住民文化の多様性は、西洋を頂点とした進歩の過程などではなく、文化の担い手を取り巻く環境や歴史的経緯によって形成されたとみる修正的な歴史観が、第二次世界大戦後の常識となっている。

まったく同じというわけではないが、日本史でみられた進歩主義的な歴史観も、このような発展段階論に大きく影響を受けてきた。世界的な思想の転換を受けて考えるならば、日本においてもこのような単純な発展段階論や、中央政権が主導する社会経済の発展史にばかり着目した研究からの脱却が必要である。とはいえ、それはかつて唱えられた「縄文文化への回帰論」を意味しない。これまでが、いわば一つの視点、一つの方向を向いた歴史であったことの反省に立ち、そうした歴史の射程から外れてしまった多くの現実を汲み取っていくことが火急の課題であると、ようやく二一世紀に入るころより繰り返し問題視されてきたところである（網野善彦　二〇〇〇）。

地域史の重要性

一国の歴史の骨格を、政治の中心に焦点を当てて説明することは一見、妥当に思える。しかし、この国の成り立ちは、日本列島の中央政権による社会や経済発展の歴史という視点では語り尽くせない多様性と深みをもっている。なにしろ、列島の各地には、現生人類がはじめて到来した旧石器時代より、土地土地の気候や風土に適応した個性豊かな生活文化が花開いてきたのだから。そうした生活文化は、やがて広域を統治する政治権力が成立してからも、基本的には変わらなかったはずである。地域の人びとにとって、為政者たちによる統治政策はもちろん重要であっただろうが、彼らの生活文化の内容を決めたのは多くの場合、為政者ではない。地域固有の文化とは、地域の人びとが自らを取り巻く自然とうまく付き合いながら、ひたむきに生きる中で紡ぎ上げられてきたものなのである。日本の歴史は、列島各地の生活文化の多様性や多元性の起源を追究することから、みつめなおす必要がある。

ひるがえって私たちの社会の現状をみれば、経済的発展による生活水準の向上に加え、情報化社会の到来により、地域の個性は似通った価値観によって均質化されようとしている。経済的に安定した人びとの多くが希求する現代的生活は、典型的で没個性的である。利便性の高い都市部への人の流入は止まらず、農山漁村など小規模な地域社会は活力を失って、徐々に解体を余儀なくされる。地域社会の解体は、地域文化の担い手不足に直結し、地域の記憶は少しずつ失われようとしている。

今こそ、多様な地域の歴史を深層からみなおし、この国の文化の多元性と多様性に光を当てる作業が必要である。それは、進歩史観・中心史観といった先験的で偏った価値観から脱却し、等閑視されてきた地域の魅力を評価すること、地域への誇りを蘇らせることに、やがてつながっていくと考えるからである。

大きな物語の必要性

一方で、逆説的なようであるが、地域の歴史は地域内だけで評価することはできない。広い視野をもって周囲をみわたさなければ、個々の地域の特徴が浮かび上がってこないからだ。

しかし、地域に焦点を当てながらも、先史時代の深みから広く日本の歴史をみわたした研究は、決して多くない。限られた研究例の中で、とくに重要と考えられるのは、藤本強による研究であろう。藤本は、古くより日本列島は畿内を中心とする東北から九州までの地域のほかに、北海道と南西諸島という異なる文化をもつ地域に分かれていたと主張した（藤本強　一九八九・二〇〇九）。私たちと同じホモ・サピエンスが各地の自然によく適応した結果、それぞれの文化は長期間にわたって独自性を保ってきたという。この研究は、一般に「日本文化」とよんでいるものがあくまで全体の一部にすぎず、列島にはさらに多様な文化が存在することに注意を促すものであった。また、列島文化の東と西を分かつ文化的な境界に着目した網野善彦も、その淵源を古く旧石器時代にまでさかのぼって確認し、先験的な「日本」という枠組みの一体性をみなおそうとしていた（網野善彦　一九九八）。これらの研究は、十分な歴史的深度から、しかも広い地理的範囲を視野に収めてみとおすことで、この国の多様性を知り、素朴な一国史観から脱却しうることを教えている。

「境界」から地域をみる

もちろん、日本列島全域のすべての地域史を叙述することは、筆者らの力量をはるかに超える。そこで本書では、地域史を成り立たせていくもの、すなわち地域と地域が分立していく過程に注目してみたい。各地域文化の詳述は難しくとも、列島全体をみたときの地域差がどこにどう現れているかに着目することは可能である。いわば地域と地域の「境界」がいつできたのかをみいだす方法である。この方法では個別の文化がどう変化したかは詳しく跡づけられないが、地域を分かつ境界がどのようにして生み出され、受け継がれるのか、その背景を含めて知ることができる。

ところで、境界という概念にはさまざまな意味があるとされる。境界の歴史を考察したブルース・バートンは、境界を政治的なもの、文化的なもの、経済的なものの三つに分類している（バートン 一九九七）。バートンによると、経済についていえば現在の世界経済システムでは地域の境界は失われているともいえるが、前近代においては、各地に狩猟採集社会、農耕社会、牧畜社会など、さまざまな生活様式をもつ社会が併存しており、その境は半ば自然発生的で、かつ「線」というより「面」的な幅をもっていただろうという。一方、政治的な境界は為政者（間）の意図によるので、そこでは曖昧さは排除され、明確さが求められる。近現代の国境がその代表であるとする。境界には自然発生的で曖昧なものから意図的で明瞭なものまでさまざまな性質があったというわけである。

たとえば、アフリカのカラハリ砂漠に住む狩猟採集民（クン族など）は、血縁親族からなる小規模な生活集団が占有する土地をもつが、相互の明確な境界は認識されていない。水など、それぞれの土地にある生活必需資源は年ごとに出現場所が変化するため、それらを共有しないと、各集団の生活が成り立たないためである（Lee and DeVore 1976）。この場合に明確な境界を設け排他的な占有地としたところで、労力の割にはさしたる意味がないことがわかるだろう。このような場合は、生活文化を共有する、より広い範囲での境界が生じていることになる。

一方、社会間の境界が明確化するのは、土地に付随する資源を排他的に利用するための「所有権」という概念が必要となる場合である。日本列島の歴史では、自らの生活の核となる土地や資源の占有は、狩猟採集を生業とする縄文時代にも認めてよい事例はあるだろうが、耕作をともなうことで土地の範囲を明確に限定する排他的占有は、弥生時代以降に集約的な水田農耕が始まってから強く意図されるようになったと考えられる。なお、世界の民族誌には、狩猟採集社会で単純な園耕（horticulture）が行われる事例も多く認められるが、地力が低下すれば簡単に放棄するなど、恒久的耕作を意図しないため、そのような土地を組織的に防衛する意味は、農耕社会ほど大きくないはずである。

農耕が本格化し、生業に占める割合が大きくなれば、それだけ土地との結びつきが強化され、地域を隔てる境界も明確化していく。やがて、古代律令国家が成立し、広範に存在する無数の地域社会を単一の政権が支配するようになると、戸籍の把握や収税など、統治のために域内の行政単位を厳格に設定する制度が不可欠となり明確な政治的境界が形成される。政治的境界には、それ以前からあった生活文化や社会の境界を無視して、強引に設定される例としてアメリカ合衆国内の州界やアフリカ諸国の国境のような植民地境界がある。これらは近代の帝国主義・西洋中心主義的な観点から緯度・経度により直線的に設定されたことはよく知られている。しかし、こうした事例を除けば、政治的な境界といえど地域の状況を踏まえた円滑な統治を推進するために、自然発生的に生まれた既存の境界を利用することのほうが一般的である。

本書は単に地域文化の分布境界の移り変わりを追究するものではない。地域と地域を隔てる境界が、さまざまな局面や背景で形成され、時代が下るほどに多様な意味を帯びていく過程に着目することで、地域性が重層的な深みを有するに至る歴史を知ることができるだろう。日本列島の文化がなぜ豊かな多様性を維持してきたか、その理解を深める試みである。本書の書名を『境界の日本史』としたのはこの理由からである。

本書の構成とねらい

本書は大きく二部からなる。まず一部では、先史時代の生活文化の地域性を探る。獲得経済に立脚していた日本列島の先史時代（旧石器時代・縄文時代）において、境界の形成は自然に規制されていたといえる。ある地域的なまとまりは、そこに暮らした集団の生活のための行動範囲に等しく、それを規制するものはおもに山、川、海などをはじめとした環境要因であったと考えられる。したがって、基本的にこの時期には自然発生的な、いわば「越え難き境界」が析出していく過程をみることになる。

二部では、稲作が弥生時代に到来・定着してから中世までの歴史を扱う。日本の歴史研究では、先史時代と歴史時代（飛鳥・奈良時代以降）のあいだに原始時代（弥生・古墳時代）という時代区分を設けることがある。これを一部と二部のどちらに含めるべきかは難しい。この時代には、土地の開発と所有が始まり、力を蓄えた有力者たちの争いが中央と地方の政治的支配関係の成立へと結びついていった。境界の形成を考えた場合、土地所有の概念がより強く認識され、いうなれば「越えるべからざる境界」が明確に認識されるようになる。所有の概念は土地や社会の自他意識を厳格にするからである。やがて境界は、国・郡・郷・里など行政単位の細分化で政治的にも制度化されるとともに、それが正統な由来をもつことを示すために、さまざまな神話が付与され固定化を遂げていく。こうしたことを踏まえ、本書では「越えるべからざる境界」への展開の起点となった弥生時代における土地利用の変化を一つの画期として、歴史時代と連続的に取り扱うこととする。

山野河海を馳せた人びとの「越え難き境界」の成立以来、列島内の境界が歴史的に重層的な意味を帯びながら変化していく過程は、単眼的で一面的であったこれまでの日本史を超えて、日本列島文化がいかに多様であり、またそのような多様な文化が成立したのはなぜかについて、理解を深めてくれるに違いない。現代の文化・社会・政治の成り立ちは、先史時代以来の歴史から切り離しては本当の意味で理解することができないことを知ったとき、現代の諸問題に向き合う姿勢はどのように変わるだろうか。本書がこのことを考える一つのきっかけになることを願うものである。

（森先一貴）

一部　境界の形成

森先一貴

一章　文化を育むもの

一　文化の多様性と環境

日本列島の文化的多様性はどのように理解されてきたか

本書では、現在の日本国の文化を「日本文化」と一括りにはしない。日本列島に生まれた諸文化の多様性に光を当てることが目的だからである。しかしながら、これまでは日本国（あるいは「日本民族」なるもの）の文化を「日本文化」とよぶのがむしろ一般的であった。

この意味での「日本文化」の成り立ちをめぐる研究は、人類学・考古学研究の主要なテーマの一つであった。すでに明治期から、「日本文化」がいったいどういった人びとの文化に由来するのかについて研究が積み重ねられてきた。その黎明期は、明治初期の日本に先進的な知識や技術をもたらすために招《しょう》聘《へい》された、いわゆる「お雇《やと》い外国人」たちが担った。彼らは、日本列島の先住民は後から日本列島にやってきた日本人の直接的祖先によって北方に駆逐された、との説を唱えていた（山田康弘　二〇一五）。

海外に留学して西欧の学問を修めた日本人研究者が、やがて「お雇い外国人」に代わり各学問分野を牽《けん》引《いん》するようになると、先の論旨の大要は踏襲されつつも、さらなる調査と研究にもとづいて肉付けされ、あるいは修正されていく。戦後になると、歴史上、日本列島には周辺大陸から波状的・多重的な人類移動があり、先住の人びとを追いやったり、支配したりしながら一つの国家を作り上げていったという論調がより活性化する。のちに「日本民族文化起源論」などとよばれるこうした研究は、考古学との連携によって自らの体系化を遂げていく。その初期の立役者こそ、人類学をはじめ多くの学問に大きな影響を残した鳥居龍蔵やそれを引き継ぐ民族学者、岡正雄らであった。

岡正雄は、「日本文化」の形成過程について、周辺大陸文化との比較をもとに壮大な見取り図を発表し、近代的な学問分野としての日本民族学の基礎を作り上げた人物と評される。この岡の学説が最初に発表されたのは一九三三年のことであった。ドイツ語であったため日本ではあまり知られなかったが（岡正雄『古日本の文化層』ウィーン大学提出博士学位論文）、「日本文化」の形成過程論の礎を築いたものとして、のちのちまでその影響力を保持することとなる。

岡は日本およびその周辺大陸の民俗を、民族学・考古学・言語学の観点から広く比較しながら、次のような結論を導いた（岡正雄　一九五八ａｂ）。「おそらく日本列島には先行文化を一挙に消滅させ文化的連続を断絶させたような新来文化は入ってこなかった」。ただし、「こんにち見られる日本文化の多彩・多様さは、同系同質文化の発展過程における分化的展開によって成立した姿形としてだけで、説明されないだろう」とも述べている。その上で、「日本固有文化は、南中国、江南地域、インドネシア方面から渡来したいくつかの農耕民文化の分厚い地盤の上に、支配者文化が被覆してできあがった混合文

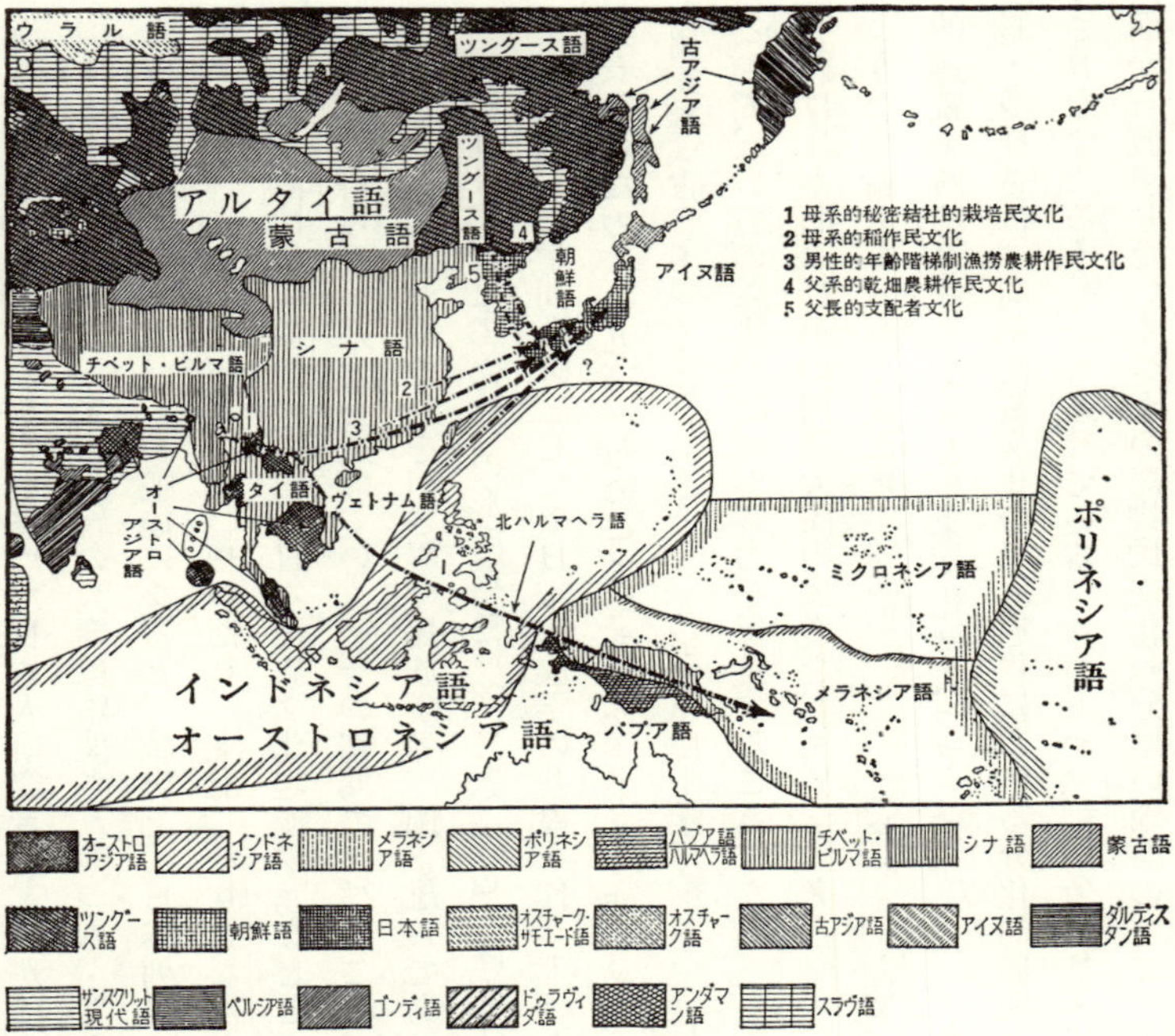

図1-1-1　岡正雄による「民族」「文化」の伝播と混合
岡正雄は、日本列島周辺の歴史上あるいは現存の「民族」「文化」について、言語、社会制度（父系・母系）や生業様式（農耕、漁撈、狩猟）によって特徴を整理し（図中1～5）、日本列島に歴史上存在した社会と比較することで、その起源地を推定した。図中矢印はそうした文化の到来を示す（岡正雄1958aより）

化である」とした（図1-1-1）。

戦後民族／民俗学の限界

東・東南アジア方面からの農耕民文化を基盤に、「支配者層の文化」なるものが接ぎ木されて、「日本文化」の骨格ができあがったとするこの大胆な学説が、東洋史学者として著名な江上波夫の「騎馬民族征服王朝説」（江上波夫　一九六七）にも強い影響を与えたことはよく知られている。岡らの主張に代表されるように、大陸からの移住集団が幾重にも到来・定着してわが国の文化の多様性を作り上げているという集団的な伝播系統論による理解は、比較的最近まで考古学にも強い影響を与えていた。

第二次世界大戦によってこれらの研究も中断を余儀なくされていたが、戦後になると、この基本的なフレームは継承されつつも、おもに民族学・民俗学から新たな検討が加えられる。たとえば、サケの漁労儀礼や雑穀栽培など日本の諸民俗にみられる北方的要素に着目する大林太良の研究や、西日本の照葉樹林文化が中国大陸に広がりをもち、東日本にはロシア極東の沿海地方に連続するナラ林文化が広がったのだとして、列島の大きな東西文化の成立を周辺大陸文化との関係から説明する佐々木高明の研究などは、その代表といえよう。この時期には、民俗誌を手がかりとして日本列島のさまざまな地域性を調べ、その起源を探るために民族学や考古学の成果を積極的に取り入れる論調が目立つ。やがてその成果は一般書の形で総括されるようになり、広く世に問われていった。とくに、一九七八年から国立民族学博物館が中心となって進めてきた特別研究「日本民族文化の源流の比較研究」の一九八八年に行われたシンポジウムは、その大総括と位置づけられる。

しかし、皮肉なことに、このころにはすでに民俗学研究は考古学的成果をうまく吸収することが難しくなっていた。それは、全国各地で大規模開発が進められ、それまで想像もできなかったほどの発掘調査が行われるようになり、膨大な資料の蓄積があったからである。先のシンポジウムの記録には、それまでの日本民族文化起源論が、考古資料の急増と齟齬《そご》をきたしつつある状況をみて取ることができる。たとえば、『古事記』や『日本書紀』にみられる作物起源神話（食物を生み出す地母神を殺害し、その死体からこの世のあらゆる作物を生じさせる神話）と、縄文時代の土偶破砕儀礼に共通点をみいだし、こうした神話の起源を縄文時代にまでさかのぼらせようとする、古代神話学からの説が紹介されている。しかし、当時の討論において考古学者の佐原眞は、「考古学の立場からしますと古墳時代、弥生時代には土偶を破壊するような行為に当たる資料が全然ない。したがって日本神話の起源をいきなり縄文時代中期にまでもっていっていいのかどうか私には不安として残っています」と、基礎的かつ根本的な問題点を指摘している（佐々木高明／大林太良編　一九九一、二一九頁）。先にも述べたが、日本民族文化起源論は、現在の民俗伝承・文化によって日本の地域性を導き、そうした民俗の由来を探るに当たっては考古資料を情報源とする一定のパターンがある。しかし、現在の視点からみれば、民俗学研究と考古資料とのこうした関連づけは、強引で時間軸を無視したものであり、主張の多くが大胆だが根拠が弱いと評せざるをえない（都出比呂志　一九八六）。先史時代にさかのぼって日本の地域性が生じる理由を追い求めたこと自体は高く評価されるものの、この論陣がやがて考古資料の蓄積を消化することが難しくなっていったのも、当然の流れだったのである。

膨大な考古資料を整理する

それまでに考えもしなかったような発見が相次ぎ、古くから全国各地に複雑で多様な文化が花開いていたことが、一九七〇年代以降の昭和後期から少しずつわかってきた。以前のように、外来文化が到来し入り混じることによって新たな文化が生じるといった議論では、バラエティに富む考古資料を説明できなくなっていたのである。土器を使った年代のものさしである編年体系のいっそうの精緻《せいち》化が求められ、年代観の検討を十分に尽くさないまま議論を進めることはできなくなっていった。まずは、地域の膨大な考古資料を整理することの必要性が認識され、「型式学的方法」にもとづく詳細な研究が精力的に行われることとなった。

編年研究の基礎となる型式学的方法（タイポロジー）とは、遺物や遺構にみられる技術、機能や形態の特徴にもとづいて分類し、分類されたものどうしの相対的な前後関係を考察したり、文化的な影響関係を追究したりする研究法である。一九世紀後半、ダーウィンによる進化論の考え方が普及したころに生み出された考古学的な研究法で、デンマークのオスカル・モンテリウスらがその最も基礎的な方法論の考案者として知られる。

型式学的方法について、佐原眞による、背広（スーツ）を題材にした説明を紹介しよう（佐原眞　二〇〇五）。背広は本来、詰襟《つめえり》の上着だった。詰襟とは首元までボタンを閉めて襟を立てたものである。あまり今は普及していないが、男子学生服を思い浮かべてもらえばよい。いつのころか、この詰襟の上着の襟を折って着ることが流行し、現在の背広の形が生まれた。背広の襟のボタン孔は、弁護士や国会議員がバッジをつけるためにあるのではなく、詰襟だったころの第一ボタン孔の名残なのである。現在ではこうした背広の形は多様化を遂げていてさまざまであるが、この変化の原理を知っていれば、詰襟に近い形態を保っているものが古く、装飾性が高くなって詰襟の原型をほとんど保っていないものが新しいと考えられる。これが型式学的な方法であり、この考えに沿ったものの並びを型式組列という。

ただ、この説明では詰襟から背広への変化は仮説であり、本当に正しいかどうかわからないため、考案者モンテリウス自身も述べているように、別の基準でクロスチェックするのがよい。たとえば古い写真をみて、写真が撮られた年代と背広の変化を相互にチェックできれば、確実な変遷とその原理を説明できるだろう。

遺跡でも同じである。たとえば弥生土器なら、ある地域の遺跡から出土した壺を分類し、その形状、技術、装飾の特徴をもとにさらに細かく分類し、ある法則性をみいだしてその新旧関係を推定する。ただし、これだけでは仮説にすぎないので、壺の出土状況の情報（層位や遺構の新旧関係）を参照しながら、型式の前後関係をチェックすることによって、信頼できる型式編年を組み立てていく。また、後述するように放射性炭素年代測定法などによる自然科学的方法を援用することも多い。こうしてその地域に確固とした型式編年ができあがれば、新たな遺跡を発掘するときに年代のものさしにすることができるわけである。中にはその壺の型式の並びに当てはまらない一風変わった壺もあるだろう。その場合、この壺は地元とは異なる文化伝統に属すると判断できることもある。この壺が型式編年の中のどの壺と同時期なのか、遺跡での出土状況や年代測定によって確かめられれば、この地域がいつ外部の文化の影響を受けたかもわかる。

このように、型式学的方法は考古学により遺跡で発見した遺構や遺物を分類し、分類したもの相互の関係を整理するための最も基本的かつ重要な方法である。この積み重ねで、考古学は過去の人びとの文化の変化や広がり、他の地域との影響関係や違いを明らかにしていく。こうして列島全域に、精緻な考古編年が構築されていった結果、日本民族文化起源論のような、おおまかな時期推定にもとづく大胆な議論の展開は難しくなったのである。

コラム　遺跡の年代を測る

型式学的方法では遺物などの相互の新旧関係を明らかにして相対編年を作ることができる。ただし、相対編年は数値年代をもたないので、なんらかの方法で数値年代を与えなければ気候変動や環境変化といったほかの事象との相互関係はわからないことにお気づきだと思う。

絶対（暦）年代は、たとえば遺物と一緒に紀年が書かれた木簡が出土したり、史料に現れる事象を表す遺構がみつかることなどからわかることがある。しかし、こうした幸運に恵まれることは決して多くない。そこでよく用いられるのが、自然科学的方法にもとづく年代測定である。とくに放射性炭素年代測定法は最もよく利用される。この原理は次のようになる。自然界の炭素原子には重さが異なる^{12}C、^{13}C、^{14}Cという三つの原子が存在する。このうち、^{12}Cが約九九パーセントを占め、^{13}Cは約一パーセント、^{14}Cはじつに約一兆分の一だけ存在する。最も少ない^{14}C原子は放射性炭素とよばれるのだが、これは不安定な原子であり一定の速度でβ線を放出して壊れ、窒素原子^{14}Nに変化する。この「一定の速度」(^{14}C原子の半減期は五七三〇±四〇年)で壊れていくという性質を利用するのが放射性炭素年代測定法である。^{14}Cは食物網を通じてありとあらゆる生物の体内に保有されているが、生命活動が停止すると炭素を新たに取り込むことはなくなるため、その時点から^{14}C原子の数は減少の一途をたどる。残された^{14}C原子の数がどれだけであるかによって、生命活動を停止した時期を算出することができるわけである。たとえば、旧石器時代の炉にともなう木炭や、縄文土器の内側に付着した煮炊きにともなう焦げ痕などの炭化物なども生物由来である。このためその放射性炭素年代は、遺跡が残された年代や土器が使用された年代を示す(吉田邦夫編 二〇一二)。

ただし、この年代を利用するに当たっては、いくつかの留意点もある。とくに、この測定法では、大気中の二酸化炭素の^{14}C濃度は一定であると仮定していたが、実際はさまざまな理由で変動していることがわかった。このため年代が古くなるほど、測定値は実際の年代と齟齬をきたすことがわかった。この問題に対処するため、まずは一年ごとに形成される樹木年輪と、その年代測定値を突き合わせて放射性炭素年代を補正する作業が始められ、その較正曲線が一九八〇年代から改良されながら数年おきに公表されている。最も新しいIntCal13という較正曲線(二〇一三年に発表)では、海洋堆積物や福井県の水月湖《すいげつ》の湖底堆積物、洞窟鍾乳石、サンゴ化石などを用いて、放射性炭素年代測定の限界とされる五万年前までの較正曲線が公表されている。以下、本書で用いる年代は、すべて較正年代値あるいは、史料にもとづく暦年代とする。

なお、自然科学的方法による年代測定には、ほかにもカリウム-アルゴン法、ウランシリーズ法、フィッショントラック法、熱ルミネッセンス法などがあり、それぞれに長所と短所、測定可能年代の違いがある。

考古資料からわかること

日本の考古学にはなお二つの問題があった。一つは先史時代の深みから広く日本の歴史をみわたした研究がこれまで欠けていたことで、膨大な資料の蓄積はやがて地域ごとの考古学・歴史学研究を深めていく方向へと導いた。今ではいっそう専門分化が進み、広い時空間を射程に収めた、あるいは学際的視野からなる学説が提出されることは少ない。また、テーマとしても、日本列島の人類文化の起源か日本政治社会史か、この二つのテーマが接点をもつこともほとんどなかった。先史考古学と歴史考古学のめざす方向性が合致していなかったというべきかもしれない。個々に深められたそれらの成果を、広い視野で捉え直す研究は、近年少なくなりつつある。

もう一つ、従来の研究法に関する問題に触れておきたい。日本民族文化起源論では、外部からの「文化」的影響が、ある地域の「文化」に変化をもたらすという考えであった。この考えを「文化伝播論」という。とくに、岡正雄はウィーン大学で世界の諸民族の分布の歴史を解明しようとした「文化圏説」の歴史民族学者、ウィルヘルム・シュミットに学んでいた。シュミットの研究方法は、諸民族の物質文化と精神文化を目録化し、その伝播関係によって現在の諸民族の成立を推定するものであった。このため、日本民族文化論においても、「日本文化」がほかのどのような文化圏から影響を受けて形成されてきたのかという論理構成が、その後、長く受け継がれることとなったのである。

この考え方は考古学でも長らく継承されてきた。日本考古学の場合、ヨーロッパ考古学からの影響が大きく、「繰り返し認められる考古遺物の組み合わせ」を「(考古学的)文化」とよび、「文化」相互の年代関係と伝播による影響関係によって歴史を記述してきた。たとえば縄文土器、弥生土器の諸型式などをはじめとした、土器文化を単位とした伝播系統論が長らく重視されてきたのである。こうした研究を「文化史研究」というが、そもそもこの文化の捉え方には限界がある。

卑近な問題にたとえてみよう。日本には戦後を中心に、欧米から多くの人びとが観光や仕事で訪れ、さまざまな物質文化や情報が日本にもたらされてきた。これを単純な伝播論で説明すれば、「日本文化」と欧米文化の接触による文化伝播がもたらした文化変容が起こったということになる。しかし、これでは欧米文化の受容がなぜ、どのレベルで起こったのかはまったくわからない。たしかに、食生活や住居の構造、服装といった要素には、欧米文化を取り入れたことが認められるが、行動様式や思考法や社会的コミュニケーションについても欧米と同化したといえるだろうか。島国である日本で育った私たちは、依然として言語や文化の壁というものを感じ、日常的にそれを話題にしているのではないか。

文化を知るということは、その多様な側面に目を向け、その複雑な成り立ちを知ることである。文化史は、いつ、どこに、どんなモノがあったのかを整理することに長《た》けている。地域ごとの違いも明らかにされてきた。しかし、どうしてその違いが生じたのかを知るには不十分である。

文化史研究の限界

やがて考古学でも、遺物の集合体を「文化」と読み替え、文化を単位とした変化を追究するだけでは、人間の歴史を語る上で一面的すぎることが知られた。そこには、文化圏説が民族間の優劣を争う第二次世界大戦に利用されたことへの反省もあった。一九六〇年代後半以降の欧米（とくにアメリカ）を中心に、文化といっているものは生活文化（技術や生業）、社会、政治、宗教や世界観といったものの総合体、すなわち「システム」とみるべきだという考え方が提唱されたのである。

先に例示した生活、社会、政治、宗教や世界観などのうち、個別に考えて考古学から最も幅広くアプローチしやすいのは、すべての人に直接関係する生活面であろう。人は生きていくために生計を立て、日常生活を営む。たとえば弥生時代の集落でも、古代の集落でも、江戸の町屋にも、人びとの生活文化が色濃く反映されている。社会的関係はもう少し複雑である。世界の狩猟採集民には社会の構成員を二つに分け、相互に助け合ったり婚姻関係を結んだり儀礼において補完的な役割を果たすという社会構造（半族）が認められ、半族が円環状の集落形態を二分したりする事例があるが、縄文時代中期の環状集落からこうした双分組織をみいだす研究がある。また、人骨にみられる抜歯の風習などから社会組織を調べた研究もある。政治制度を、考古学によって直接明らかにすることは難しい。たとえば古墳時代を想定すればわかりやすいように、限られた遺構（古墳）や遺物（威信財・副葬品）から個々人の地位や、地域間の政治的関係を知る手がかりを得るほかない。さらに世界観や宗教などが深く関係する心性となると、考古学からのアプローチは至難である。遺跡を中心とした周辺景観と遺構との関係、非実用的な遺物、土器絵画や岩壁絵画など、限られた情報はあるが、考古学によって遺物から直接知ることはなかなか困難である。こうしたことから、文化史研究では社会や政治や世界観は、考古資料から直接追究すべき主な対象からは外れることが多かった。追究すべきは「文化」どうしの影響関係であった。

「相互に影響を及ぼし合う全体」

一方、システムという考え方は、各要素が相互に影響を及ぼし合って全体が機能しているとみなすもので、たとえば個別の様相に分解したのでは理解できない生命現象を説明するために、二〇世紀半ばから広く用いられ始めた概念である。本書の内容でいうと、技術や生業や社会、あるいはそれらを構成する諸要素を文化史のように個々別々には捉えず、相互に影響をもたらし合う全体として理解する考え方ということになる。たとえば、どのような生業を行うかは、自らを取り巻く環境や、どこに住むかといった居住形態、どのような規模・メンバーで生業活動を行うべきかという社会集団の構成などに深く関係するし、生活に恵みを与える自然環境の捉え方、つまり自然観・世界観にも関わってくる。また、生業や社会のありかたによっては富にかたよりが生じ、共同体を牛耳る権力者が生まれ、やがて強大な政治権力を築き上げることもある。それぞれの事象は相互に有機的に連動するシステムとして理解するほうが、より具体的で現実的な解釈が可能となるのである。

ここで試みに、遺跡の遺構や遺物がそれを残した人びとの生活のなにをどこまで反映しているのかを考えてみよう。自分たちの生活に当てはめて想像していただくとわかりやすい。たとえば、読者のみなさんの家から「文字」を記したものや、食物など通常は腐って跡かたなく消滅する有機物をひとつ残らず取り除くとする。残された家具や食器、服飾品などの生活道具と家の間取りからなにがいえるのかを想像してみていただきたい。家具、食器の種類や格調などから、生活水準がわかりそうである。間取りなどの情報を合わせて、家族構成や生活空間の配置構造（居間・台所・客間・寝室など）などもわかるかもしれない。遠くの地から届いたような周囲にみあたらない贈答物らしきものがあれば、地域を越えた交流があることもわかる。その送り主がもしわかれば、居住者の集落内の社会的な立場にも迫ることができるかもしれない。神棚や仏壇があれば神仏・祖霊崇拝等の祭祀を大切にしていたこともわかるであろう。

遺存状態さえよければ、遺跡でも同じようなことを明らかにできる場合もある。ただし、注意すべきなのは、こうした家具や食器や間取りのリストを作り、それをこの地域における「文化」とみなすのが文化史であり、一方、それらはこの建物に住んでいた一つの小集団の生活文化の一側面にすぎないと考え、ほかの遺跡を含めて地域内にみられる人びとの生活の多様性と全体像、その社会組織などを、周辺環境と関連づけながら理解しようとするのが、文化史からの脱却の方向性なのである。すなわち、地域の生活様式はどのようなもので、どのような気候風土で育まれてきたのか。人びとはそれをいかなる社会組織の中で実践し、他地域とはどのように交流していたのか。地域を越えた政治組織がそこに関与していたか。こういった人間社会の諸階層・諸側面を相互に関連づけて全体的に理解しようとする姿勢が求められる。

「環境」という視点の重要性

ここまで述べてきたことからわかるように、考古学はじつは過去の人や社会全般を扱う総合科学の側面をもつ。専門分化が進む中、考古学には現代社会の諸問題を扱う学問の全般に対する関心と知識が必要となる。社会学、経済学、生態学、生物学、民族学、人類学、文献史学、地理学、地質学、環境学との連携は今や必須である。

とりわけ、環境の視点は欠かせない。本書のように、生活や社会と自然環境の深い関係が強く認識されるようになった契機は、二〇世紀後半を中心に、工業・産業の発展にともなって起こった環境問題である。人間を生態系の一部として理解し、人間社会の生活の変化を、環境との関係で理解することが重視されるようになった。

もちろん、これまでにも文化に及ぼす環境の影響に着目した研究はある。日本民族文化起源論でも、佐々木高明の照葉樹林文化論やそれに影響を受けた大林太良らの視点に、環境や生態といった観点が認められることは先述した。考古学でも、一九八〇年代ごろには「環境考古学」として、古環境と考古資料の重ね合わせから、お互いの相関をみいだそうとする研究が行われた時期があった。ただし、この時期のいわゆる「環境考古学」とは、たとえば考古学的な文化の分布と古植生図を重ね、そこに一致が認められた場合に、両者になんらかの関係を指摘するものであった。しかしながら、伝播論の限界と同様に、こうした作業はその一致がなぜ、どのようにして生じたのかを説明する理論を欠いていた。

一方、現在では過去の人びとの生活に加え、古環境に関するデータが集められ、その関係を読みとく理論も鍛えられている。過去の人びとがどういった気候・風土の中で、どのような環境の中に住み、どのような道具や技術や社会で、いかなる資源を利用しながら生活していたのかを具体的に議論し始めているのだ。つまり、人間社会の環境適応システムという観点である。

人と環境の関わりという視点は、日本列島各地の文化の多様化を知る上で、最も重要である。狩猟採集で日々を送っていた先史時代においては、地形や地質、動植物の種類など、自然環境と深く付き合いながら生活していた。その環境が変化すれば、あるいは異なる環境の地域では、それに適応した生活文化や社会が生まれていく。

自然環境と付き合う中で醸成されていく地域性、これを「はじめに」で「越え難き境界」と述べた。本書の関心は、その後の歴史においてこの生活文化の黎明期の地域性がどのような意味をもつことになるのか、古代律令国家ひいてはその後の地域社会に連なっていく歴史をみいだすことにある。いま当然のごとく一つの国家としてみられているこの国の、地域それぞれの風土に応じた歴史の深層に迫ってみよう。

二　日本列島の環境

アジア東縁に浮かぶ箱庭列島

最初に日本列島の環境的な特性をみておこう。日本列島はアジア大陸東縁部に浮かぶ、花綵《かさい》（＝花飾り）列島ともよばれる細長い島弧である（図1-1-2）。東西にも南北にも長く伸びるため、多様な気候条件を含んでいる。また、その陸地面積の約七割が山地で、きわめて起伏に富んでいる。この点、形成が古く、おもに低平な陸地で構成されるヨーロッパなどの大陸部とは大きく異なる（「国土技術研究センター」ウェブサイト参照、http://www.jice.or.jp/knowledge/japan/commentary07）。

その理由は、日本列島の置かれた位置に関係している。地球では、内部で高熱のマントルが熱対流することによって、外殻に当たる岩の板（プレート）がひしめき合い、各地でさまざまな地殻変動を引き起こしている。日本列島はそうした運動が活発な環太平洋造山帯に含まれ、ユーラシアプレートとフィリピン海プレート、太平洋プレート、北米プレートがぶつかり合うことによって、激しい地殻変動が起こる地域にある。およそ二〇〇〇万〜一五〇〇〇万年前にユーラシア東縁部から切り離されて以降、長く複雑な地殻変動を経て現在の列島の姿になったのである。地殻変動は現在も継続しており、地震や火山を引き起こす原因となっている。

こうした地殻の運動を背景として、日本列島では本州の中央に大きな脊梁《せきりよう》山脈が発達し、太平洋側と日本海側を隔てている。さらにそれと並行するように四国山地や九州中央山地があり、北海道にも中央部を南北に日高《ひだか》山脈や天塩《てしお》山地が聳《そび》える。脊梁山脈に連なる大小の山地は、河川に刻まれながら複雑に入り組んでおり、平野部はそれらに囲まれて細かく分断され、盆地が発達している。地形の複雑さは、日本の気候や環境の多様性を生み出す舞台である。

さらに、南北からの海流がこの島国を囲むように流れている。中でも温暖な黒潮を擁する海洋環境が、東アジアモンスーンの影響を受けながら、乾燥と湿潤を繰り返す変化に富んだ気候を形成している。しかも先にみた複雑な地形環境に影響されて降水のパターンは複雑化する。季節ごとに、また地域によって雨や雪の降り方、湿潤期と渇水期の訪れはさまざまである。こうした地形や気候が複雑に影響し合うことによって、日本列島に多様な生態系が形成されている。美しく移ろう四季それぞれに、目を奪われるような多彩な風景や景観を生み出すものも、また同じである。日本の環境が「箱庭的」といわれる所以《ゆえん》はここにある。

環境の変化

このような日本列島の気候の特徴は常に不変だったのだろうか。その答えは意外にも極北の地からもたらされる。グリーンランドは毎年降り積もった雪が自重で固く押し固められ、ほぼ全域が厚い氷床に覆われている。グリーンランドの氷には、当時の気候に関するさまざまな情報が含まれており、過去十万年分以上の気候変動が記録されている。氷床に特殊なドリルを打ち込み、取り出された柱状の氷の試料（ボーリングコア）に含まれている酸素同位体比の変化を調べれば、気候が過去から現在にかけてど

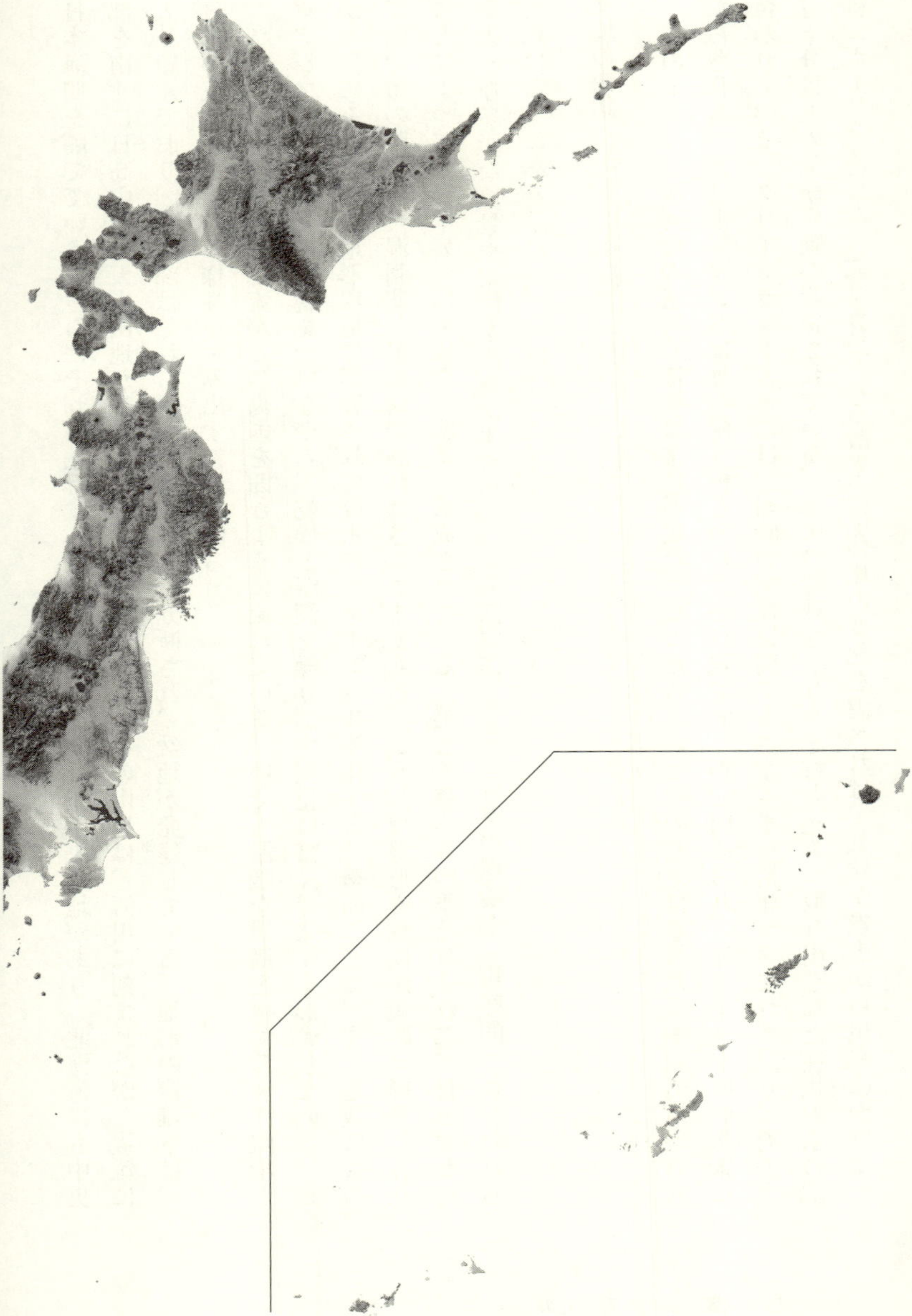

図1-1-2　日本列島のかたち（カシミール3Dで作成）

のように変化したのかを知ることができる。深層まで氷床を掘削するための技術的な課題を克服し、氷床コア研究が実現したのは二〇世紀後半以降のことであったが、そこから得られた成果は衝撃的なものであった（大河内直彦　二〇〇八）。

それまでにも、北米やヨーロッパアルプスの氷河研究から過去に大規模な気候変動があったことが知られていた。氷河が伸長する時期を氷期とし、人類が生まれてからの第四紀（約二五〇万年前以降）には、四つの氷期があったとされてきたのである。この氷期編年はこれらの地域にとどまらず広く観察可能であるとして、北欧やシベリアなどでも対応する氷河地形の研究が行われてきたのだが、すでに各地ではこの四つに加えてさらに細かい氷期が存在する可能性が知られ始めていた。そこに現れたのがグリーンランド氷床の分析結果である。グリーンランド氷床のボーリングコアが明らかにしたのは、きわめて不安定で急激な気候変動の繰り返しであった。この変動は、発見者の名をとってダンスガード＝オシュガー・イベントとよばれ、それまでの氷期のイメージを一変させた（図1-1-3）。一万年あまり前から現在までの完新世は温暖で比較的安定した気候であったが、それ以前の更新世は、単に寒いだけの時期ではなく、急激な温暖化と寒冷化が唐突かつ複雑に繰り返すという、それまでまったく想像だにしていない世界だったのである。

じつは日本にも、福井県三方《みかた》五湖の一つ、水月湖に、世界に誇る古環境情報が秘められていることがわかっている。水月湖は、そこに直接流れ込む河川が少なく湖底での生物活動もほとんどないという特殊条件が備わっているため、湖底に溜まった毎年毎年の堆積物が、その後ほとんど乱されていない。このため、世界でも最高品質の長期間にわたる年代目盛りを提供するのである。過去の気候変動や環境変化を詳しく知ることができることから、世界的に注目されている。

水月湖が提供する過去一五万年分の気候変動・環境変化によると、まず、一二万〜一一万年前と、最近一万年間が温暖期にあることがわかる。この間には「最終氷期」とよばれる寒冷期があり、中でも一番寒かったのは今からおよそ二万年前で、「最終氷期最寒冷期」とよばれている。温暖期とこの寒冷期の温度の差は一〇度にも及ぶと考えられている。およそ四万年前から始まる日本列島の後期旧石器時代は、この最寒冷期に向けて次第に寒冷化を強めていった時期に当たる。やがて一万五〇〇〇年前ごろか

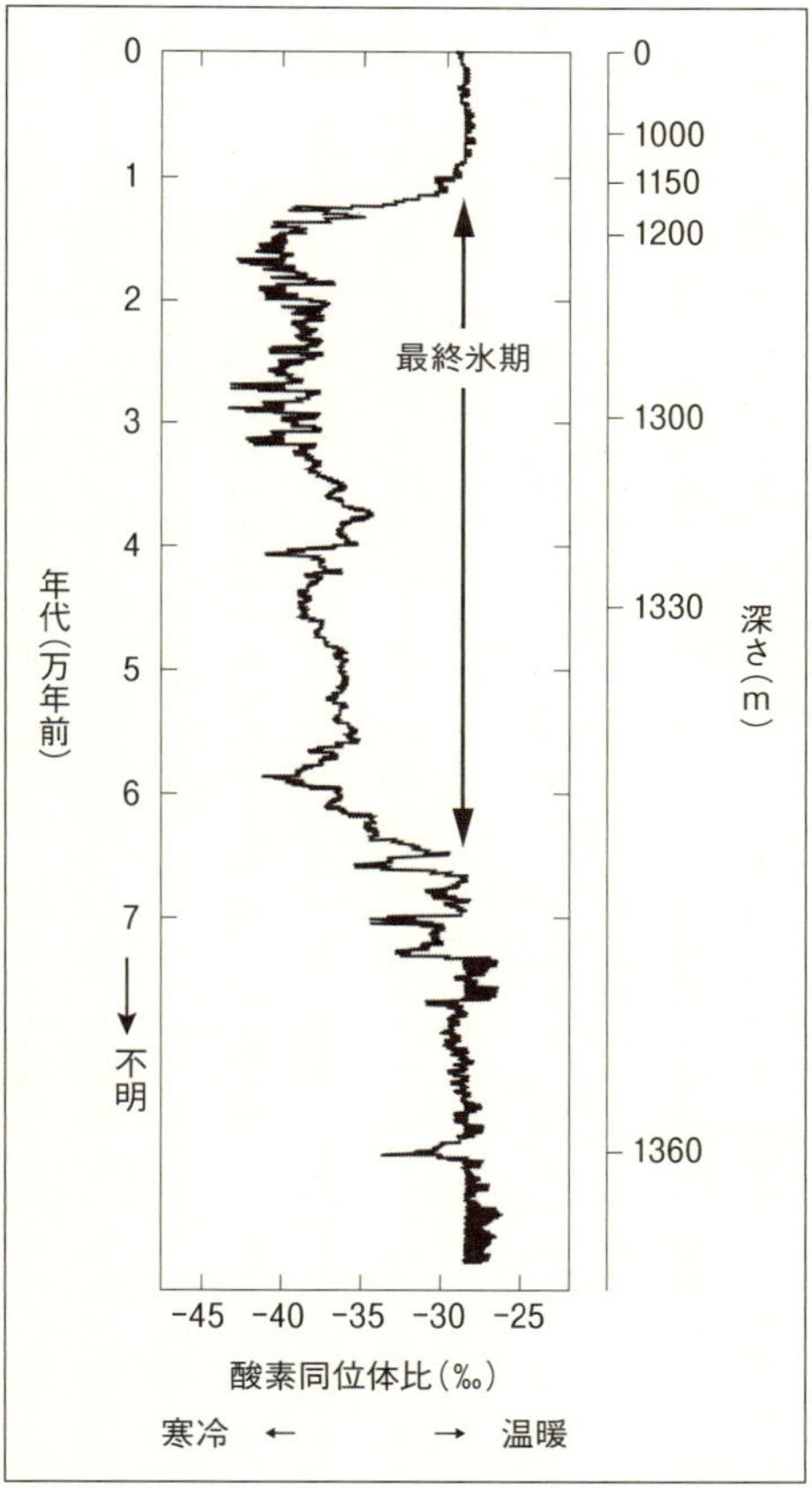

図1-1-3 グリーンランドの氷床コア（キャンプ・センチュリー）に記録された気候変動
(Dansgaard, W. et al. One thousand centuries of climatic record from Camp Century on the Greenland ice sheet. *Science*, 166. にもとづく大河内直彦 2008に加筆)

ら晩氷期とよばれる急激な気候変動が始まり、顕著な温暖化と寒冷化がたてつづけに起こった。しかしそれも束の間で、一万一六〇〇年前ごろに再び急速に温暖化し、気候変動の振幅も小さくなって、今の私たちの住む世界に近い気候と環境が形作られていったことが明らかになっている（中川毅　二〇一七）。

水月湖が提供する気候の変動や振幅のデータはグリーンランドのデータと大枠で一致し、より日本の実情に合わせた情報を提供している。また、コラム「遺跡の年代を測る」に述べた放射性炭素年代の較正曲線 IntCal13の基準データとしても利用されている。

複雑な気候変動下にあったため一概にいうことは難しいが、日本列島でも、最終氷期は今より五～七度も気温が低く、東京あたりが現在の札幌付近に近い環境条件にあったといわれる。現在のような植林スギではなく、マツやトウヒといった寒冷地の針葉樹にブナなどの広葉樹がともなう冷温帯針広混交林が関東地方にも多くみられた。その北側にはより寒冷な亜寒帯針葉樹林、北海道には疎林や草原が広がるまったく異なる景観があった。一方、太平洋沿岸には暖温帯落葉広葉樹林や常緑広葉樹林も帯状にみられた。

山地のありようは今と変わらないが、氷期には地球の水分が極地に多く固定されて海水準が低下したため、海面は今より一〇〇メートルほども低かった。そのため、陸地も今よりはるかに広く、川はいっそう深く山や丘陵を刻んでいた。現在の北海道はサハリン島や国後島《くなしり》とともに大陸と陸続きになっていた（古サハリン-北海道-クリル半島という）。本州・四国・九州も陸続きであったが（古本州島という）、朝鮮半島とのあいだには細い海峡が存在したと考えられている。琉球列島は依然として陸続きとはなっていなかった（図1-1-4）。旧石器時代から縄文時代の初めにかけては、今とはかなり違った日本列島の姿

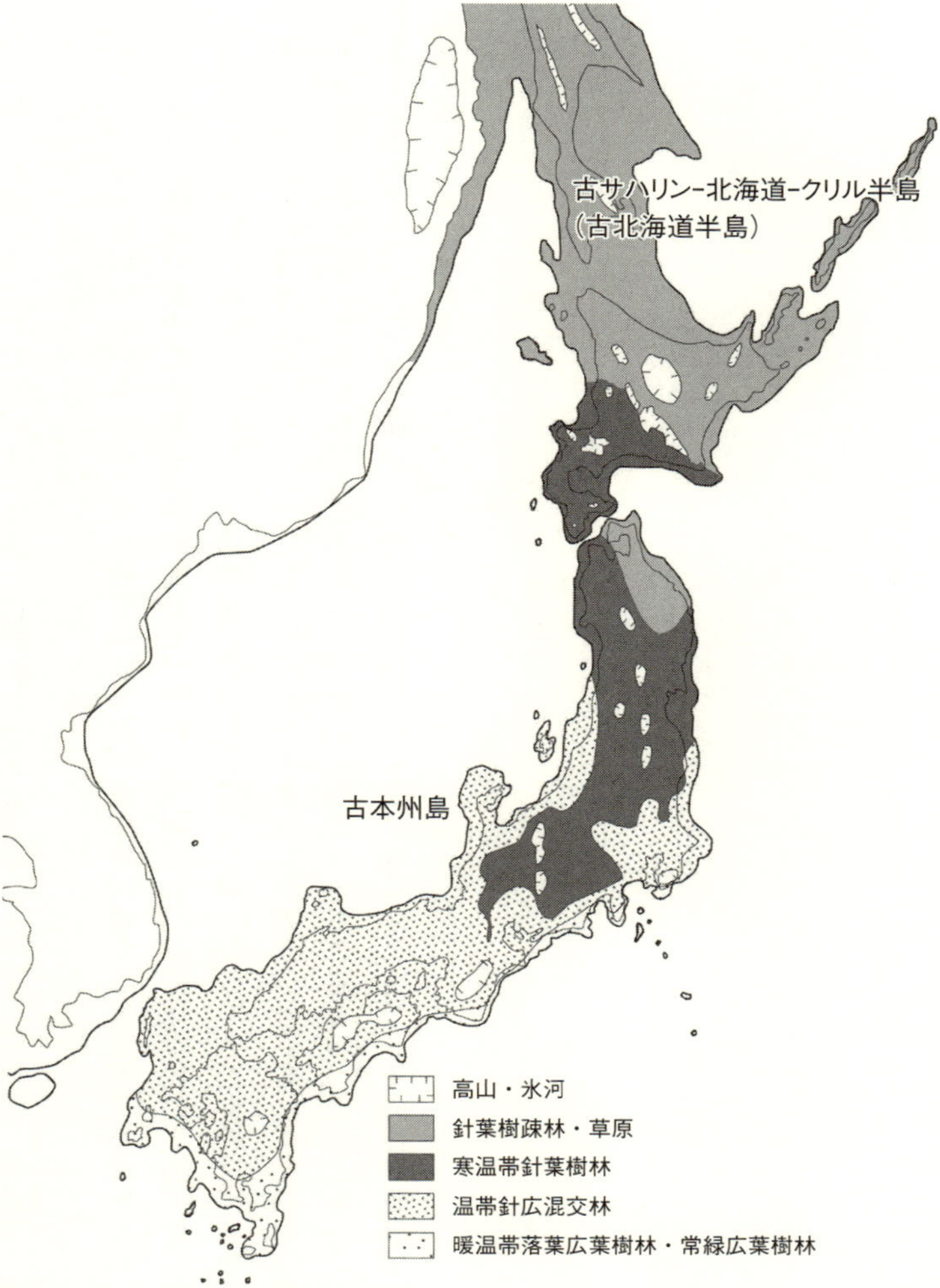

図1-1-4　最終氷期（約2万年前）における日本列島の自然環境
本州・四国・九州は一つの陸地となり、瀬戸内海は陸化している（佐藤宏之／山田哲／出穂雅実「旧石器時代の狩猟と動物資源」『シリーズ日本列島の三万五百年——人と自然の環境史2　野と原の環境史』文一総合出版2011より）

を思い描く必要があるのだ。以下、本書では簡便のため前者を「古北海道半島」、後者を「古本州島」とよびたい。

さて、次章からはいよいよ実際の考古資料によって、地域を区別するさまざまな境界をみいだしていく。最初は、地域の歴史を律した自然的背景と、それに規制された狩猟採集民の生活文化の境界形成から説き始めることになる。しかし、生活文化の境界として浮かび上がってきたものは、その後の歴史の中でより多義的な意味を帯びていく。生活文化の境界であったものが、社会集団の領域的な境界としてさらに細分されたり、あるいはそれを踏襲した政治的境界が設定されるといったこともある。箱庭列島に生まれる境界を、大きな物語としての人間環境史から説き起こすことで、その後の重層的で多義的な境界形成の意味に触れることができるだろう。

二章　黎明期の列島文化と境界―旧石器時代

一　狩猟採集民の世界

狩猟採集生活とは

毛皮でできた衣服をまとったいかにも粗野な男たちが石の槍で巨象を狩っている。その技術は未熟で、生活も貧しくその日暮らしである。農耕の導入によって「文明」の恩恵を受け、「発展」を遂げるまでの狩猟採集民社会にこのようなイメージをもつ人は多いと思う。しかし、近年の多くの発見は、こうした彼らへの不当な評価を覆すものばかりである。まずここでは、旧石器時代から縄文時代を特徴づける狩猟採集生活というものがどういった生活なのかを簡単に解説しておきたい。

狩猟採集社会は、狩猟や採集による獲得経済に立脚し、特定の居住地をもたない遊動生活を基本としている。正確には、狩猟採集民が必ずしも遊動生活を送っていたとは限らないのだが、今の私たちのように特定の場所に居住地を定めて生活を営むためには、その周辺で安定して食料を獲得し、家族や親族を養っていく必要がある。狩猟採集生活において、食料となる獲物がいつでも手に入るわけではなく、それは私たちが思うほど簡単なことではない。それまでの経験や知識、情報をもとに、獲物が現れる時期や場所をできる限り正確に推定し、現地では戦略的・計画的にその狩猟を成功させる必要がある。よほど豊富な動植物資源が毎年、安定して獲得できるような条件や高い貯蔵技術がない限り、定住は不可能であった。したがって、一定期間生計を一にして遊動生活する集団の人数も少なく抑えられていた。世界各地の民族誌では、大体一五〜七五人（平均二五人）程度の生活集団（バンド）であることが多い。

彼らは自分たちを取り巻く環境とどのように付き合ってきたのだろうか。一九七〇年代ごろから盛んとなった生態人類学的研究を基礎として、世界中の狩猟採集民の生業様式や居住形態を、気候などの自然環境と関連づけて調べることがしばしば行われた。狩猟採集民の主要生業と緯度の相関関係を整理したリチャード・リーの研究は中でも有名である。リーは五八の現生民族の生業を狩猟・採集・漁労に区別し、それらのうち主要な生業が緯度に応じてどのように異なるかを調べた。その結果、低緯度ほど植物質食料の採集に依存する比率が高く、高緯度ほど狩猟と漁労への依存度が高いというおおまかな傾向を導いている。これは緯度によって変化する気候・環境によって、選択される主要生業が異なるという環境適応パターンを端的に表している。

また、人類学者ウェンデル・H・オズワルトは、極地から熱帯までに暮らす人びとの環境を、砂漠や森林地帯、草原地帯などに区別し、環境ごとに食料獲得に使われる道具に構造的な違いがあることを解き明かした（オズワルト　一九八三）。たとえば、資源の分布に偏りが少なく、季節的な変化にも乏しい熱帯では、なにか特定の資源開発ばかりに頼っていては生存は望めない。むしろ多様な資源を幅広く利用することが求められ、そのために狩猟採集民はあまり手の込まない簡素・簡単な道具を幅広く使用する傾向がある。高緯度地方の狩猟採集民では、たとえばトナカイの群れやクジラ漁といったように、狩りに成功すれば大人数の食料をまかなえるような狩猟対象が、相当に偏って分布する。狩猟のタイミングが限られるが成功すれば膨大な食料になる資源を確実に獲得するためには、その狩猟のために特化した入念な作りの道具が求められる。

環境の違いは道具だけでなく狩猟採集民の生業範囲にも影響する。たとえば、オーストラリアの先住民社会における人類学的調査で、年間降水量と部族領域との関係が反比例することが知られている。降水量が多いほど、部族の領域が狭くなる傾向があるわけである。これはおそらく、降水量の多少がその地域の生物資源の量に影響し、資源が豊富であるほど、狭い範囲で生活を成り立たせることができるからだろう。カナダの亜極北でも、獲得対象となる獲物の分布密度が高いほど、地域集団のテリトリーが小さくなることがわかっている（図1―2―1）。かつて、イギリスの考古学者クライヴ・ギャンブルが述べているところである（Gamble 1986）。

環境は決して人間の生業を「決定」することはしないが（たとえば、同じ環境は農耕社会も狩猟採集社会も許容しうる）、そのありかたに一定の規制を与え、選択肢を制限するということはいえるだろう。狩猟採集生活も、周囲の環境の特性に応じて、個々人の経験とともに世代を超えて受け継がれてきた知識や技術を駆使しながら、考え抜かれた日々の諸活動によって成り立つ、優れて戦略的な生活様式である。それゆえに、彼らの生活範囲は、地形や日射量、降水量など多くの要因によって制約された動植物資源の量や分布様式に応じて定められるのであり、「遊動」という言葉からイメージされる無秩序な広がり

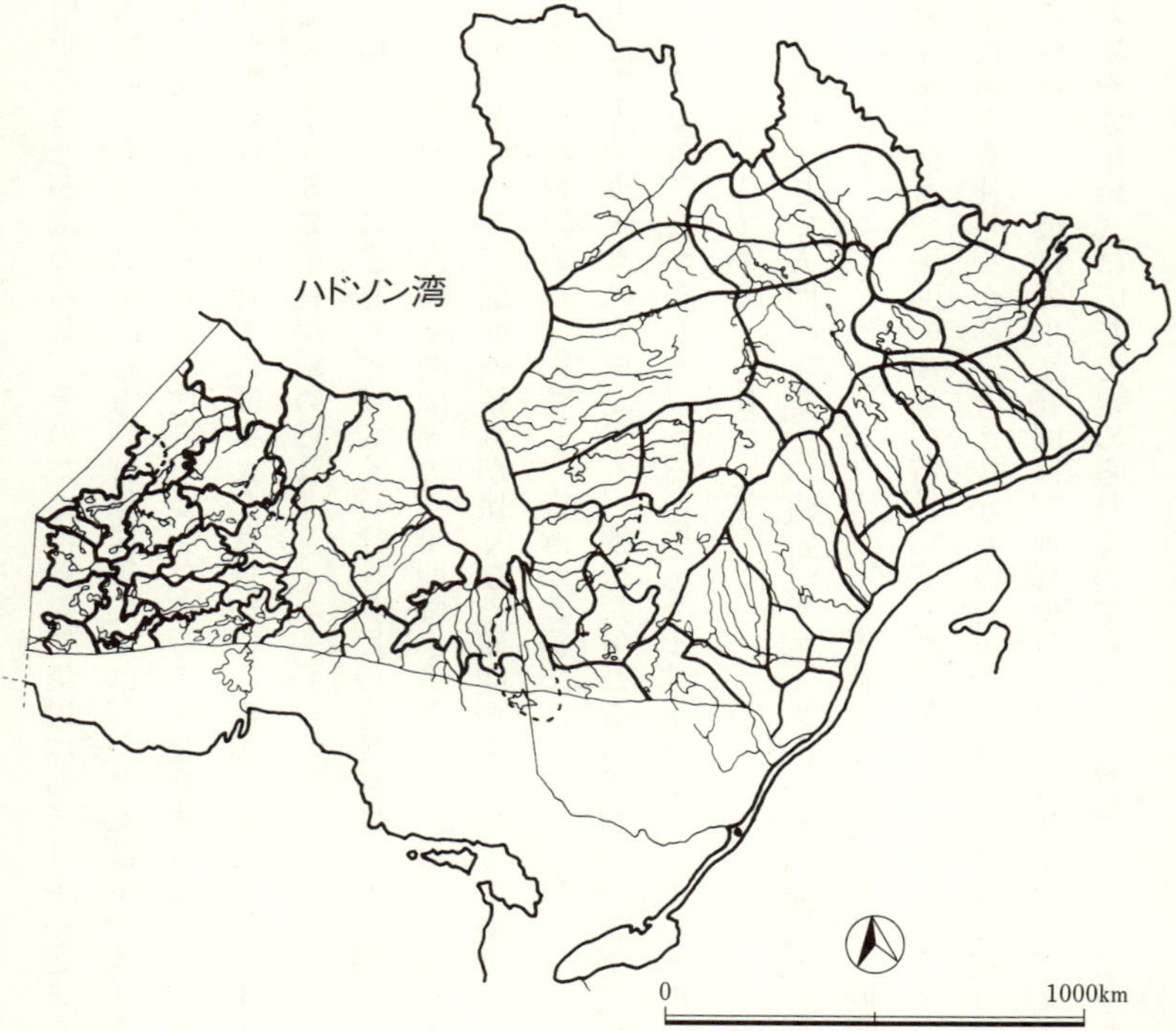

図1-2-1　カナダ・ハドソン湾周辺における地域集団のテリトリー・サイズ
太線内が1テリトリー。西側ほど資源の密度が高いため、テリトリーが小さいことがわかる（Rogers, E.S. Band organization among the Indians of Eastern Subarctic Canada. *National Museum of Canada Bulletin*, 228. 1969.より）

をもつものではない。だからこそ、自然環境を背景としたその生活文化は地域ごとの独自性があり、豊かな多様性をもつことによって、自然発生的に生活文化の境界が生じるのである。次にそのことを、日本列島への人類到来から時系列で確認していこう。

二　日本列島への現生人類の到来

人類の誕生と出アフリカ

日本のイザナギ・イザナミ神話のように、世界各地の伝統的社会には、神々が私たちの祖先と国土を生み出す「国土創世神話」がある。中にはなんらかの事実にもとづくような内容もあるが、人類の誕生という意味においては、それは単なる神話にすぎない。

科学的調査にもとづくと、私たちにつながるヒトが最初に地球上に現れたのは、七〇〇万〜五〇〇〇万年前ごろのアフリカ大陸で、二六〇万〜二五〇〇万年ほど前になると、アフリカ東部のタンザニアにあるオルドヴァイ渓谷で発見されたような、簡素な石器を作り始める。このときが、旧石器時代の幕開けである。やがてヒトはアフリカを出て、広くユーラシア大陸に拡散し、のちの私たちに世代をつないでいく。ユーラシアへの拡散のタイミングは大きくは二度（実際はより複雑な大小の拡散・移住があったといわれる）。一度めは、一八〇万年前ごろのホモ・エレクトゥスの拡散であり、ジョージアのドマニシ遺

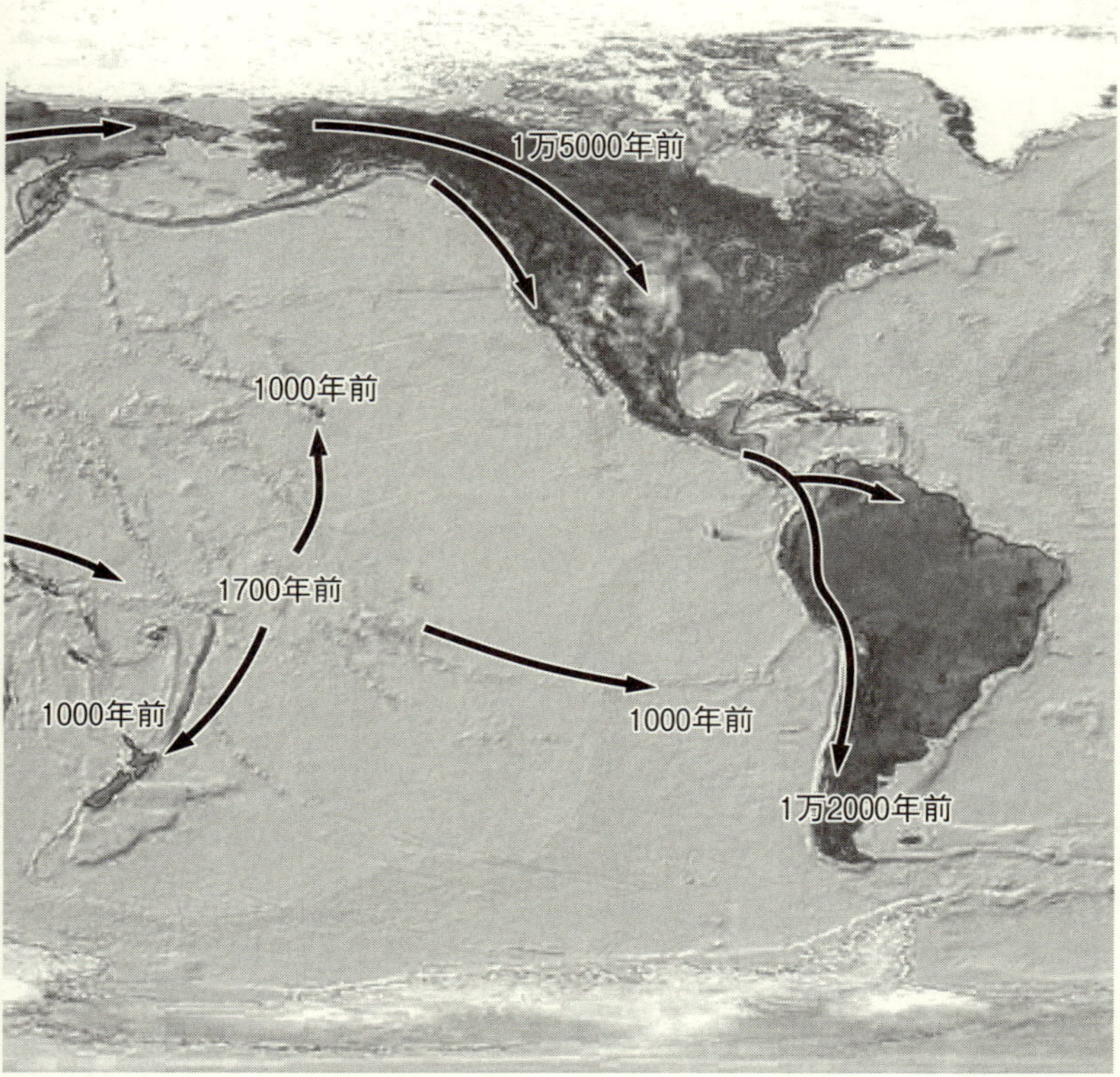
1万5000年前
1000年前
1700年前
1000年前
1000年前
1万2000年前

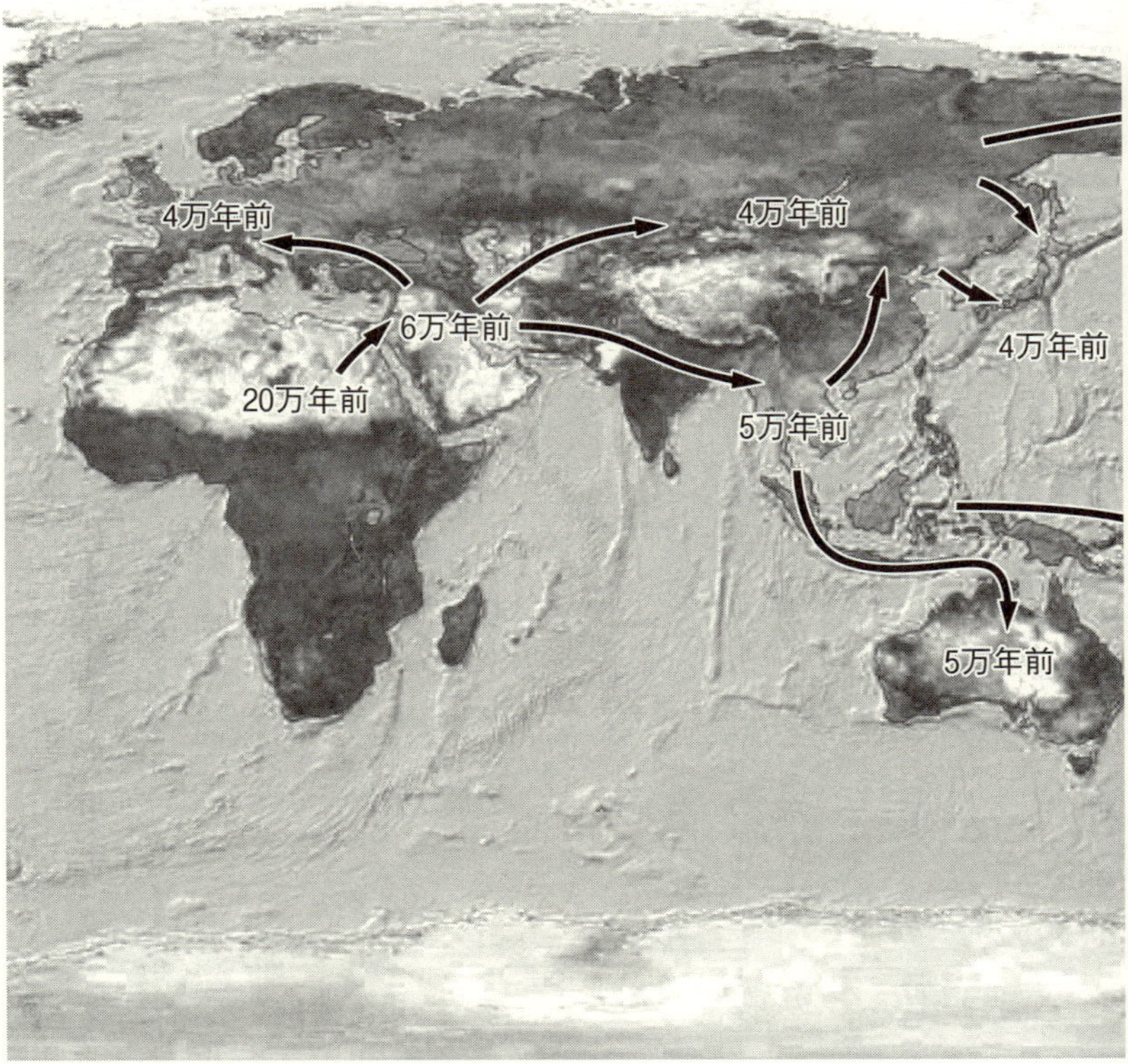

図1-2-2　ホモ・サピエンスの拡散ルート
私たちと同じ種であるホモ・サピエンスがたどったと考えられるルート。日本にはおよそ4万年前に到達した（堤隆『ビジュアル版旧石器時代ガイドブック』新泉社2009、篠田謙一2015をもとに筆者作成）

跡や、インドネシアなどで化石骨が出土しているのがその証拠となっている。二度めは一〇万~五万年前ごろのホモ・サピエンスによるものであり、やがて世界中に拡散を遂げた。オーストラリアや日本列島にヒトが渡ってきたのも、基本的には後者の大拡散によってであったと考えられる（図1-2-2）（Kaifu et al.〈eds.〉2015）。というのも、現在、日本列島で知られている人類の生活痕跡はおよそ四万年前、より正確にいうと約三万八〇〇〇年前ごろ以降がほとんどだからである。

コラム　私たち以外のヒト

生物学上、私たちはホモ・サピエンス *Homo sapiens* という種に分類され、地球上の約七五億（二〇一八年現在）の人間すべてがただ一つの種に属する。したがって、「世界中のどの集団でも交配は可能で、それほど強固でない骨格構造や高く丸みを帯びた頭骨に収められた大きな脳、脳頭蓋の真下に位置する小さな顔、頤《おとがい》のある小さめの顎といった共通する身体的特徴を持っている」（ストリンガー／アンドリュース　二〇〇八）。しかし、かつてはわれわれ以外の人類がいた。

人類はアフリカで誕生した。二〇〇万年をさかのぼる確実な石器は世界中をみわたしてもアフリカ大陸でしかみつかっておらず。遺伝学的にも現生人類のDNAと最も類似する類人猿はアフリカに生息することからも間違いない。最初期の人類については、近年でもチャドや北ケニアでは六〇〇万年前あるいはそれ以前にさかのぼる人類化石が発見されている。ただし、その後の人類との近縁性などについて不明な点もまだ多い。やがて四〇〇万年あまり前に、東・南アフリカの各地でアウストラロピテクス類など華奢《きゃしゃ》型猿人とよばれる人類がおり、二七〇万年前ごろになると、頑丈型猿人（パラントロプス属）が分岐し、共存した。やがてアウストラロピテクス属には石器を使うものが現れる。その最初期のものが本文で述べたオルドヴァイ石器群で、このとき前期旧石器時代が始まる。

私たちにより近いホモ属が現れたのはおよそ二三〇万年前ごろである。ホモ属はその後も石器を用い、肉食（ただし、最初は死肉あさりであったとみられる）を行って、やがて大きな脳を発達させた。ホモ・ハビリスやホモ・エレクトゥスとよばれる原人である。彼らが最初にアフリカを出て世界に進出しようとした人類であった。北京原人やジャワ原人とかつてよばれた人類も、その仲間なのである（図1-C2-3）。

旧人ともよばれたヨーロッパのネアンデルタール人のように、その後、さらに脳を大型化させる方向に進化した人類が出現する。ネアンデルタール人が生きていた中期旧石器時代にはアフリカ大陸やアジア大陸にもそうした人類が生きていたことがわかっている。二〇〇八年にはシベリア・アルタイ山脈に開いたデニソワ洞窟で、小さな骨が発見された。ドイツのライプツィヒにあるマックス・プランク進化人類学研究所でそのDNAを分析したところ、それはネアンデルタール人とも現生人類とも異なる集団であったことがわかり「デニソワ人」とよばれている。

私たちホモ・サピエンスは三〇万年前までにはアフリカ大陸に現れた。ホモ・サピエンスの出現過程はまだ詳しい全体像を描くことができていないが、年々新しい発見と研究成果が蓄積されている。一〇万年前以降、この大陸を脱出し、ユーラシア大陸全域はもとより、東南アジア島嶼《とうしょ》部やオースト

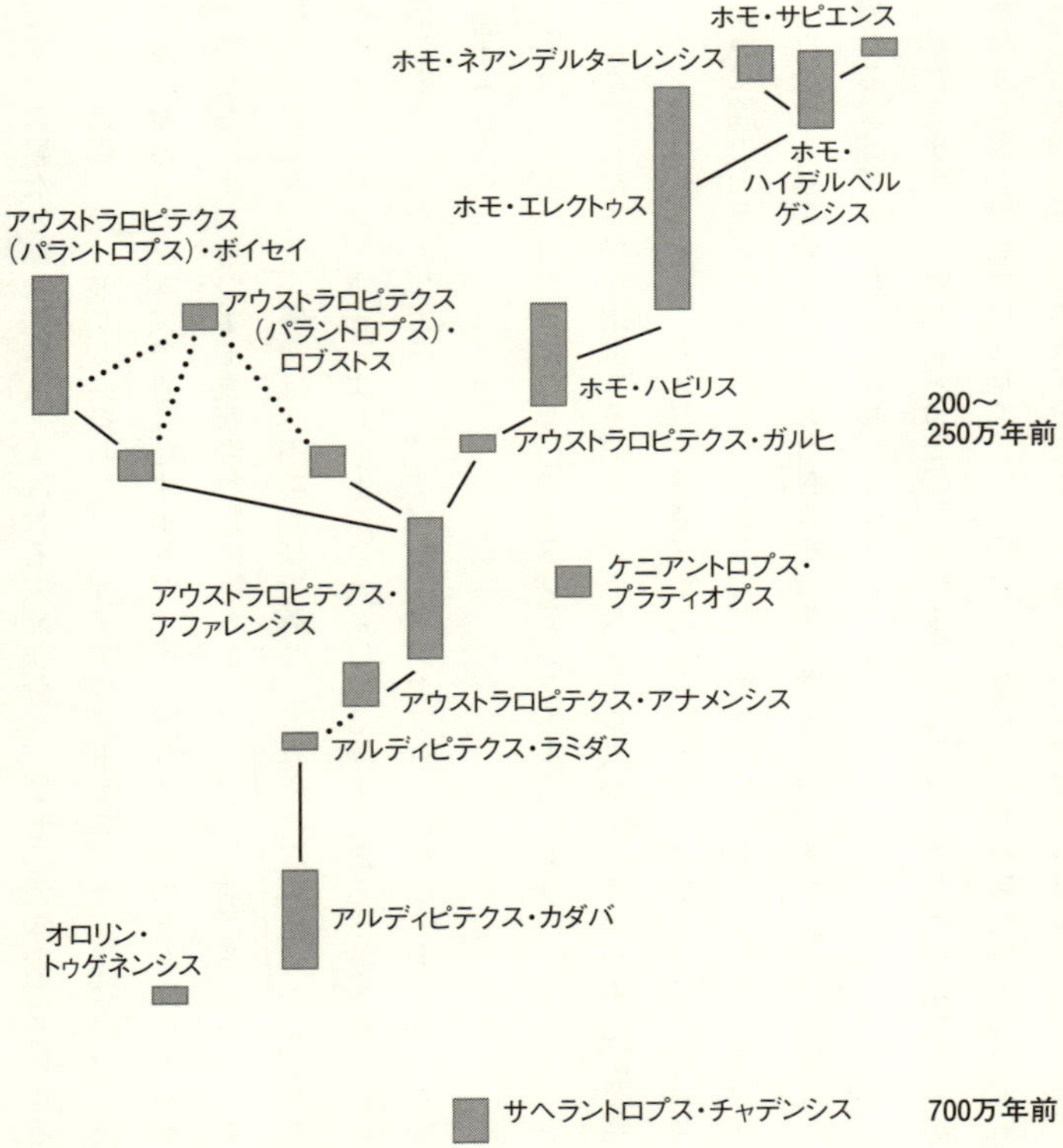

図1-C2-3　人類進化の系統樹
化石どうしの系統関係があるものは実線、確かでないものは破線（国立科学博物館作製の図による篠田謙一2015をもとに筆者作成）

ラリア大陸、アメリカ大陸、そしてオセアニアへと生息域を拡大していった。日本列島にはこの過程で、約三万八〇〇〇年前に到来したのだ。ちなみに、この拡散過程でホモ・サピエンスはネアンデルタール人など旧人類とも交雑し、わずかながらそのDNAを受け継いでいることが最近の研究で明らかになっている（ライク　二〇一八）。

私たちは人類としてはいわば「新参者」であるが、他の人類なき今、ただ一種でこの地球全域で繁栄を遂げている。これは生物としてはとても特異な状態なのである。

さまざまな石器

日本列島の旧石器時代について語っていきたい。ここからしばらく石器を対象とした研究成果をもとに話を進める。そこで最初に石器研究の基本用語を説明しておくことにする（図1-2-4）。

考古学では、人が使う道具を石器、金属器（青銅器・鉄器）、骨角器というようにまず材質で分ける（佐藤宏之編　二〇〇七）。石器の特徴は製作過程で原料を減らしながら作っていくことで、土器や金属器などの可塑性のあるものづくりとは大きな違いがある。

石器についてさらに詳しくみると、大きく分けて「磨製石器」と「打製石器」がある。磨製石器は元となる河原礫《れき》や角礫などの原石を石や角などのハンマーで適当な大きさに分割したりした上で、目の粗い石で研磨することで目的の形を作るものをさす。かつては、新石器時代（日本の場合はおおむね縄文時代に相当）に現れる石器と考えられたが、今は旧石器時代の最初からあることがわかっているので、時代の指標にはならない。

打製石器は原石をハンマーで「剝離《はくり》」（打ち剝《は》がすこと）して作るものをいう。剝離される元を「石核」、剝離されたものを「剝片」という。剝離を繰り返しながら元となる石を目的の形に整形していく「石核石器」もあれば、剝離して取れた剝片や形の整った「石刃」（剝片のうち、長さが幅の二倍以上ある両側縁が平行になっているもの）をさらに細かく加工して目的の石器を作り分ける「剝片石器」もある。

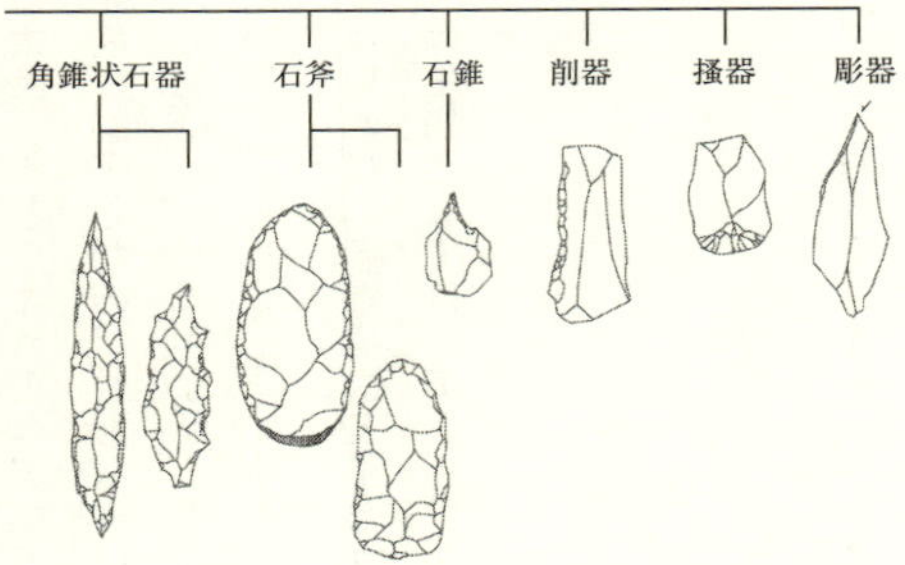

石核石器は石斧などの大型品を作ることが多く、剝片石器はより小型でさまざまな形態のものを作る場合が多い。ちなみに、石刃を連続して作り出す技術を「石刃技法」という。それ以外は作られる剝片の形によって、「〇〇剝片剝離技術」などというわけである。

また、このほかにも、「細石刃」とよばれる小さなカミソリの刃のような石器を作るための技術もあり、「細石刃技法」という。元となる石核を「細石刃核」とよぶ。細石刃は一点ずつで

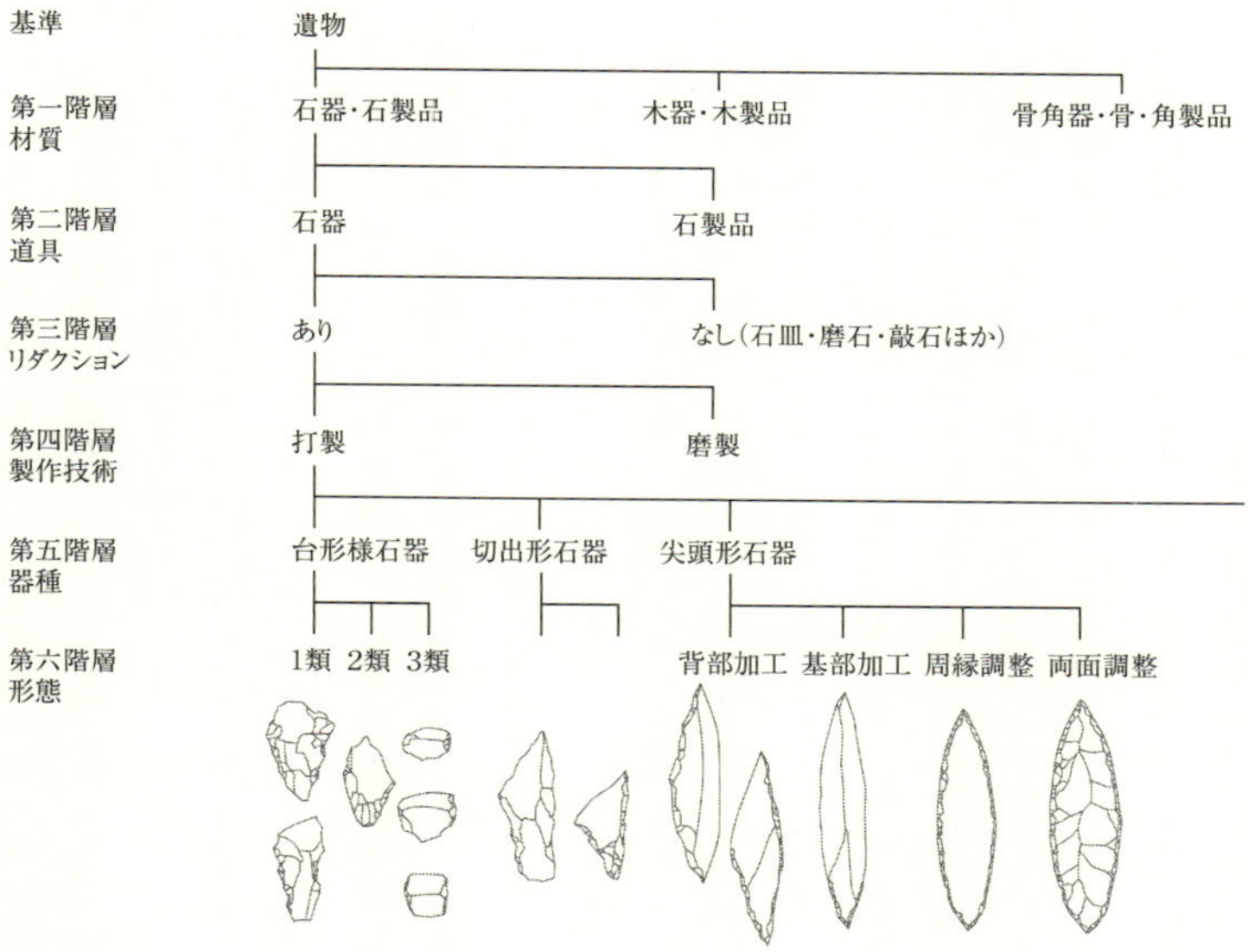

図1-2-4　石器の階層分類
（佐藤宏之「分類と型式」『ゼミナール旧石器考古学』同成社2007より）

は用いられず、骨や角の軸に並べては め込んで使う組み合わせ石器であった。

さて、目的として作られる石器には いくつもの種類がある。

旧石器時代では、狩猟具、加工具、伐採具が中心である。

狩猟具には槍先と考えられる、先を尖《とが》らせて柄に装着する部分を絞るように加工したものがあり、素材の特徴と加工の仕方によって「背部加工尖頭形石器（ナイフ形石器）」「基部加工尖頭形石器（尖頭形石器）」「両面加工尖頭器」「周縁加工尖頭器」「三稜（角錐状）尖頭器」などとよび分けられる。台形の形をしていて先端が尖らない「台形様石器」も狩猟具とする考えがある。

加工具には皮革製品を作る際の皮の

脂肪かき取りに使う「掻器《そうき》」、対象を切ったり削ったりする際に用いる「削器《さつき》」、孔を開けるための「錐《すい》器《き》（石錐）」のほか、「磨石《すりいし》」「台石《だいいし》」「敲石《たたきいし》」などの礫石器がある。「掻器」や「削器」はまとめて「スクレイパー」とよぶこともある。

伐採具は「打製石斧」「磨製石斧」などからなる。旧石器時代には部分的に研磨を施した「局部磨製石斧」がある。

縄文時代になると、狩猟具に「石鏃《せきぞく》」「有舌《ゆうぜつ》尖頭器」、漁労のための「石錘《せきすい》」、加工具ではナイフとして使われた「石匙《いしさじ》」や堅果類の加工に用いる「石皿」「凹石」が現れ多様化する。それとともに、「石棒」「石冠」「独鈷《どっこ》石《いし》」など、祭祀に使用されたとみられる石器が出現するのが特徴である。

石器だけからわかることは決して多いとはいえないが、次のようなことに注目しながら研究が行われている。まず、生存のために欠かすことのできない狩猟具は入念に製作されることが多い。ある型式の石器が、特定の地域に分布するような場合には、道具のデザインを集団で共有していると考えられ、その範囲が社会集団の居住・生業範囲を表す場合もある。

ただし、石器の場合は原石を採取できる場所も限られているため、土器のように自由に好きな形を作るということは考えにくい。とくに旧石器時代では狩猟採集に特化した移動生活を行う中で、どこで石材を集め、いつ、なにをどの程度製作するのかというスケジュール（戦略）が最優先である。使う石材や、剥離技術によっても、作ることができる石器の形にも、おのずと制限があるので、土器ほどには地域ごとの社会集団の分布を知るには適さないことは常に念頭に置いておくことが必要である。

このほか、遺跡ごとの道具の種類や組み合わせの多様性は、移動生活の各場面で行われる活動の違い

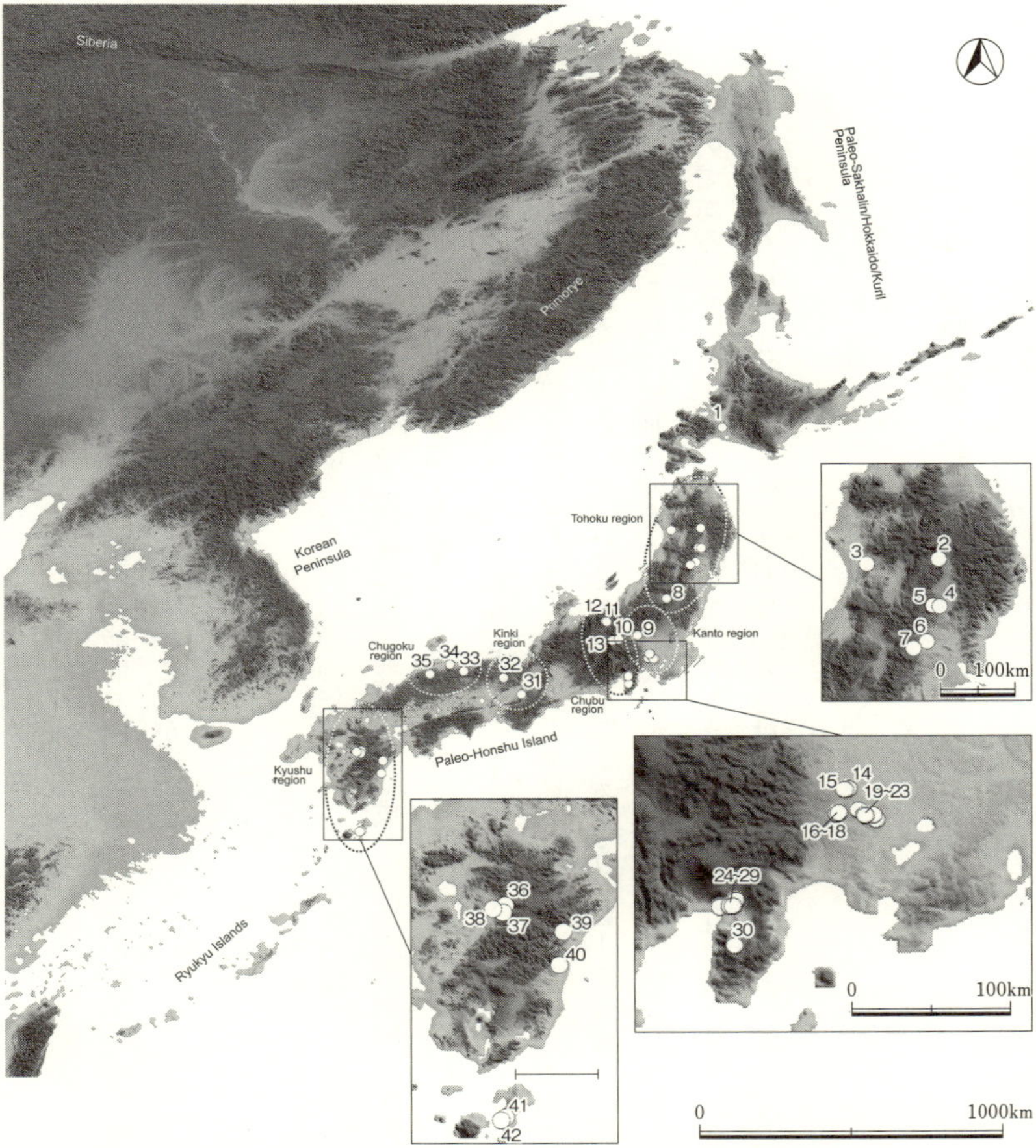

図1-2-5　放射性炭素年代測定が行われた後期旧石器時代前半期の遺跡
海水準は現在－75m。

遺跡1：祝梅三角山、2：板橋 III、3：地蔵田、4：岩洞堤、5：上萩森、6：大久保、7：薬莱原 No.15、8：笹山原 No.16、9：富田宮下、10：八風山 II、11：日向林B、12：貫ノ木、13：追分 I、14：藤久保東、15：中東、16：武蔵国分寺北方地区、17：武蔵台西地区、18：武蔵台、19：東京大学校地内国際学術研究棟、20：遅ノ井B、21：釜寺東、22：高井戸東、23：堂ノ下、24：井出丸山、25：向田A、26：西洞、27：西洞B、28：梅ノ木沢、29：野台南、30：富士石、31：峯ノ坂、32：板井寺ヶ谷、33：恩原1、34：原田、35：下甲退休原、36：瀬田池の原、37：河原14、38：石の本、39：山田、40：後牟田、41：横峯C、42：立切
（Morisaki et al. 2018より）

を表している。旧石器考古学では、たとえば狩猟具の型式が共通する範囲で、石材の種類やその産地、遺跡の立地を勘案しながら、遺跡間の機能的な関連性を考察することで、狩猟採集生活が地域ごとにどのように実践されていたのかをみきわめることが重要となる。

日本列島最古の遺跡

さて、日本の旧石器時代は約三万八〇〇〇年前から、土器が出現する約一万六〇〇〇年前ごろまでであり、南九州に姶良《あいら》カルデラ（現在の鹿児島湾）を形成した巨大火山噴火があった約三万年前を境に前半期と後半期に区別する意見が大勢である。ちなみにこれらの数値年代は、放射性炭素年代測定法（一章コラム「遺跡の年代を測る」）などの自然科学的な手法で与えられている。

後期旧石器時代前半期の遺跡数はおよそ五〇〇カ所知られているが、この遺跡を残した人びとはどこからやってきたのだろうか。まずはその分布をみてみよう。図1-2-5は、石器が出土し、また遺跡に残された炭化物をもとに放射性炭素年代測定法でかなり正確に年代推定がなされている遺跡の分布を示したものである。かなり正確に、とあえて付け加えたのは、炭化物などから年代が測定されている場合にも、それが石器の年代そのものを表しているとは限らないことが多いからである。

コラム　遺跡に年代を与える際には

放射性炭素年代測定法など自然科学的方法で遺跡に数値年代を与える際、注意しないといけないことがある。

図1-C2-6は日本の後期旧石器時代でも最も古い時期の石器が出土した静岡県沼津市井出丸山遺跡の石器分布状況を示したものである。旧石器時代の遺跡は、その場所で行われた石器製作の結果、石刃や剝片が散乱して形成された「石器集中部」や、礫を集めて火を焚《た》いて調理などを行ったと考えられる「礫群」、そして焚火《たきび》などの跡と考えられる「炭化物集中部」からなるのが普通である。井出丸山遺跡でも、遠くからもち運ばれた黒曜石や、近隣で取れる石材などを使って、さまざまな石器製作を行っている。この遺跡の場合、年代測定に使われた炭化物は石器集中部と同じ場所、同じ層位から得られており、年代測定に使われた炭化物の量も不足なく、また出土層位との齟齬もない年代が得られている。石器群の年代をかなり正確に表していると考えるに足る条件が揃っているのである。

しかし、遺跡によっては、石器集中部からかなり離れた場所から回収された炭化物しか、年代測定に使えない場合もある。そうすると、本当にそれが石器群の年代を反映したものかどうか、確言できない。旧石器時代において、石器群の時期は、出土層位や年代のわかっている降下火山灰との上下関係に加え、出土炭化物の放射性炭素年代測定結果を利用する。その場合には、ここで述べたような条件が整っていることをしっかりと確かめて使わないと、都合のよい解釈ばかりが横行することにもなりかねないのである。

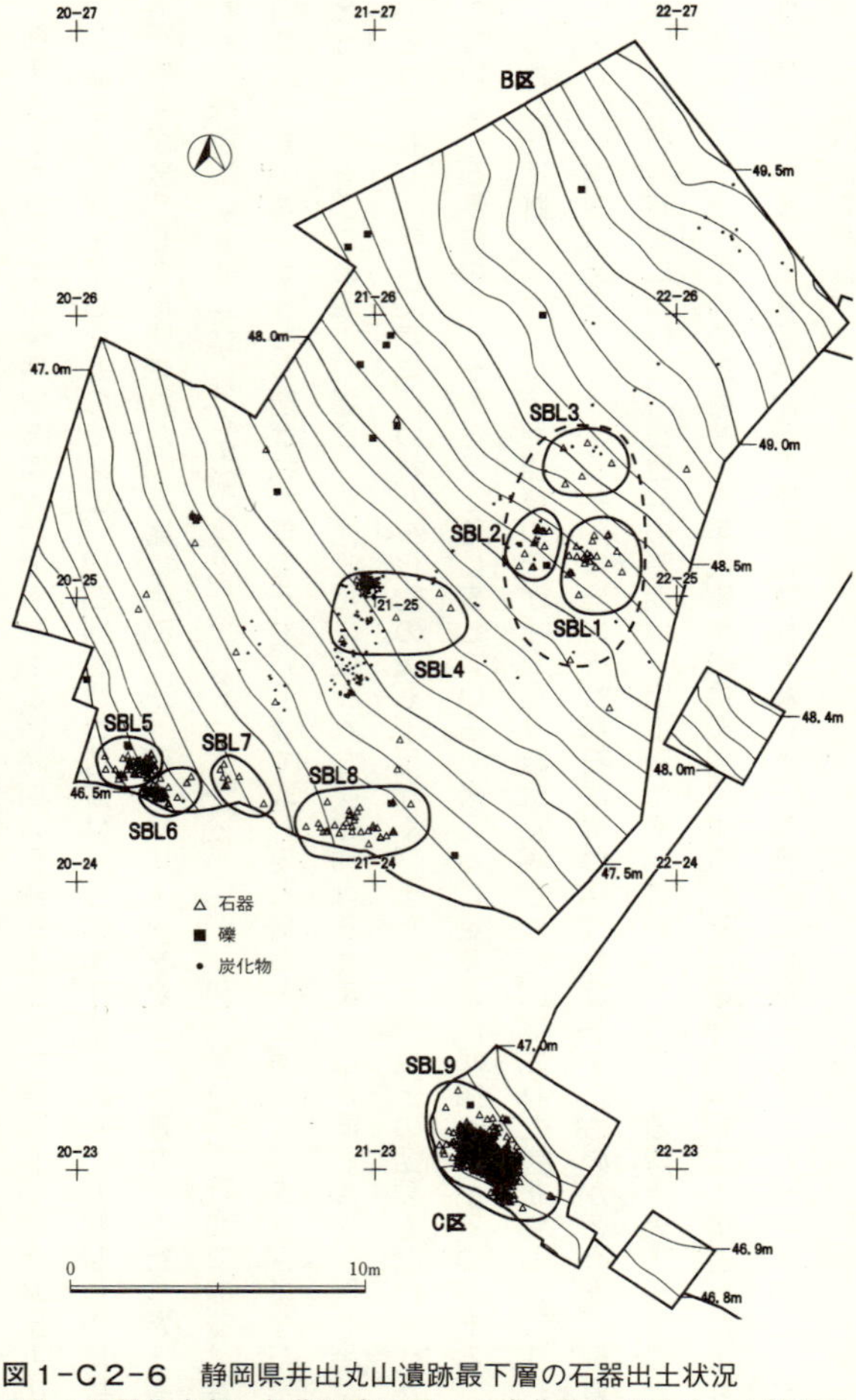

図1-C2-6　静岡県井出丸山遺跡最下層の石器出土状況
SBL：石器集中部。年代測定に用いた炭化物はSBL2・4付近から採取された（沼津市教育委員会『井出丸山遺跡発掘調査報告書』沼津市教育委員会2011より）

遺跡の発掘は道路や建物の建設など、開発行為に先立って行われることが多い。このため、都市部に多くの遺跡がみつかっていることがわかるが、それを踏まえた上でも、基本的に古本州島（本州から九州）を中心に分布している。

今度は図1-2-7をみていただきたい。後期旧石器時代前半期の遺跡の年代を、地域別にまとめたものである。最も古い遺跡が中部地方（井出丸山遺跡）にあることがわかる。現在のところ、東北地方や北海道地方には同じ年代値をもつ石器群は確認されていない。九州地方では、石器群の年代を表しているかどうかで疑問を残す部分があるため図に反映していないが、熊本県石の本遺跡など、中部地方の遺跡とほぼ同時期の年代値をもつ遺跡がある。この検証は将来の課題であるが、およそ三万六〇〇〇年前にさかのぼる遺跡の発見が、九州から関東にかけて比較的多く認められることは指摘してよいと考えられる（Morisaki et al. 2018）。

さらにいうと、この最古期の石器群は、九州から関東にかけて、共通して台形様石器や削器などを含み、遺跡によっては局部磨製石斧をともなうという共通性がある（図1-2-8）。関東・中部地方ではナイフ形石器や尖頭形石器などの狩猟具が共存している例も多い。台形様石器をはじめとする石器は、各遺跡で、そのつど製作していることが多いため基本的にキャンプ地などの居所の近くにある石材をふんだんに用いたと考えられる。一方、石刃製の狩猟具など、製作に労力のかかる石器は、良質な石材が確保できるところで製作しておいて、石器を持ち歩く。私たちの生活でも、コンビニエンスストアで買えるようなものはいちいち持ち歩かず場当たり的に調達するが、一方で、これはというこだわりあるものは好みのものを探し歩いて調達し、大切に使い続けるのと似ている。こうした戦略を駆使しながら、居住地を移動しながら似通った狩猟採集生活を送っていた人びとが、九州から関東地方には古くからいたのである。

なぜこれほど広い範囲で石器の内容が共通するのだろうか。図1-2-9には関東・九州に加え東北の遺跡から出土したこの時期の石器群を並べてみた。一部の狩猟具を除けば、当時の石器作りには、あまり石材の特性に左右されるような凝った作りのものがない。微妙な違いはあるものの、石器の形態はほぼ共通しているし、作り方は簡素、石器を作るタイミングや量についても先に述べた内容で共通性がある。それゆえ、入手できる石材の種類や大きさが地域ごとにさまざまであっても、石器製作技術を変える必要はなかった。したがって、狩猟方法やその戦略にも、地域間で大幅な違いは生じなかった。おそらく、地域的な環境条件への細やかな適応は、後期旧石器時代の初頭にはまだ実現しておらず、環境の違いにかかわらず広い範囲で似たような生活文化をもっていたと考えられる。そのため、地域性がそれほど顕在化することはなかったのであろう。

更新世人骨の証拠

ところで、こうした石器を残した「ヒト」そのものにも興味がわくところであるが、じつは日本の旧石器時代の人骨（≒更新世人骨）が出土した例はほとんどない。日本列島は基本的に酸性土壌であり、縄文時代以降に多雨になったこともあって、多くの有機質遺物が失われてしまっている。このため、日本列島には旧石器時代に相当する更新世人骨は、石灰岩洞窟など遺物の埋蔵環境をアルカリ性に保つ条件が整っているような場合にしか残らない。

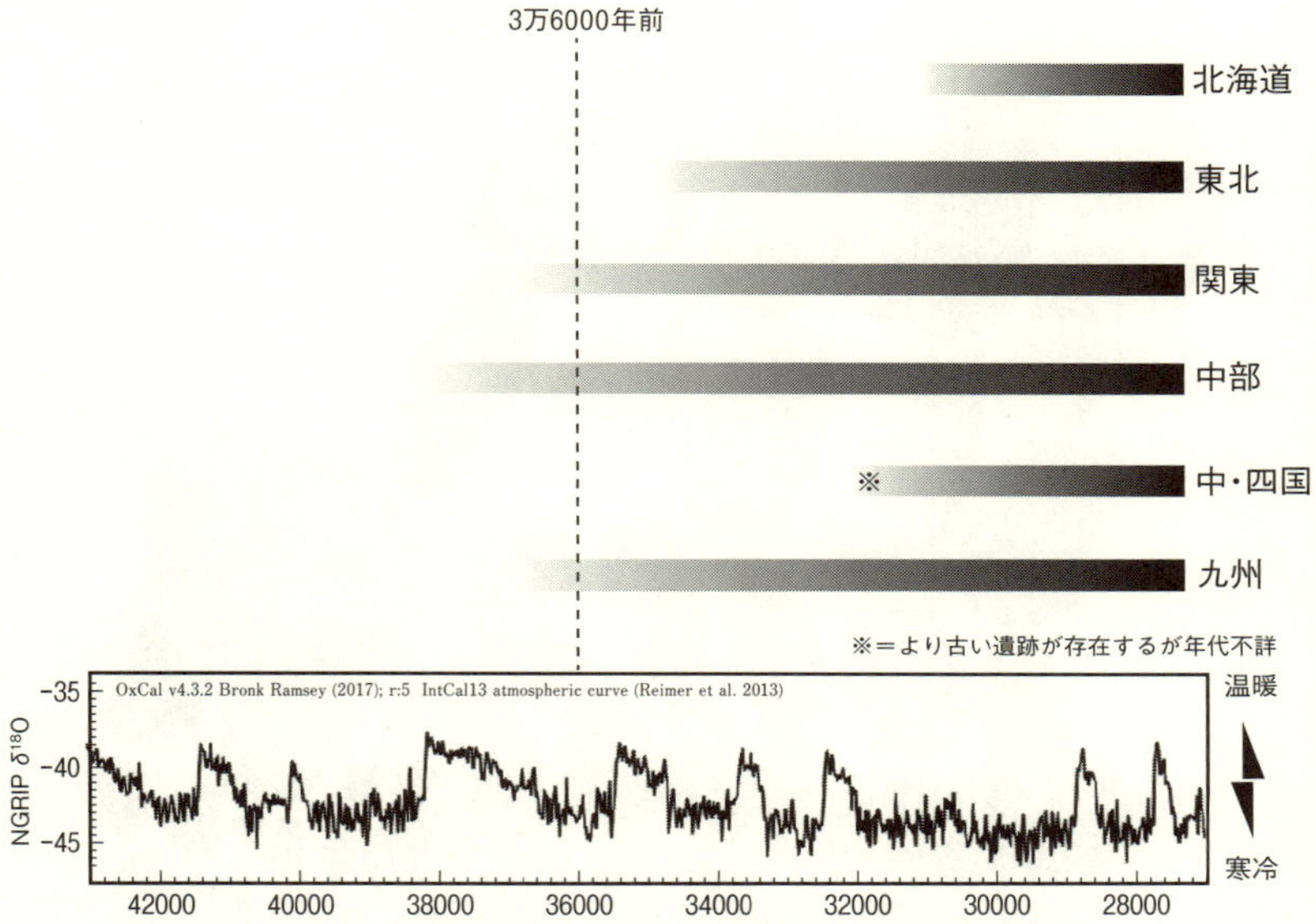

図1-2-7　後期旧石器時代前半期遺跡の出現年代
OxCal プログラムを使った分析（Morisaki et al. 2018）をもとに筆者作成。下段は気候変動を表す酸素同位体比の変動（NGRIP $\delta^{18}O$ record：Andersen, K.K., Svensson, A., Johnsen, S.J., Rasmussen, S.O., Bigler, M., Rothlisberger, R., Ruth, U., Siggaard-Andersen, M.-L., Peder Steffensen, J., Dahl-Jensen, D., Vinther, B.M., Clausen, H.B., 2006. The Greenland ice core chronology 2005, 15-42 ka. Part 1 : constructing the time scale. Quaternary Science Reviews. 25, 3246-3257.; Svensson, A., Andersen, K. K., Bigler, M., Clausen, H.B., Dahl-Jensen, D., Davies, S.M., Johnsen, S.J., Muscheler, R., Rasmussen, S.O., Rothlisberger, R., Peder Steffensen, J., Vinther, B.M., 2006. The Greenland ice core chronology 2005, 15-42 ka. Part 2 : comparison to other records. Quaternary Science Reviews 25, 3258-3267.）

図1-2-8　日向林B遺跡の石器群（重要文化財）
（長野県県立歴史館蔵、提供）

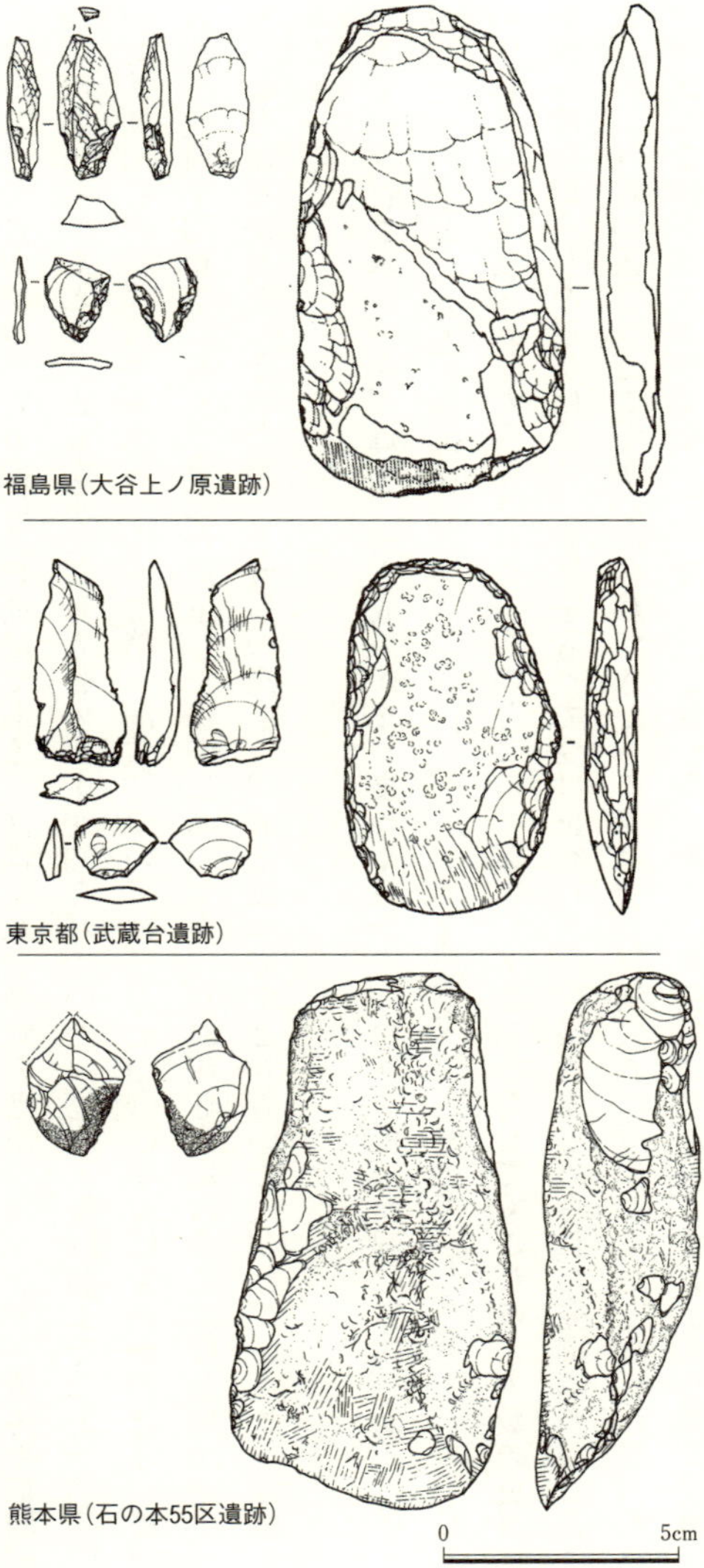

図1-2-9　後期旧石器時代前半期の各地の石器
石器の種類は少なく、複雑な作りのものが少ない。また広範囲で類似した石器が使われた。ただし、九州ではこの時期石刃の道具がほとんど認められない（各発掘調査報告書より）

そうした条件が整っているのは琉球列島である。沖縄県八重瀬町の港川フィッシャー遺跡や那覇市の山下町第一洞穴などで、古くから更新世人骨の出土が知られていた。港川人骨はおよそ二万一〇〇〇年前で後期旧石器時代後半期相当、山下町第一洞穴については三万七〇〇〇年前にもさかのぼり、後期旧石器時代前半期相当である。海面が低下した当時にあっても、なお琉球列島の多くは島と島が陸でつながることはなかった。そのため、それらの島々に、海を渡ってたどり着いた人びとがいたことは確かであるといえる。

とくに注目されるのが、近年、調査成果がまとまった石垣市の白保竿根田原《しらほさおねたばる》洞穴遺跡である（図1-2-10）。二〇〇七年に新石垣空港建設に際してみつかったこの遺跡では、およそ二万八〇〇〇〜二万年前の十数体分にも及ぶ人骨が発見された。今のところ、東アジアをみわたしてもこれほどの数の更新世人骨が一度に出土した遺跡はなく、衝撃をもって受け止められた。最近まとめられた発掘調査報告書によれば、これらの人骨はどこかから流されてきたものではなく、洞穴内に遺体が横たえられた後、風などで運ばれる砂などによって徐々に埋没したとされる。多くは洞窟の側壁に沿って並び、一部には明らかに遺体を石灰岩の隙間に収めたような状況もある。琉球列島では、石灰岩洞窟に遺体を収め風葬とする「崖葬墓《がいそうぼ》」とよばれる葬制がある。近世・近代によく認められ、さらには縄文時代にもさかのぼることが明らかになりつつあり、そのルーツは東南アジア島嶼部に広がっているといわれる（片桐千亜紀ほか二〇一七）。白保竿根田原洞穴遺跡で認められる更新世人骨の出土状況は、この葬制ときわめてよく共通する。そこには死生観にもなんらかの共通性があったことまで想像させる。地域における歴史の垂直的な連続性をうかがわせるこの遺跡は、日本列島各地で人びとが地域風土に密着しながら生活を営んで

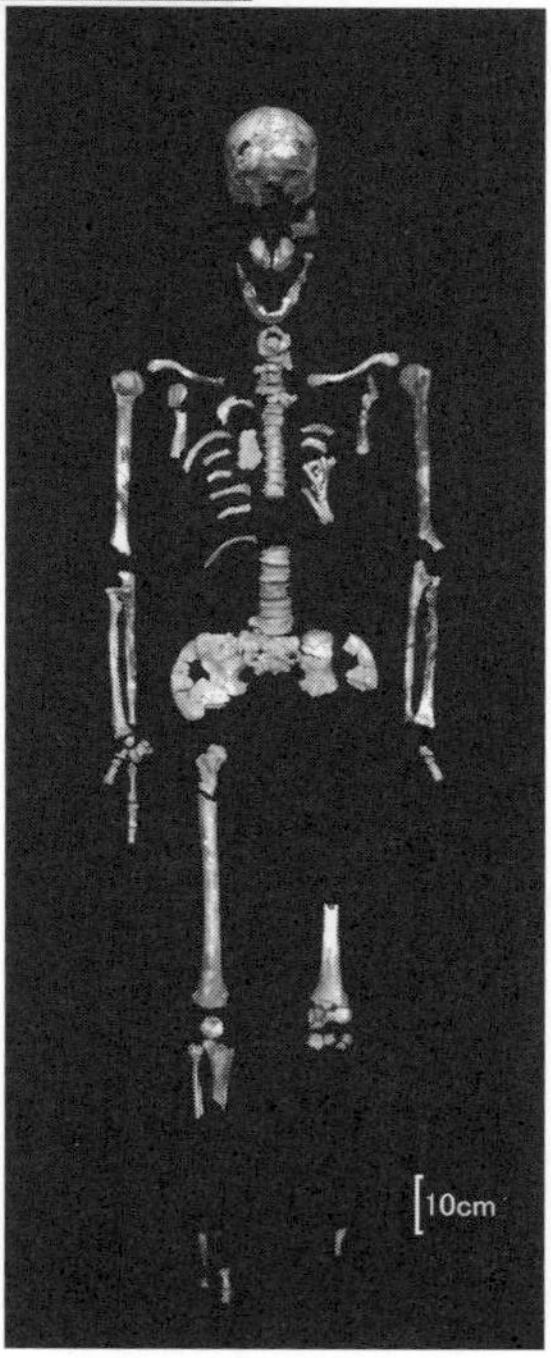

図1-2-10　白保竿根田原洞穴遺跡の調査風景（上）と出土した白保4号人骨
（沖縄県埋蔵文化財センター蔵、提供）

きたことを考える上であまりに重要である。

問題はこれらの人びとがどこから渡ってきたかである。白保竿根田原洞穴遺跡の人骨に対して現在も進行中のDNA分析によれば、彼らは中国の南部か東南アジアで約五万年前に誕生したと考えられるDNAの特徴をもっていたことが知られている（篠田謙一　二〇一五）。これを単純に理解すれば、やはり中国南部から台湾を経由した南ルートによる人類拡散が考えられることになる。考古学的にみても、琉球列島には古本州島にみられるような旧石器時代の石器はほぼ皆無であり、貝を素材とした道具の存在が知られるのみである。こうしたことから、琉球列島には本州から九州の旧石器時代の文化とは異なる文化が存在した可能性が高いと考えられる（山崎真治／藤田祐樹　二〇一七）。

コラム　三万年前に航海があった？

日本列島は氷期にも大陸と陸続きにはなっていない。したがって、現生人類が古本州島に渡るには必ず渡海をともなったはずである。アフリカを出る際に紅海を渡り、アジアではオーストラリア（当時はサフルランドという大きな陸塊）に向けて渡海するなど、現生人類はそれまでにもいくつもの大航海を行っている。日本列島への到来のありかたを知ることは、こうした現生人類の地球上への大拡散の実態を知る上で、きわめて重要なのである。

しかし、有機物であっただろう舟はすでに失われているため、具体的な渡航手段は明らかになっていない。この問題に挑戦するために、国立科学博物館の海部陽介らは研究グループを立ち上げ、台湾から琉球列島に当時どのような渡航が行われたのか、さまざまな可能性を追究する研究を始めている。葦舟、竹舟、丸木舟などさまざまな可能性を考慮して復元製作、渡航実験を精力的に実施している。丸木舟の復元製作でも、旧石器時代に存在した石斧を用いて製作可能かどうか、厳密な実験条件を設定するなど、科学的な実験とする努力が払われている。二〇一六年以降、何度かテスト航海が行われている。残念ながら今のところ渡航自体は成功していないが、今後解決すべき課題が明確化するなど多くの成果も上がっている。知的好奇心と成功への執念がさらなる成果をもたらすと期待される。

こうした実験によって渡航が成功した場合も、その手段によって日本列島に渡ったと確定することにはならないが、重要な可能性を示すことにつながる。さらに、実験にともなうさまざまな知識と経験は、航海の難しさと、現生人類の高い技術や計画的行動を知ることにつながる。私たちの直接的な祖先の歴史を知る重要な取り組みとして注目される。

古北海道半島の状況

北ルートはどうだろうか。古北海道半島には、三万年前ごろの遺跡はいくつか知られているが、それを大幅にさかのぼる確実な遺跡は今のところ知られていない。東北の石器との型式比較からすると、そうした時期の遺跡が今後みつかる可能性はあるが、確実な証拠を得るまでに至ってはいないのが現状で

図1-2-11　細石刃を埋め込んだ植刃槍（リストヴェンカ遺跡、ロシア連邦）（光石鳴巳氏提供）

ある。

かつて、北海道で最も古い遺跡は、およそ二万年前の最終氷期最寒冷期ごろのものと考えられた（加藤晋平　一九八五）。現在より五〜七度も寒い時期であり、古北海道半島がツンドラや森林ツンドラといった北方世界と共通する景観が広がっていた。このため、シベリアからサハリンを経て北海道へと、寒冷地に生息するマンモス動物群を追って狩猟採集民が南下してきたという学説が唱えられた。マンモスハンター論である。

最終氷期最寒冷期に古北海道半島を南下する人の移動があった可能性は十分ある。古北海道半島の旧石器時代を特徴づけるのは細石刃とよばれる小さなカミソリの刃のような石器である（図1-2-11）。古北海道半島の狩猟採集民は、三万年前以降、細石刃を駆使した生活を営んだ。原石を細かく整形したものを分割するなどし、石器の一端に細い小口を作り出して、そこを利用しながら繊細な細石刃を連続的に剝離する細石刃技法が発達した。骨や角などの軸に溝を切り、細石刃を溝に隙間なく埋め込んで植刃器とよばれる道具に仕上げることによって、さまざまな形の道具に作り分けることができる。細石刃核は小さな石材からでも作ることができるので、小さな石材から大型の道具を製作できる上、一部が欠損してもすぐにその部分の刃を取り換えれば補修も容易である。この技術があれば、居住地を遠く離れて狩猟に出ても、細石刃核を持ち歩いていればすぐに道具の補修が可能である。石材が身近で取れない場合でも、焦る必要はない。

先にも述べたように、過酷な自然環境が広がる北方世界では食料となる獲物などの資源の分布が偏っていて、そう容易に獲得することができない。限られたタイミングに、確実に狩猟を成功させておかなければ、自分どころか自らの所属する集団の存続自体が危ういのである。そのような大事な狩猟のタイミングで、必要な道具が作れないとか、道具が破損するといった事態に陥っても、いまさら石材が取れる場所に戻るわけにもいかず、致命的な失敗につながる。この技術はユーラシア北部からアメリカ大陸北部の寒冷地帯に広く認められる。古北海道半島にこの技術があるのは、そういった北方世界との自然環境の共通性によって説明できる。

しかしながら、現在、最も古い北海道の遺跡は最終氷期最寒冷期をさかのぼる時期であるため、最初の人びとが、最終氷期の寒冷化とともにシベリアからやってきたという説明は難しい。石器の型式比較にもとづくと、むしろ本州からの人の移動が十分考えられる。いずれにしても、北海道に暮らした狩猟採集民は、本州とは生活に用いる道具も異なり、狩猟をはじめとした生活手段も異質であったとわかる。これは資源の分布の偏りなど、過酷な自然環境への適応のためと考えられるだろう。

陥し穴の発見

後期旧石器時代前半期においては、本州から九州には類似した石器作りを行う狩猟採集民が暮らしていたと述べた。ただし、そうした時期にも、地域ごとの特徴が現れる考古学的データがある。それは「陥《おと》し穴」である。

縄文時代以降の遺跡の発掘調査では、しばしば陥し穴と考えられる土坑（地面に掘られた穴）が検出されることがある。東京都南部の多摩ニュータウンは、五〇～四〇年ほど前に丘陵地帯を大規模に開発して作られたものである。この大規模開発に際しては膨大な数の発掘調査が実施された。その結果、多摩ニュータウン遺跡群だけで一万基以上もの縄文時代の陥し穴がみつかっている。同時期に行われた神奈川県横浜市の港北ニュータウンでも同様の状況がある。陥し穴を上からみたときの形態が細長い溝状となるものや、円形・楕円形のものが多く、中には底部に杭状の材木を埋め込んだものもある。

一九八六年、縄文時代の陥し穴研究が進む中、静岡県三島市初音ヶ原遺跡で驚くべき発見があった。伊豆半島の付け根あたり、箱根山麓の丘陵上で、陥し穴と考えられる大きな土坑群が発見されたのである。その大きさは直径一～二メートル、深さは一・四～二メートルほどにもなる（図1-2-12）。層位的にみても三万年前の姶良火山の噴火をさかのぼり、後期旧石器時代前半期のものと考えられた。このように古い大型土坑群というものは、世界的にみてもこれまでに例はないことから、その驚きは推して知るべしである。研究者のあいだにも最初は陥し穴として受け入れない向きがあったことも、十分理解できる。しかしこの遺構、重層する厚い火山灰層・堆積層に覆われ、その下の層から掘り込まれていることが層位的にも明らかであって、後期旧石器時代前半期の土坑群の存在自体は疑いを挟む余地はない。しばらく箱根山麓のみにしか確認されていなかった土坑群であるが、やがてその西側に当たる愛鷹《あしたか》山麓で道路建設などの開発が進むと、同じような遺構が発見されていった。これらのことから、土坑群は箱根・愛鷹山麓には普遍的に存在したことが予想できる。

土坑群は、縄文時代の陥し穴の形に似ている。また、内部になんらかのものを収めたような状況がみ

図1-2-12　静岡県初音ヶ原遺跡の陥し穴列（丸い穴状にみえるもの）
（三島市教育委員会提供）

られず、穴の埋積が自然に時間をかけて進んだとみられるという特徴がある。その配置も、尾根を横断するように列状に設けられる場合と、緩やかな傾斜の谷を横断する場合がある。こうしたことからみても、単に貯蔵穴として理解することは難しい（もちろん、貯蔵穴があった可能性は否定しないが）。おそらく、尾根筋や沢筋を移動してくる獣を捕獲する施設、やはり陥し穴である可能性が高いと考えられる。

この発見以後、神奈川県の打木原《うつぎばら》遺跡（横須賀市）や、船久保遺跡（同）、鹿児島県の立切《たちきり》遺跡（中種子町）などをはじめとして、本州から九州にかけての太平洋沿岸の遺跡で発見が相次いだ。宮崎県下でも、後期旧石器時代後半期から縄文時代草創期にかけての陥し穴が東九州自動車道建設にともなって発見されている（Sato 2012）。

すでに述べたように、旧石器時代の狩猟採集民は数家族、数十人程度の小規模な集団で移動生活を営んでいたと考えられる。しかしながら、発見されているだけで二〇〇基にも及ぼうとする土坑群を人力で掘削する労力は尋常ではない。しかも今のように鋼鉄製のシャベルなどない。おそらく先を尖らせた掘り棒で繰り返し土を掘り崩しながら掘削したと考えれば、途方もない作業に思える。

これだけの遺構を、膨大な労力を使って設ける以上、この場所を利用するのは一度きりではなく、ある程度の期間この付近に居住した可能性を考える必要がある。土地に設けた陥し穴で獲物を捕らえても、他の土地に居住地を移していては、他の集団に横取りされるかもしれないではないか。そう考えると、規模の小さい集団が移動生活を送りながらこれだけの労力を陥し穴づくりに費やすとは考えにくい。おそらくは、狩猟対象となる獣が季節的な移動をする時期に合わせて、複数の生活集団がこの地である程度の期間にわたって共に居住していた可能性さえ考えられる。

太平洋沿岸は当時にあっても照葉樹林が広がっていたと考えられる温暖な地域である。おそらく落葉広葉樹林から常緑広葉樹林帯にかけては、クリやクルミ、ドングリといった堅果類などの植物性食料を獲得しやすい、当時の日本列島では数少ない地域であった。したがって、植物質食料の獲得・処理などを含めて、女性が活躍する生業上の役割が重視される社会であった可能性がある。専門的には「プロセッサー」とよばれるこのような生業を営む集団がもしいたとするなら、女性人口が多く再生産力の高い、つまり相対的に人口の大きな集団が成立しえただろう。

すでに後期旧石器時代前半期には、環境の違いによって、異なる生業戦略を立てて生活を営む狩猟採集社会が、少なくとも北海道、本州(東部・西部)、本州から九州の太平洋岸、琉球列島という地域に分か

図1－2－13　後期旧石器時代前半期の境界と地域性
（筆者作成）

れて存在していたのである（図1-2-13）。これらの地域を分ける境界は、この時期はおもに海峡にあった。しかし、太平洋沿岸の自然環境を背景とした地域性や、古本州島の東と西など、陸域における境界も存在したのである。かつていわれていた以上に複雑な生活文化の境界が早くも成立していたことになる。

三　気候変動と環境の変化

気候変動と姶良火山の巨大噴火

後期旧石器時代前半期に形成が始まった地域性の境界は、維持されつつ、その後半期にさらに細分化を遂げることになる。まずはこの時期に起こった自然環境の変化をみておこう。

現生人類が日本列島に来てから約八〇〇〇年後、約三万年前に起こった姶良火山の噴火は、日本のこれまでの火山噴火史でも有数の規模であった。この噴火は、石器群の内容から設定された後期旧石器時代前半期と後半期が、ちょうど移り変わる時期にも当たる。噴火により降った火山灰は日本列島をすっぽり覆い、北ではロシア連邦の沿海州日本海沿岸の海底、南は琉球列島の宮古島近海の海底、西は中国大陸の山東半島でも認められている（町田洋／新井房夫　二〇〇三）。

この降灰時期は、グリーンランドの氷床コアで指摘されている最終間氷期（ステージ3）から最終氷期（ステージ2）への気候変動期にも相当する。一章でも述べたとおり、グリーンランド氷床ボーリングコアから明らかになった激しい気候変動（ダンスガード＝オシュガー・イベント）は、水月湖でも、日本海深海底堆積物にも認められることから、日本列島周辺においても、急激で不安定な気候変動があったことがわかっている。日本列島にも影響が及んだとみられるこの気候変動と時を同じくして、姶良火山の噴火だけではなく、各地で火山活動が活発化していたのである。

それだけではない。このころの生態系は全国的に同調しながら、地域ごとにさまざまな変化が引き起こされたと考えられている。まず、姶良火山の噴火による火砕流そのものが与えた被害は、九州南部を中心としてきわめて甚大なものであった。しかし、噴火の影響はそれにとどまらない。広範囲において急速な植生変化を引き起こしていた。日本列島各地で姶良火山の噴火前後の植生変化を調べた、辻誠一郎の研究がある。三万年前以降に始まる最終氷期の最寒冷期、汎地球的な気候変動があった上に、姶良火山の破局的噴火は、その寒冷化と植生の急速な変化を促進したとされる。古北海道半島はもちろん、古本州東北部を中心に分布していた針葉樹林の拡大はそのころすでに始まっていたが、姶良火山の爆発的噴火を契機として、針葉樹林の拡大が一挙に進んだというのである。この影響は、それまでコナラの仲間が主体となっていた森林が広がっていた古本州島西部でとくに顕著であった。ただし、古本州島北端の津軽地方では、火山灰の給源から遠く隔たっていたことと、以前より針葉樹林が成立していたことから、森林植生には大きな変化が生じなかったという。

動植物相の変化

姶良火山噴火の直前と直後で、本州から九州のかなり広い範囲において植生環境の急速な変化が促進されたことによって動物相（特定の地域・時間における動物群の種類）にも影響があったと考えられる。最近の古動物相の研究では、この時期の動物群の変化が明らかになってきている。

日本列島の動物相は、基本的には約三四万年前、あるいはそれまでに渡来していた動物群が、繰り返される寒暖の気候変動の影響を受けつつ、孤立した列島の中で絶滅や固有化していく過程として捉えることができる。古生物学者の高橋啓一によると、日本列島の後期旧石器時代には、大きく二つの動物群が重要となる（高橋啓一 二〇〇八）。すなわち、北方系のマンモス動物群と南方系のナウマンゾウ―オオツノジカ動物群である。本州から九州にかけての地域では、温帯・森林に生息するナウマンゾウ―オオツノジカ動物群が基本的には広がっていたが、気候変動に対応し、寒冷期には北方からのマンモス動物群が南に移住したと考えられている（図1-2-14、表1-2-15）。反対に、温暖期にはナウマンゾウ―オオツノジカ動物群が古北海道半島に北上し、寒冷期にはマンモス動物群のうちヘラジカなど一部が本州中部にまで南下していたことが、岩手県の花泉や岐阜県熊石洞での検出例から知られる。

これらの動物群のうち、本州でマンモスゾウ（ケナガマンモス）・ナウマンゾウ・オオツノジカ・ヘラジカなどの大型獣がいつ絶滅したのかについて興味深い研究成果がある。高橋啓一によれば、岩手県大迫町風穴遺跡から出たゾウ類の大腿骨の放射性炭素年代としておよそ二万一〇〇〇年前という年代が得られているほかは、ナウマンゾウには約二万七〇〇〇年前より新しい年代はほとんどないという（高橋啓一 二〇〇八）。オオツノジカは現在とほぼ同じ気候が成立した完新世（約一万一五〇〇年前以降）まで生存していたが、基本的にはナウマンゾウと同じころにはかなり生息数を減らしていたとみるのが自然である。また、ヘラジカなど北方系マンモス動物群を構成する動物の本州への移住は最終氷期の最寒冷

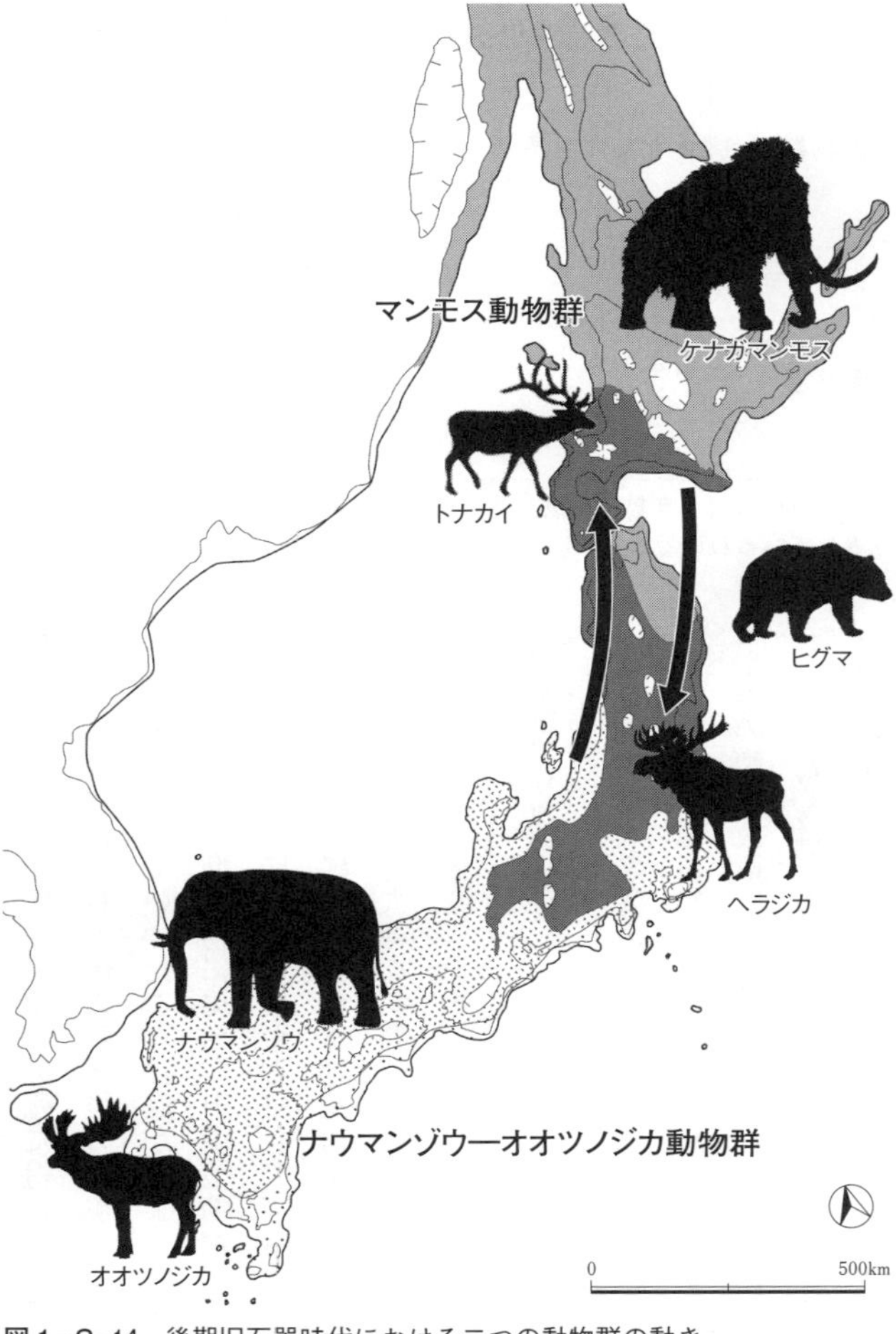

図1−2−14　後期旧石器時代における二つの動物群の動き
ヘラジカはマンモス動物群に含まれるが、寒冷期には古本州島に南下した。岩手県花泉などで出土例がある。一方、ナウマンゾウも温暖期に古北海道半島に北上したことが知られている（佐藤宏之ほか2011をもとに筆者作成）

動物群	日本列島でのおもな生息域	おもな構成種
マンモス動物群	古北海道半島	マンモスゾウ(ケナガマンモス)・ヒグマ・ステップバイソン・トナカイ・ジャコウジカ・ウマ・ヘラジカ・ユキヒツジ・ヒョウ・オオカミ・ホッキョクギツネなど
ナウマンゾウ－オオツノジカ動物群	古本州島	ナウマンゾウ・ヤベオオツノジカ・ニホンムカシジカ・ニホンジカ・ヒグマ・ツキノワグマ・アナグマ・タヌキ・イイズナ・テン・オオカミ・キツネ・ニホンザルなど

表1-2-15　更新世の日本列島に生息したと考えられる動物群（筆者作成※すべての化石が発見されているわけではない）

期、二万数千年前ごろと予測されている。こうした研究成果によれば、旧石器時代に人類が必死に追いかけていたといわれてきた大型動物は姶良火山の噴火後の環境変化を受けて、急速にその数を減らしていったことは確かなようである。広域を移動して生活する大型動物に比べ、中小型動物はより狭い範囲を季節など時期ごとに移動しながら生きている。したがって、姶良火山の噴火以後に促進された動植物相の変化は、間違いなく人類の生活文化にも大きな影響を与え、その地域化をいっそう促進していくこととなったと予想される。

関東平野の狩猟採集民

姶良火山噴火の前後、三万年前以降に生活文化の地域化が進行したことを考古学的に確かめるために、まずは石器の型式分析やその製作技術を全国的に確認していくことから始めよう。このころ驚くほどのスピードで石器群の地域特殊化が進み、その境界は決して明瞭なものではないとはいえ、多様な地域性が発達することがわかる。

現在、日本列島の旧石器時代遺跡は一万カ所を超えるという数字がある（日本旧石器学会編　二〇一〇）。その多くが後期旧石器時代の後半期（約三万〜一万六〇〇〇年前）に属する。後期旧石器時代後半期には遺跡の数が急増する。姶良火山の噴火後、一〇〇〇年ほど経過した関東をみてみよう。関東西部を中心にみると、大きな変化としては、このころから以前のように石刃技法によって狩猟用の尖頭器やその他の石器を作らなくなった。比較的簡単に作ることができる縦長・横長の不定形な剥片を生産しながら、それを使ったさまざまな狩猟具製作を行うようになる。狩猟用の尖頭器は、縦長剥片の基部を加工したものや、横長剥片の片側を打ち欠いて柳の葉のように尖った形に整えたもの、五角形にしたもの、切出形を呈するものなどきわめて多様化する。大型品は少なくなり、中小型がほとんどである。以前の石刃技法は、中部高地の黒曜石や東北方面の頁岩《けつがん》など、遠方で獲得できる良質な石材を使っていたが、この時期にはそうした石材の利用が少なくなり、比較的小型でかつ近くで取れる石材で作っている。しかも、従来は石刃技法を駆使しながら広い範囲を移動する生活を行っていたとみられるが、この時期には一転、関東地方の台地上に遺跡の密集が認められる。

じつは、これらの現象はすべて密接に関連している。より狭い範囲で生活するために、採取場所が遠隔地に限られる良質な石材が必要な石刃技法ではなく、小型でそれほど質のよくない石材でも作れる簡素な技術へと変化した結果、石器の形態は多様になったのである（図1-2-16）。このような生業戦略と石器製作技術の変更は、移動性の高い居住形態から地域定着型で移動性の低い居住形態へと転換したことを示す（森先一貴　二〇一〇）。すでにみてきたとおり、最終氷期最寒冷期に向けて著しい寒冷・乾燥化と針葉樹林化が進行していたことに加え、大型動物の減少という状況に直面したためだと想定できる。つまり、減少を続ける移動性の高い大型獣狩猟から、地域ごとに豊富に存在するさまざまな中小型動物

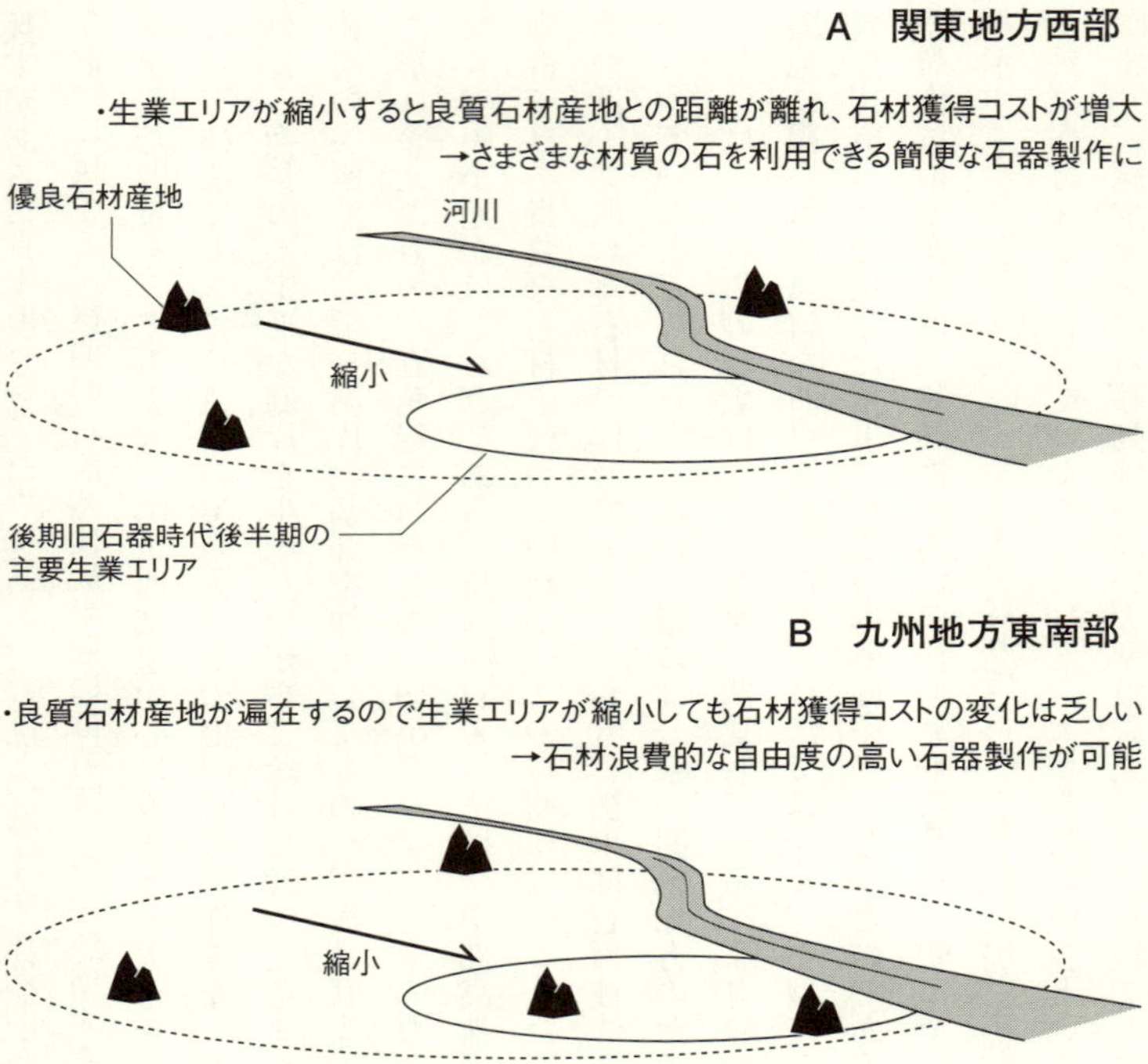
A　関東地方西部
・生業エリアが縮小すると良質石材産地との距離が離れ、石材獲得コストが増大
→さまざまな材質の石を利用できる簡便な石器製作に
優良石材産地
河川
縮小
後期旧石器時代後半期の
主要生業エリア
B　九州地方東南部
・良質石材産地が遍在するので生業エリアが縮小しても石材獲得コストの変化は乏しい
→石材浪費的な自由度の高い石器製作が可能
縮小

図1-2-16　生業範囲の縮小が石器製作技術に影響する仕組み
（森先一貴2010より）

の狩猟を重視する、幅広い資源利用戦略への転換を示していると考えられるのである。

巨大噴火に抗って

始良火山噴火の影響を他地域より強く受けたであろう九州東南部の宮崎平野でも、噴火からそれほどあいだを置かずに、再び人の居住が認められるようになる。ここでは、関東地方と対照的な地域性がみられる。まずはその石器とその製作技術を確認しよう。

始良火山の噴火直後、この地域でも技術的変化が起こり、おもに分厚い石刃を用いた「剝片尖頭器」とよばれる狩猟具と、小型剝片製の台形様石器・切出形石器からなる石器群が成立している。しかし、その後、石刃技法があまり用いられなくなる点は、関東地方と共通した傾向をみせる。石刃を用いた石器が使われなくなると、大型の縦長剝片を加工したナイフ形石器や、角錐状尖頭器とよばれる特殊な石器、瀬戸内地方のものに類似した形態のナイフ形石器など、狩猟具をはじめ多種多様な石器が出現する。この地域では、九州中央山地から宮崎平野を東流する諸河川流域において、良質な石器石材が遍在しているため、遺跡ごとに石器製作が活発であり、狩猟具をはじめとする石器の形態や大きさは多様である。また、この地域の特徴として、磨石・台石とよばれる石器が多く出土する。これは植物質食料の加工に利用された可能性が高い。

遺跡の数は、関東地方と同様にこの時期に大幅に増加するとともに、低平な台地部に集中地点が生じてくる。同時に、九州島南部は、火を焚いて調理などに使ったであろう礫群も日本列島の中で最も多く検出されている地域の一つである。ちなみに、礫群が多数存在するということは、陥し穴の構築のように、一定の労働投資が必要であることから、その土地への一定の執着があったことがうかがわれる。

以上のことから当時の生業戦略の変化を推測すると、次のようになる。姶良火山の噴火後、この地域の狩猟採集民は低い台地部に生活の拠点を移した。手間のかかる礫群が多数構築されていることから、一つ一つの遺跡は、一回きりではなく繰り返し訪れては生活を営む場所であった。中でも、宮崎県宮崎市の東畦原《ひがしうねはら》遺跡や下屋敷遺跡など居住基地ともよべる規模の大きい拠点的遺跡で行われた活発な石器製作は、そこを一定期間にわたって拠点とし、周辺で食料をはじめとする資源獲得を行っていたことを示す。こうした定着的な生活は、磨石・台石に示されるように、遺跡の近くで採集できたであろう植物質食料の利用によって、より安定したものとなっただろう。太平洋沿岸の特性である。狩猟具が多種多様となっているところも合わせてみると、大型動物の減少など資源環境の変化に対応して、さまざまな種類の資源を幅広く利用する傾向が強まったのかもしれない。

関東地方と違うのは、低い台地部に生活の舞台を移すようになっても、この地域では近傍で大型の石材が豊富に獲得でき、より自由な石器製作が可能だったことであろう。石材を浪費しないと作れない特殊な角錐状尖頭器が関東地方に比べて頻繁に製作されたのは、このためと考えられる。広い範囲を移動していた生活から、低平な台地部へ生活の舞台を移すという共通した居住形態の変化があった関東地方と九州地方の間に、石器作りの技術が大きく相違していった背景には、生業の範囲が狭まった際に、その範囲内で採集できる石材の質・量・大きさに違いがあったことが関係していたと考えられる（図1-2-16、森先一貴　二〇一〇）。

古瀬戸内平原のハンター

同じころ、氷期における海水準の低下によって、最深部でも四〇メートルほどの深さしかない瀬戸内海は完全に陸地と化していた（図1―1―4）。この「古瀬戸内平原」を地盤としていた狩猟採集民たちは、後期旧石器時代の前半期から、一風異なる石器の使い手であった。「横長剝片剝離技術」を駆使して作られた石器である。縦に長い石刃や剝片ではなく、横に長い剝片を石器の素材としたもので、とくに姶良火山の噴火前後からは、この技術を特殊に発達させた「瀬戸内技法」とよばれる技術を使いこなした。縦長剝片を作る技術やそれを洗練した石刃技法は、日本列島だけでなく広く世界中で認められるが、瀬戸内技法は世界的にも他に類をみない独特な技術である。古瀬戸内平原には奈良県と大阪府の境にある二上山《にじょうさん》や、香川県の五色台、広島県の冠山《かんむりやま》など、サヌカイトとよばれる横長剝片製作に適した良質な安山岩類を産出する地点がある。これをおもな石器素材として使用したことで、特異な横長剝片剝離技術の発達が促されたと思われる。

彼らは瀬戸内技法によって作り出される剝片を元に、「国府型ナイフ形石器」とよばれる半月形の美しい狩猟具を作っていた（図1―2―17）。瀬戸内技法は、石核の元となる適当な形の大型剝片があれば、そこから連続して形の整った国府型ナイフ形石器を作ることができる、いわば石材節約型の技術である。先にも述べたように、サヌカイトの産地は古瀬戸内平原の中で点在し、どこでも取れる石材ではないが、この石材節約型の技術があれば、石材産地から離れた場所でも安定して規格的な国府型ナイフ形石器を作ることができるのである。

図1-2-17　横長剝片剝離技術による国府型ナイフ形石器（大阪府郡家今城遺跡出土、高槻市教育委員会蔵、筆者撮影）

さて、この地域では発掘調査によって時期や内容が判明している遺跡が少ない。もともと狩猟採集民が地盤としていた土地は後氷期の温暖化により海没し、かつての山麓沿いの遺跡だけを現在の私たちは知ることができる。また、関東地方とは異なって、この地域は近隣に繰り返し噴火して火山灰を降らせ、年代の手がかりを与えてくれる火山もない。このため、埋没環境のよい遺跡というものがそもそも少なく、生業戦略や居住のありかたについてわかることは多くはない。

古瀬戸内平原でも、遺跡が比較的多くみつかっている大阪平野周辺をみてみよう。この地域では山裾の丘陵部や台地部で後期旧石器時代後半期の初めごろに遺跡数が増加する。これは関東地方などと類似する傾向である。では石器製作技術はどう変わったか。より狭い範囲で暮らすために、遠隔地の良質石材に頼らず身近な石材を駆使して石器を作るために手の込んだ石刃技法が衰退した関東地方と違い、古瀬戸内平原ではサヌカイトの代わりとなる補完石材がほとんどない。このために、むしろ局地的に分布するサヌカイト原産地で確保した石材を手の込んだ方法で節約的に使いながら生業を営む必要があったのである。その方法こそ瀬戸内技法という特殊技術であり、この技術によって地域適応を遂げたと考えられるのである。

もう一点注目すべきは、この時期の古瀬戸内平原の景観である。古瀬戸内平原は、他地域に比べて乾燥した気候であり、森林は所どころに点在していたが、大部分に温帯性草原が広がっていたとする考えがある。明石海峡大橋や瀬戸大橋を通ることがあったら瀬戸内海をみおろしてほしい。眼下に広がる茫洋たる海原が氷期には一面の草原景観だったというわけである。この開けた草原に群れをなして生息する動物たちを狩りながら生活を成り立たせる必要があった。見晴らしがきく草原では、山地や森など身を隠す手段のある場合と異なり、獲物に接近して狩猟するのが難しく、獲物が川を渡るタイミングなど限られた機会を逃さず狩りを成功させねばならない。石材産地から離れても整った狩猟具を確実に用意する技術として発達した特殊技術、瀬戸内技法や国府型ナイフ形石器は、石材環境の特異さだけで生まれたのではなく、こうした困難な狩猟を成し遂げるために発達したものであっただろう。森林化が進む本州の他の地域では行われなくなりつつあったリスクの高い、失敗の許されない生業戦略が関係していたとみるべきである。

技術伝統が継続する場合

一方、姶良カルデラから遠く離れた本州東北部では姶良火山の降灰による環境変化が本州西南部や九州ほど急激ではなかったと考えられている。おそらくこのために、火山噴火後になっても、石器形態や製作技術の変化は急激には起こっていない。

この地域では後期旧石器時代の前半期から石刃技法が発達していた。姶良火山の噴火を経ても、石刃を素材とした基部加工尖頭形石器をおもに狩猟具として利用していたことが、この地域の特徴である（図1-2-18）。しかし、それでも新潟県域や山形県域、秋田県域、そして岩手県北部から青森県域といった地域ごとに、石刃製の狩猟具の型式に微妙な地域的差異が少しずつ生まれるとともに、それ以外の加工具にも違いのある石器群が、およそ二万四〇〇〇～二万三〇〇〇年前に成立する。今のところ具体的に明らかにする手立てがないことがもどかしいが、利用可能な石材が東北各地で異なることのほかにも、生業上のなんらかの理由から、各地で道具立てに違いが生じたことは確かである（森先一貴　二〇一三）。

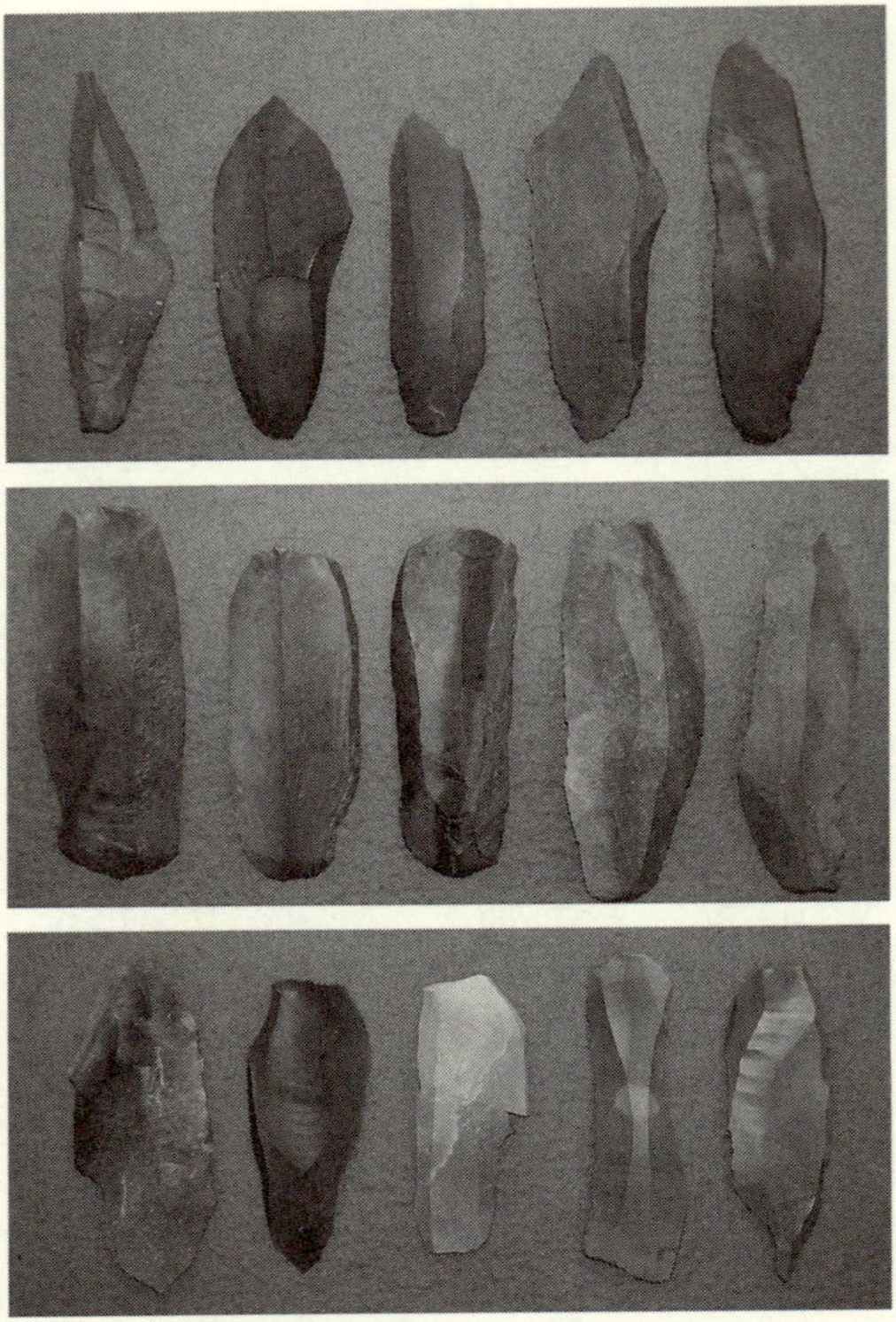

図1－2－18　東北地方でよく使われた石刃製石器（狩猟具）
山形県太郎水野2遺跡の石器（上段：尖頭形石器、中段：掻器、下段：石刃、山形県教育委員会蔵、筆者撮影）

細分化する境界

このように、後期旧石器時代の後半期には、地域によって石器製作技術の違いが明瞭になる。遺跡の数や分布の変化、狩猟具をはじめとする道具の多様化などを分析すると、地域ごとに生業戦略の違いが生じたためと考えられる。姶良火山の噴火後に起こった動植物資源の変化を受けて、より細やかな地域適応が急速に進行したことがわかる。地域ごとに得られる石材の違いも大きいが、近畿・瀬戸内地方では他地域と異なる生業戦略を立てており、また、本州東北部では、後期旧石器時代前半期に発達した石刃技法を継承し続けていた。こうした地域適応は、その後、各地で少しずつ進行したと考えられる。

一方、古北海道半島では、この時期にも引き続き細石刃石器が盛んに使われた。近年、材料の黒曜石の産地を推定する研究が進展した結果、古北海道半島の人びとの移動範囲は古本州島の人びとよりもはるかに広かったことが判明している。その背景には、草原が開けたこの地で、古本州島とは異なって姶良火山噴火以降も大型動物がまだ絶滅していなかったことが関係していると考えられる（Morisaki et al. 2015）。

琉球列島については、同時期の状況もこれから少しずつ明らかになってくるであろう。白保竿根田原洞穴遺跡の発掘調査は、後期旧石器時代後半期にも琉球列島にはたしかにホモ・サピエンスが暮らしていたことを示している。南城市のサキタリ洞遺跡では後期旧石器時代後半期の生活についてさらに詳しいデータが得られ、石ではなく貝を用いた道具もみつかっている（図1-2-19）。このような道具は九州以北にはなく、すでに述べたようにそれらの地域とは異なる生活文化があったことがこれからはっきりわ

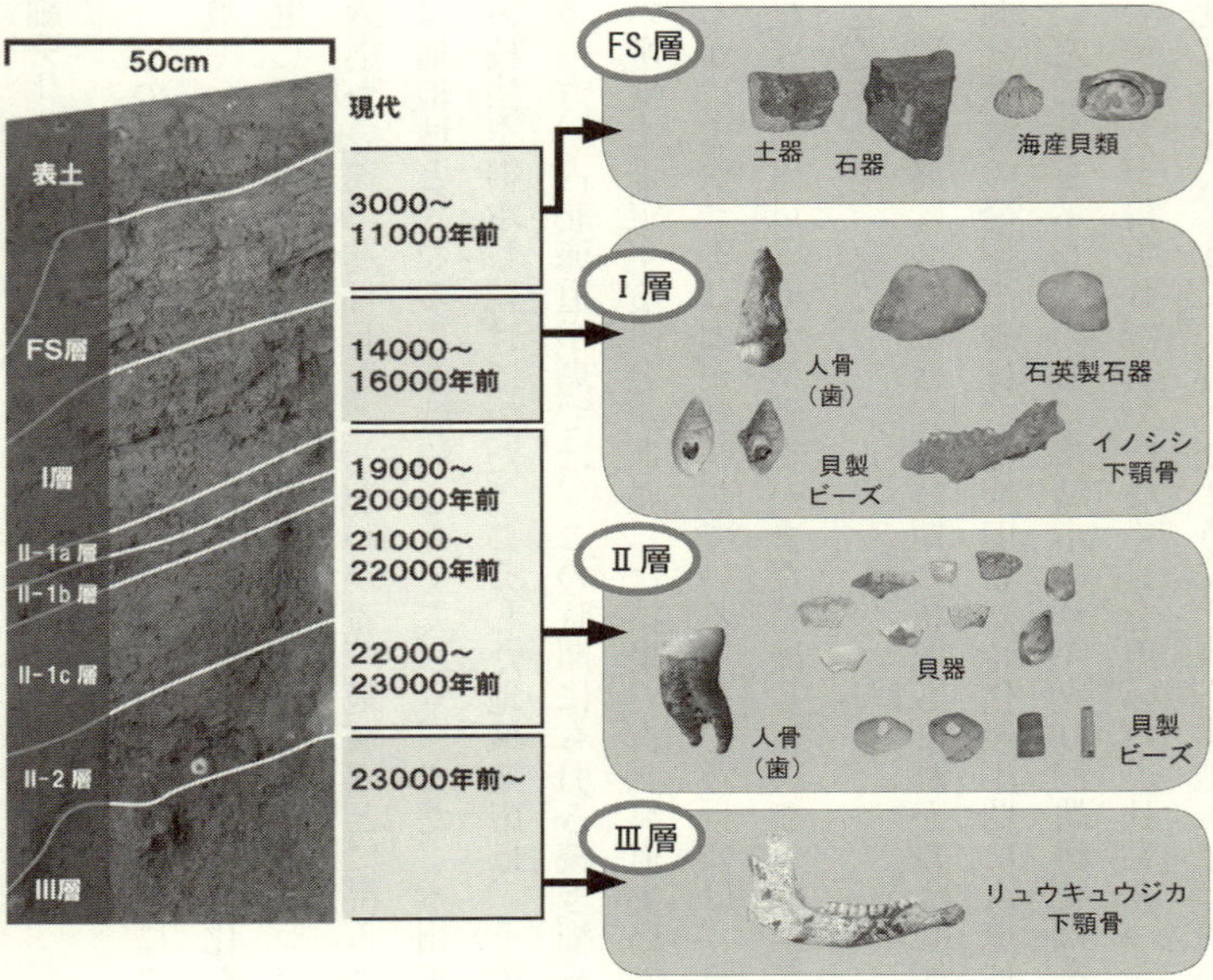

図1－2－19　サキタリ洞遺跡の層位と約２万年前の貝器
（沖縄県立博物館・美術館蔵、提供）

かってくるだろう（山崎真治／藤田祐樹　二〇一七）。

以上でみてきたことを中心に、当時の地域性とその境界を図示してみた（図1－2－20）。境界はもちろん今の国境のように明瞭ではなく幅をもっていると考えていただきたいが、おおまかには生態系に違いがある地域を取り囲む山脈に沿って走っている。後期旧石器時代前半期から認められていた境界は維持されながらも、とくに本州から九州を中心に、その内部にさらに細かい地域性が形成されていることがわかるだろう。古本州島東西の地域区分に加え、古本州島西部において日本海側と太平洋側、瀬戸内といった現在にも通じる三つの地域が分立し、九州も複数の地域に分かれる。関東地方は東西で

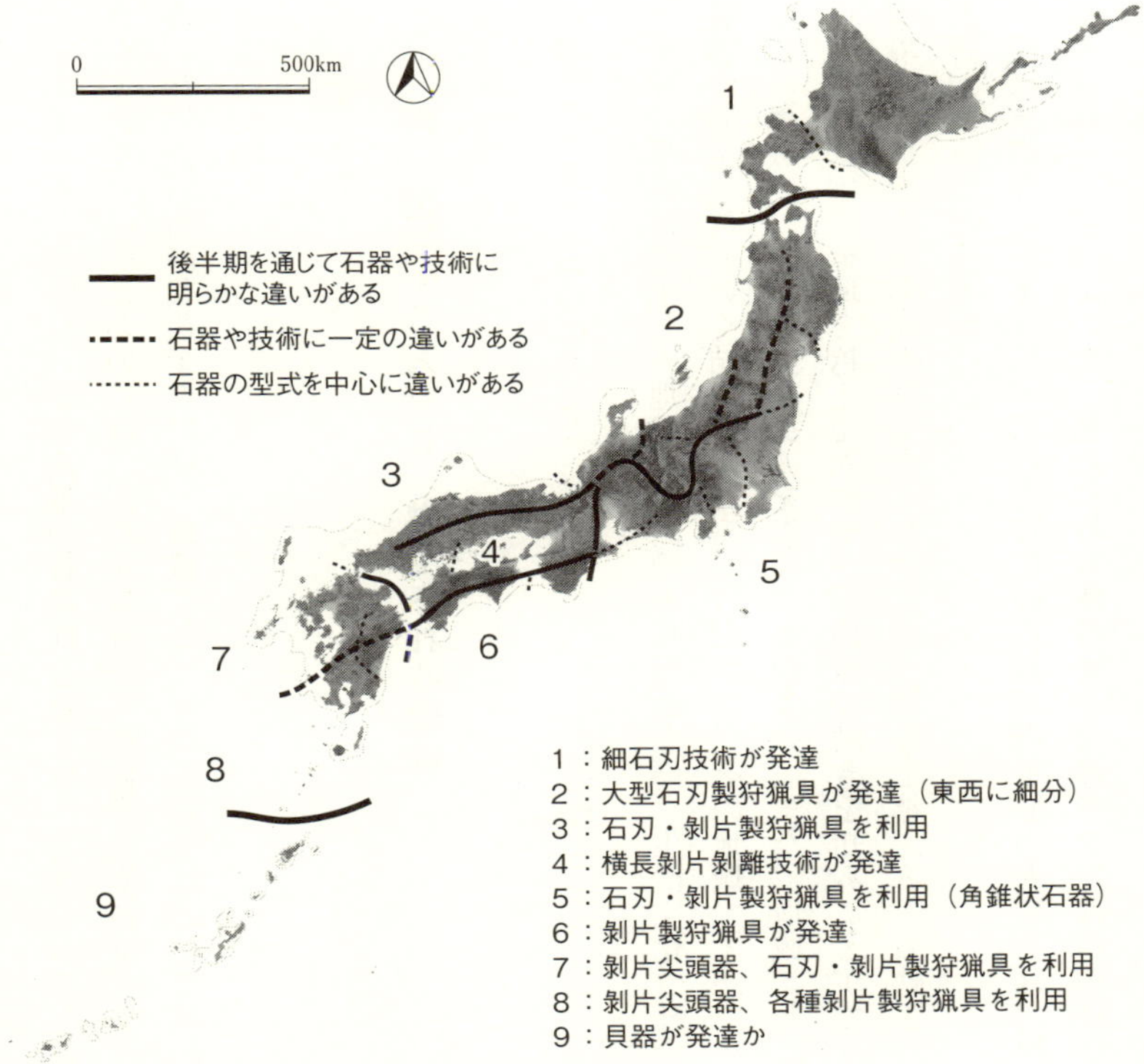

図1-2-20　後期旧石器時代後半期の境界と地域性
およそ2万5000年～2万年前ごろの地域性（筆者作成）

一定の違いが認められ、中部高地の特異性も際立つ。北陸から東北地方は脊梁山脈の東西がさらに細分されていく。一部においては、あたかも現在の都道府県境のレベルとみまごうほどにまで細分されている。後期旧石器時代後半期には、地域ごとに異なる環境に応じた適応戦略が発達していったことをよく示している。

四　越境する人びと、継承される地域

古瀬戸内平原からの移住者たち

境界の形成は必ずしも地域間の断絶を意味しない。生活文化や社会集団の地域化は、ある地域に生活範囲が限定されていく結果、起こるわけだから、その地域でまかなえないものも出てくる。したがって、むしろ地域間の人の移動や交流を促すことが多い。また、地域ごとに特殊な石器や技術が現れることを逆手に取れば、地域を越えた人やモノ、情報の動きを知ることができる。これまで、列島を縦横に分かつ境界と地域性の形成をみてきたわけだが、境界を越える人の動きがあった場合、境界にはどのような影響があるのだろうか。

先ほど紹介したように、旧石器時代の古瀬戸内平原の人びとは、列島の中でもとりわけ特異な石器技術や狩猟具をもっていた。横長剥片剥離技術を発達させた瀬戸内技法と、それによって作り出される国

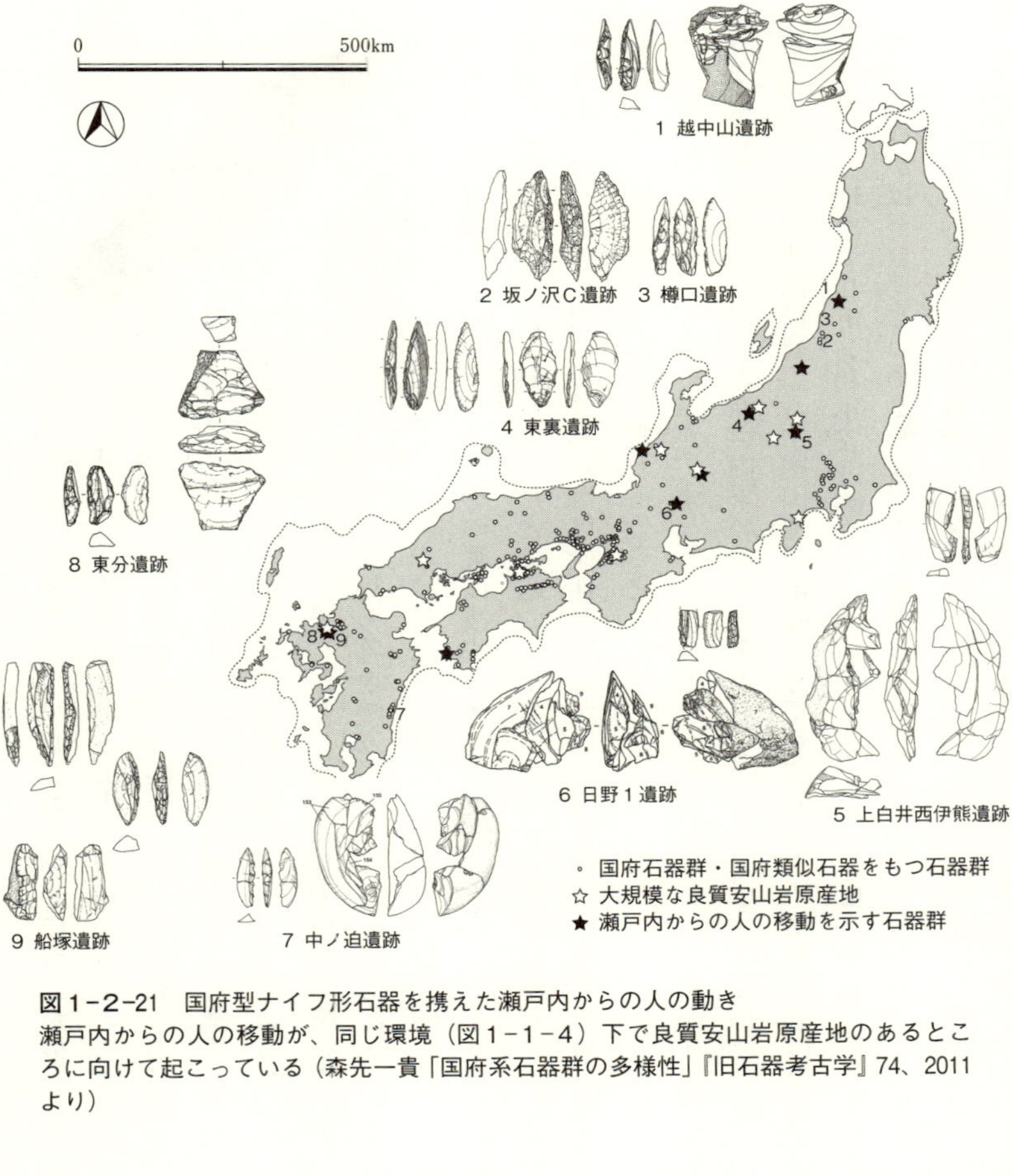

図1-2-21 国府型ナイフ形石器を携えた瀬戸内からの人の動き
瀬戸内からの人の移動が、同じ環境（図1-1-4）下で良質安山岩原産地のあるところに向けて起こっている（森先一貴「国府系石器群の多様性」『旧石器考古学』74、2011より）

図1－2−22　名和小谷遺跡の黒曜石製ナイフ形石器
図1－2−17と比べてみてほしい（鳥取県埋蔵文化財センター蔵、島根県立古代出雲歴史博物館提供）

府型ナイフ形石器を穂先につけた槍などの狩猟具で、古瀬戸内平原という広大な土地の所どころに群れをなす動物を狩る生活を送っていた。彼らは古瀬戸内平原を本拠地としていたが、広大な土地で移動の多い狩猟生活の中で、時にその外界に大きく進出することもあったようである（図1-2-21）。

その証拠は姶良火山が噴火してから二〇〇〇〜三〇〇〇年後の各地でみつかっている。たとえば佐賀県船塚遺跡のように、九州地方西北部では、瀬戸内のものとみまごう国府型ナイフ形石器が存在している。また、その製作技法も瀬戸内技法にきわめて近いことから、古瀬戸内平原からの技術を携えた人の移動があったとみることができる。ナイフ形石器だけの出土であれば、人から人へ社会を伝ってモノだけが移動した可能性もあるが、その製作の痕跡が認められることは、人が古瀬戸内平原から移動し、それらを製作したことを意味している。これに対し、九州地方東南部では国府型ナイフ形石器によく似てはいるが、ずっと小型で分厚いものが多い。その作り方をみても瀬戸内技法のような規格性がないため、古瀬戸内平原のハンターたちの作ではないことがわかる。

古瀬戸内平原の北側に聳《そび》える中国山地や山陰地方でも国府型ナイフ形石器は散発的にみつかっている。たとえば、鳥取県名和町名和小谷《なわこだに》遺跡の黒曜石製ナイフ形石器（図1-2-22）は見事な作りであるが、その製作過程がはっきりとわかる例は、他の遺跡も含めて今のところみつかっていない。これらの石器の存在は、古瀬戸内平原との接触や影響関係を示唆するものではあるが、人の移動がダイレクトにあったことを示す例は九州よりも乏しい。

東海から関東に目を転じてみよう。岐阜市の日野1遺跡など東海西部のいくつかの例を除くと、国府型ナイフ形石器に似た小型のナイフ形石器や、稀に国府型ナイフ形石器そのものがみられることはあるが、全国で最も遺跡密度の高いこの地域にあって、その製作痕跡が認められないことが重要である。東海東部より東には古瀬戸内平原出身の人びとが入り込んでいた形跡に乏しい。このことは、現在の長野県、つまり中部高地においても同じ傾向である。

これに対して、随分と様相が違うのは北陸から東北日本海側である。これらの地域には国府型ナイフ形石器が出土したり、その製作痕跡が認められる遺跡がある。新潟県三条市御淵上《みふちがみ》遺跡や山形県鶴岡市越中山遺跡K地点などがそれである。東日本の日本海側に沿って、古瀬戸内平原から人が北上した痕跡がはっきり残されている。また、こうした石器群とは異なり、国府型ナイフ形石器に比べるとやや形が崩れたナイフ形石器も新潟県村上市樽口遺跡などに存在する。国府型ナイフ形石器に比べて分厚く、大型の印象があるこれらの石器が残された理由も気になるところである。

移住の背景

このように、古瀬戸内平原の人びとはかなりの広範囲に拡散していたことがわかると思う。興味深いのは、古瀬戸内平原から同心円状に、距離が近いところから遠いところに行くにつれて移住の痕跡が希薄になるわけではないことである。東北日本海側に顕著な移住の痕跡が認められるかと思えば、東海地方や中国山地にはその痕跡は乏しいからである。古瀬戸内平原からの人の移住先には、かなりの地域的偏りがある。これはいったいどういうことだろうか。

移住先の環境をみてみよう。移住先は温帯針広混交林が展開していた地域とよく一致する（図1-1-4）。古瀬戸内平原は、他の地域よりも乾燥した温帯草原が広がっていたといわれているが、基本的には温帯針広混交林帯に含まれている。さらに、注意されるのは、この地域で使われている安山岩の原産地が限られることである。九州西北部から瀬戸内地方を経て東海西部までは、いわゆる瀬戸内火山帯を源とする安山岩地帯が延びている。加えて、北陸から新潟県下にも良質安山岩原産地が点々と延びており、安定して安山岩を確保することができる。つまり、古瀬戸内平原の人びとが広がったのは、類似した環境が整っている地域だと考えられる。

古瀬戸内平原からの人の移動は、その技術や優美な国府型ナイフ形石器の形を移住先周辺の人びとに伝えることになった。こうした二次的な技術の伝播は、たとえば九州南部や東海～関東のような、国府型に類似したナイフ形石器がみられることからわかる。

継承される境界

この古瀬戸内平原からの人びとの移住という出来事によって、それまで形作られてきた細かな地域性の境界は破綻《はたん》したかというと、そうではなかった。たとえば九州西北部でも北陸でも、古瀬戸内平原の横長剝片剝離技術を受容しそのまま発達させていった地域はほとんどない。北陸はこのとき横長剝片剝離技術を受容し、その後、瀬戸内技法とは異なる独自の横長剝片剝離技術を発達させた数少ない地域である。直坂《すぐさか》Ⅱ型ナイフ形石器とよばれる独特の狩猟具が生み出されている。この石器群は、おそらく広くとも現在の石川県・富山県・長野県北端・新潟県西端の範囲にほとんどが収まる。ちなみにこの地域は、旧石器はもとより縄文時代以降も継続的な地域的まとまりが認められる。たとえば、縄文時代中期の上山田《かみやまだ》・天神山式《てんじんやま》なども、この地域に展開した代表的な土器型式である。

このように、たしかにこのとき、古瀬戸内平原からの異邦人が各地を訪れ、石器作りを行いながら生活を営んでいたし、各地に石器作りの技術的影響を与えていることから在地の人びととの交流もあったことがわかる。この移住が与えた影響は広範囲に及んだし、その影響を勘案しないと説明できない地域の技術の変化も認められる。しかし、その影響は生活文化の地域的まとまりの分布図を大きく変化させることはなかった。技術は伝わっても、石器の形だけに影響を与えたり、横長剝片剝離技術の部分的受容だったりと、地元の人びとの技術と混ざり合って変容しながら、やがて失われていった。実際は以前の地域性が維持されていたのである。古瀬戸内平原からの人の移動後、石器や技術の変化が地域ごとにさまざまであることは、むしろそれまでの地域社会単位で、新しい情報を受け止めているという実態を反映するのだろう。

繰り返しになるが、列島の後期旧石器時代後半期には、始良火山噴火以後に進んだ気候変動と環境変化を引き金とする大型動物の急激な減少が起こった。生存に必要なエネルギーの量が大きいため獲物を追って広域を移動する大型動物と異なり、より小型の動物はより狭い範囲を移動しながら生活する。このときの動物相の変化を背景として、列島の狩猟採集民は移動性が低く、より狭い地域に数多く生息するより小型の動物を幅広く利用する生業に切り替え、地域に定着する生活を営むようになっていった。長大な距離に広がる列島の地形的特徴や地形的複雑さ、地域資源の多様性が生活文化の地域化を促し、

図1-2-20のような境界に区切られる地域性を生み出していったと考えられる。後期旧石器時代前半期、すなわち日本列島に現生人類が現れたころから始まり、地域性は後半期にいっそう、細かく区切られていく。やがてこれは縄文時代に引き継がれ、発展させられていくことになる。

コラム　異文化の接触と境界—オホーツク文化

旧石器時代のことではないが、六世紀ごろ、サハリンあるいはアムール川下流域に由来する文化が、北海道のオホーツク海沿岸部に突如到来する。この考古学的文化を「オホーツク文化」という。沿岸部に限定される集落立地や物質文化と、自然科学分析の成果からみて、この文化の担い手は海を生活の舞台としてアシカやアザラシの仲間など海獣狩猟に特化していた海洋民であったと考えられている。この文化が北からの影響で出現したことは、人骨形質の分析からもわかっている。この時期、北海道には器面に擦り痕がある、擦文《さつもん》土器とよばれる土器に特徴づけられる「擦文文化」をもつ人びとが住んでいた。オホーツク文化は流入後、この擦文文化と接触し、九世紀末ごろに「トビニタイ文化」とよばれる新たな文化が成立する（図1-C2-23）。

興味深いのはその接触の実態である。それはまるで異文化の特徴を足して二で割ったような文化の折衷・変容を示す。トビニタイ文化の土器は粘土紐を貼り付けてつくるオホーツク文化の文様と甕形《かめがた》ないし深鉢形となる擦文文化の器形を合わせもつ折衷型式であり、トビニタイ文化の住居は上からみ

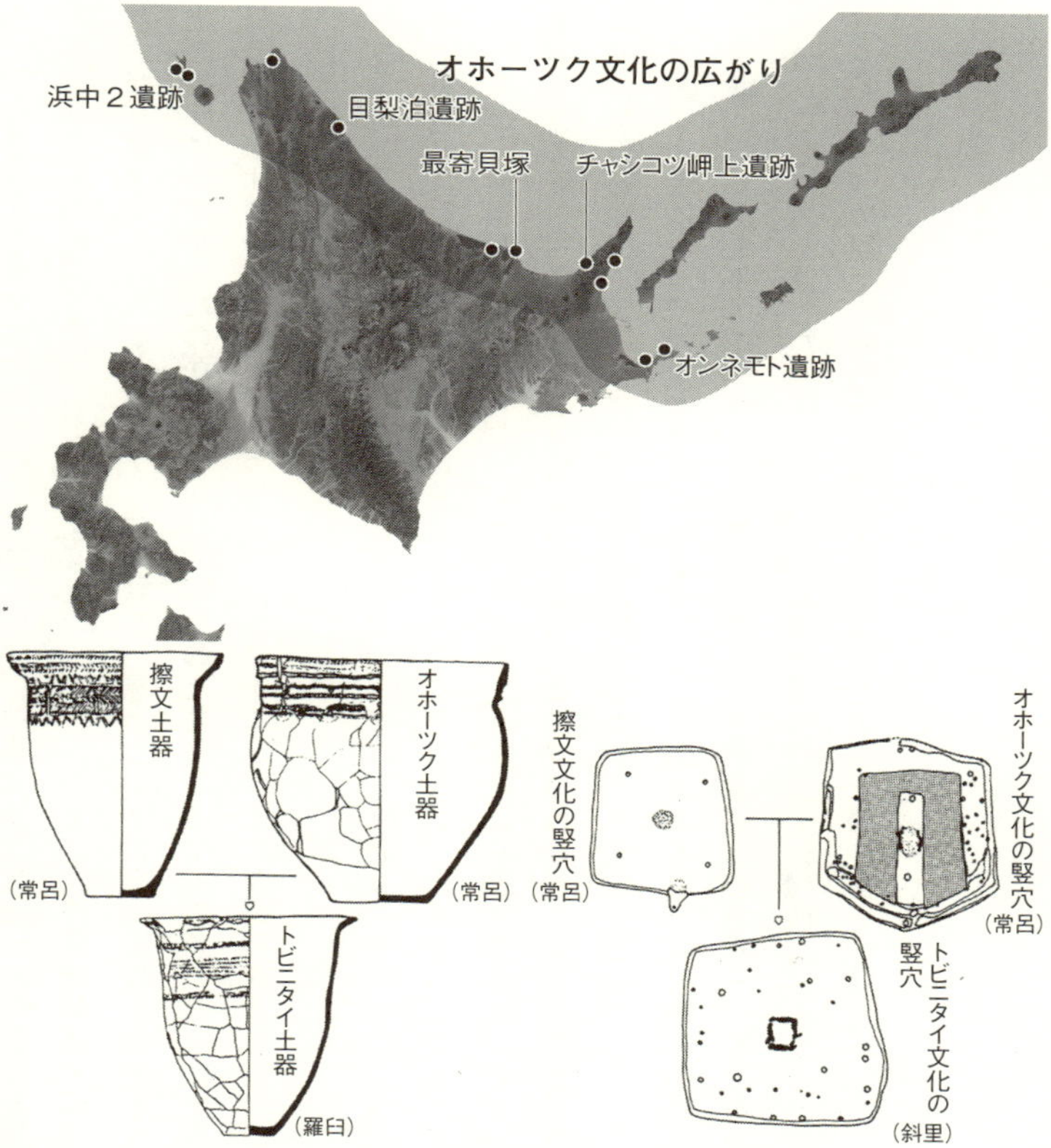

図１−Ｃ２−23　北海道におけるオホーツク文化の広がりとおもな遺跡
（西秋良宏／宇田川洋編2002をもとに筆者作成）

ると四角形になる擦文文化の伝統を踏襲しつつ、オホーツク文化に一般的な石組み炉を合わせもつ。オホーツク文化の到来によって、擦文文化の人びととのあいだには当初必ず緊張関係が生じたに違いないが、擦文文化の人びとがサケ・マス類を対象とした漁労をおもな生業としていたことから、生業上の衝突は少なかったのかもしれない。双方の土器製作者にも交流があることからみても、両文化の荷担者には社会的な交流が始まっていったのであろう。それは婚姻を含むものであった可能性があるといわれる（西秋良宏／宇田川洋編　二〇〇二）。

結果的に平和裏に進んだらしいこの唐突な出来事は、あたかもオホーツク文化が無秩序に他地域に勢力拡大して起こったかのようにみえるが、そうではない。そもそも北海道のオホーツク海沿岸は、かねてから道南や道央とは異なってサハリンの生活文化と共通する部分が認められる地域であり、オホーツク文化が到来したのも原則としてこの地域に限られる。つまり、オホーツク文化が拡散して移動先の文化を変容させはしたが、既存の地域性を大きく改変することはしていない。環境変化などさまざまな要因によって人は他地域に移動することはあっても、それは基本的にもともとの生活文化を引き継いだまま生存可能な地域への移動であることが普通なのである。古瀬戸内平原からの人の移動とは、この点で共通した側面がみいだされる。現代社会では想像しにくくなっているが、生活文化とはかくも土地の風土に制約を受け、また適応したものなのである。

三章　定住生活と境界の細分化―縄文時代

一　縄文文化はどう成立したか

縄文文化とは

縄文文化と聞いてどのようなものをイメージするだろうか。おそらく、狩りをし、魚や貝や木の実を取り、土器をもって、竪穴建物に住まう人びとといったところではないかと思う。縄文時代、縄文文化という学問的な概念が生まれた経緯を、日本考古学の初期までさかのぼって検討した山田康弘によれば、「日本の歴史において、狩猟・採集・漁労による食料獲得経済を旨とし、土器や弓矢の使用、堅牢な建物の存在や貝塚の形成からうかがうことのできる高い定着性といった特徴によって、大きく一括りにすることができる文化」が、実態に即した最大公約数的な縄文文化の説明であるという（山田康弘　二〇一五）。その範囲は、北海道から琉球列島（時期や地域は限られる）に及ぶ。

縄文文化を特徴づける要素としては、石器や土器などの実用的な生産用具のほかに、土偶・石棒などの祭祀具や環状列石・周堤墓・大型木柱列などの建造物が挙げられ、東日本を中心にとくに発達を遂げた。石器でみた場合、たとえば石匙は朝鮮半島南部からは出土するものの、日本列島におおむね限られてくる。縄文土器には波状口縁や口縁部突起がしばしばみられるという形態的特徴も、世界的にみると珍しい。なお、縄文文化といいながら、実際に「縄」文様をもつ土器が最初から使われていたわけではない。日本で最初に現れた土器は、文様をもたないものが多く、その後も粘土紐を貼り付けたものや指の爪を押しつけたような文様の土器が使われた。縄目痕をもつ土器が現れるのはその後である。そうはいっても、縄文をもつ土器とそれ以前の土器の伝統に断絶があるわけではない。

なお、縄文土器の系統が一系統かどうか、つまりすべての縄文土器がある親から生まれた兄弟のような存在にあるかどうかを突き詰める議論もあるが、ここでは深入りしないでおく。確認しておきたいのは、縄文土器の出現時期は古本州島全体で同じころであり、その後に大きな断絶はなく、縄文時代を通じて共通する文様・器形の特徴も認めることができるということである。

縄文文化は大陸起源か

ところで、かつて縄文文化は日本列島内で生まれたのではなく、大陸に由来するとされたことがあった。文化伝播論である。一九六〇年代に東京大学の山内清男《やまのうちすがお》と共同研究者の佐藤達夫は、土器型式研究によって全国津々浦々まで精緻な土器編年網を組み立てようとしていた。山内の編年研究を完成させる上で懸案であったのは、縄文土器がいつ出現したかを実年代で示すことで、それを推定するために、無土器新石器の最終末（つまり土器出現直前）のものと位置づけていた青森県野辺地《のへじ》町長者久保遺跡出土の石器のうち、丸鑿《まるのみ》型の石斧（図1−3−1）を、シベリアはバイカル湖周辺の新石器時代イサコヴォ期（六〇〇〇〜五〇〇〇年前と考えられていた）にみられる石斧と同じものとみなした。これをシベリアから渡来したと考え、バイカル編年の年代観から約五〇〇〇年前と考えた。さらに土器が出現したころにだけ存在する矢柄《やがら》研磨器・植刃・断面三角形錐を同じく大陸からの「渡来石器」とみなし、縄文時代のはじまりを四五〇〇年前としたのである。これを短期編年という。

一方、当時最先端であった放射性炭素年代測定による、神奈川県横須賀市夏島貝塚での年代測定値（九四五〇年前・九二四〇年前）が公表されたことを根拠として（じつはその前にも年代測定をした例はあるが）、縄文土器に一万年にも及ぶ古い年代を与える長期編年を芹沢長介らが主唱していた。しかし、当時の先史考古学の常識を熟知した山内らはそれを受け入れなかったのである（今村啓爾　一九九九）。

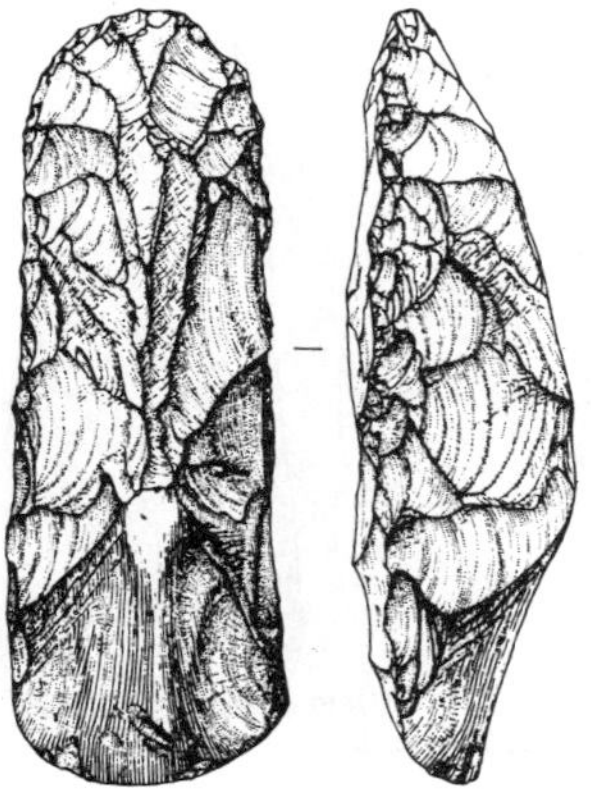

図1−3−1　長者久保遺跡の丸鑿型石斧
石器の幅、約5センチ（山内清男／佐藤達夫「下北の無土器文化」『下北』平凡社1967より）

山内らによる短期編年は、その後の発掘調査の増加や放射性炭素年代測定、地質学的研究の進展を受けて、現在は否定されるに至っている。とはいえ、山内らの編年網がその後の土器編年研究の礎となったことに変わりはない。遺跡からの出土状況を正しく把握し精緻に確立した相対的な型式編年研究は、それに付与する実年代に変更があっても、根本的な訂正が必要となることはなかった。

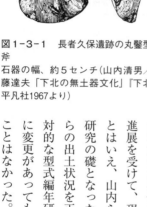

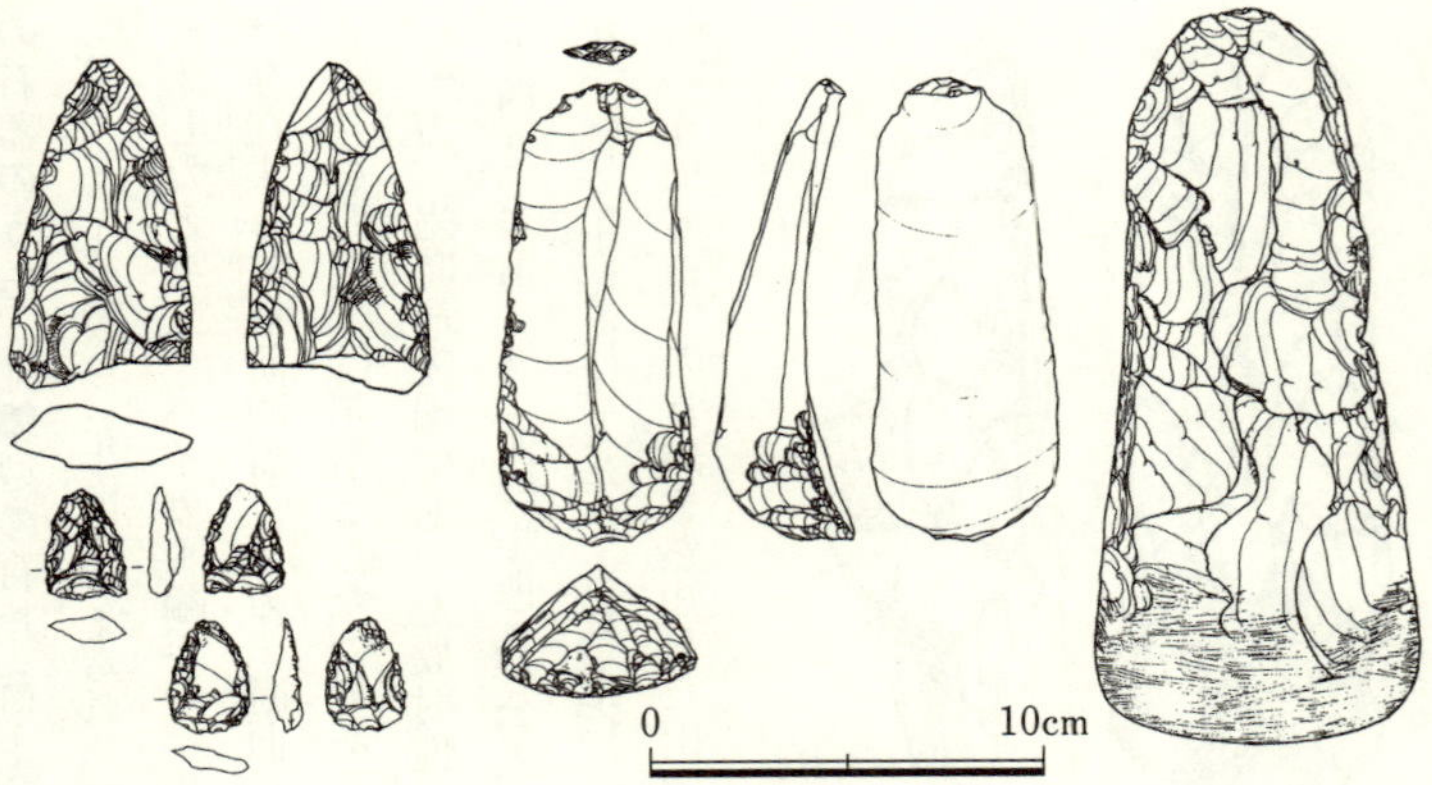

図1-3-2　神子柴・長者久保系石器群とよばれる石器群の一例（大平山元Ⅰ遺跡）
長者久保・神子柴系石器群とも、神子柴系石器群ともよばれる（外ヶ浜町教育委員会『大平山元』2011より）

山内説の短期編年が否定されても、面白いことに縄文文化の起源地探しとなると、やはり大陸に求める伝播論が主流であり続けた。伝播論が当時の研究者の思考法をどれだけ深く規定していたかをよく物語っている。具体的にいえば、旧石器時代終末に位置づけられていた、大型の両面加工尖頭器と磨製石斧、場合によっては土器をもつ「神《み》子《こ》柴《しば》・長者久保系石器群」とよばれる石器群が、大陸からの影響を示すものとされた（図1-3-2）。旧石器時代の終わりごろには北方から細石刃石器群や神子柴・長者久保系石器群が繰り返し伝播・渡来し、列島の先行文化に大きな影響を与えつつさまざまな文化要素をもたらし、縄文文化が興ったと考えられていた。やはり、縄文文化は大陸からの文化の到来によって成立したというのである。

ならばその起源地は具体的にどこなのか。極東ロシアの中国との国境沿いにアムール川（黒竜江）という大河が流れている。日本列島で縄文時代が始まるころ、その下流域、今のハバロフスク州周辺に狩猟採集生活を行う人びとがいた。彼らが残した文化を考古学ではオシポフカ文化という。大きな両面加工尖頭器とわずかな細石刃石器を用い、そして土器を使うという特徴をもつ。日本列島の神子柴・長者久保系石器群でも、その後わずかに土器をともなう例が知られ始め、オシポフカ文化の両面加工尖頭器、細石刃、土器の組み合わせと共通するとみて、日本の縄文文化が極東ロシアからの文化伝播によって成立したとする考えが一九八〇年代から急速に広まった。

しかし、いくら資料が増えても、アムール川下流域と東北日本をつなぐ地域に当たる北海道には、神子柴・長者久保系石器群の特徴である大型の神子柴型石斧や尖頭器が出土する遺跡が認められない（安斎正人　二〇〇二）。

そもそもアムール川下流域のオシポフカ文化の石器群には両面加工尖頭器と、手斧状の石器、大型の石斧、細石刃、石錘があり、内外面におもに条痕文をつけるような器面調整を施した土器がともなうことが特徴である。私自身、現地にてオシポフカ文化の石器群を実見したことが幾度かある。両面加工尖頭器は非常に多いが一〇センチにも満たない程度のものが多く、また作りも厚手で粗雑であり神子柴・長者久保系石器群の祖型になったとはとても考えられない。手斧状の石器も日本列島の同時期の遺跡に類例はほとんどない（図1-3-3）。オシポフカ文化の石器群の特徴と共通するものを日本列島にみいだすことはできないのである。ましてや、それが神子柴石器群や長者久保石器群の祖型になりうるとは考えにくい。このため、縄文文化の大陸起源論は最近では影を潜めつつある。

現在の研究では、神子柴・長者久保系石器群は両面加工尖頭器をもつ在地の集団と、細石刃石器群を

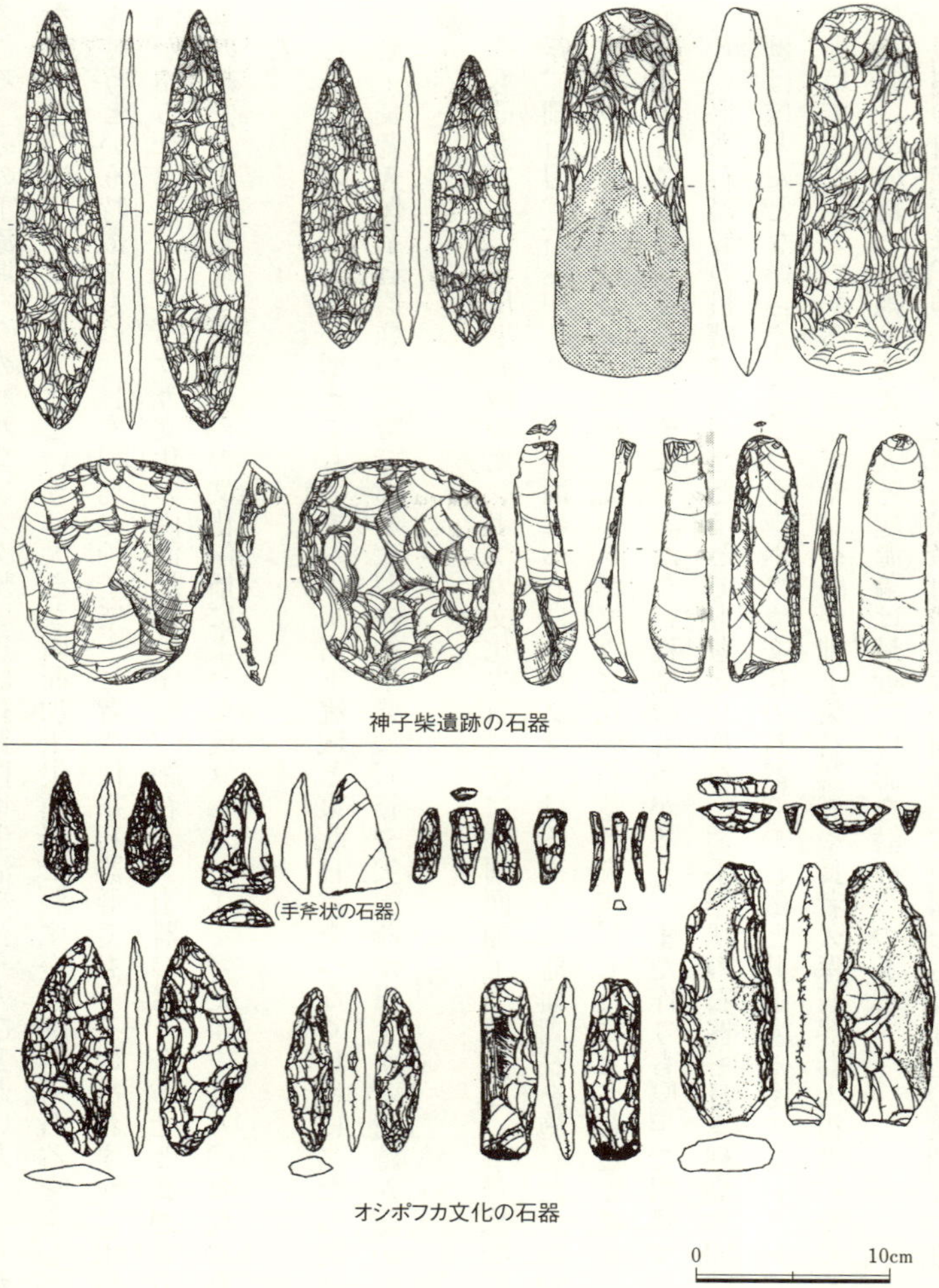

図1-3-3　神子柴遺跡の石器とオシポフカ文化の石器
神子柴遺跡の石器群は重要文化財。オシポフカ文化はゴンチャルカ１遺跡・ノヴォトロイツコエ10遺跡のもの（林茂樹／上伊那考古学会『神子柴』信毎書籍出版センター、2008年、長沼正樹「アムール下流域のオシポフカ文化」『北東アジアの歴史と文化』北海道大学出版会2010をもとに筆者作成）

もつ北方からの集団が接触・融合しながら形成されたのであり、大陸から直接伝播したものではないとみる考えが有力である。

縄文時代の地域性の母体は旧石器時代に

こうしたこともあって、現在では大陸文化に席巻されて縄文文化が始まると考えることは難しいという意見が一般的である。であるならば、旧石器時代の後半期に認められていた小地域ごとの単位が、じつはそのまま引き継がれて縄文文化が成立していることになる。次にみていくように、縄文時代初頭の地域文化を整理すると、旧石器時代に形成された地域性とおおむね重なる小地域からなっている可能性が高く、縄文文化が旧石器時代以来の各地域社会を母体として形作られたことがわかるのである。旧石器時代以来の人びとが、変貌を遂げる自然環境に対応した新たな生活文化を構築した結果、縄文文化の成立につながったことを確かめていきたい。まずは縄文時代を特徴づける縄文土器が、いつどのように出現したのかを確認することから始めよう。当然、これも大陸からの文化伝播で単純に説明できるものではないのである。

二　定住狩猟採集文化の成立

晩氷期気候変動と完新世の成立

日本列島における最古の土器の出現は、青森県外ヶ浜町にある史跡大平山元《おおだいやまもと》Ⅰ遺跡での約一万六五〇〇～一万五〇〇〇年前とされる。グリーンランドの氷床コアデータの解析によると、この時期以降、晩氷期とよばれる時期に突入する。東アジアの地域的特徴が反映されていると考えられる中国南部の洞窟鍾乳石に記録された古気候変動のデータも参照すれば、後期旧石器時代を特徴づけた寒冷気候が一転、およそ一万四七〇〇～一万二八〇〇年前に急激な温暖期が訪れる。その後、ヨーロッパではヤンガードリアス（新ドリアス）とよばれる寒の戻りがあった後、一万一六〇〇年前に再び急速に温暖化を経験する。これ以降、不安定な気候変動に特徴づけられる更新世から、今の私たちが暮らす完新世を迎えるのである。後氷期の訪れである。

興味深いことは、土器の出現が約一万五〇〇〇年前からの晩氷期の温暖期より前に起こっていることである（図1-3-4）。これは大平山元Ⅰ遺跡以外にも複数の遺跡で得られた土器の年代からみて間違いなさそうである。しかも、最初期の土器をもつ遺跡は北から南まで、古本州島の広い範囲で認められる。かつて、土器は後氷期において植物食のアク抜きや調理、海産物の処理に重要な役割を果たしたとするのが通説であったが、近年の年代観では、温暖化とともに土器が使用されるようになったという説は成

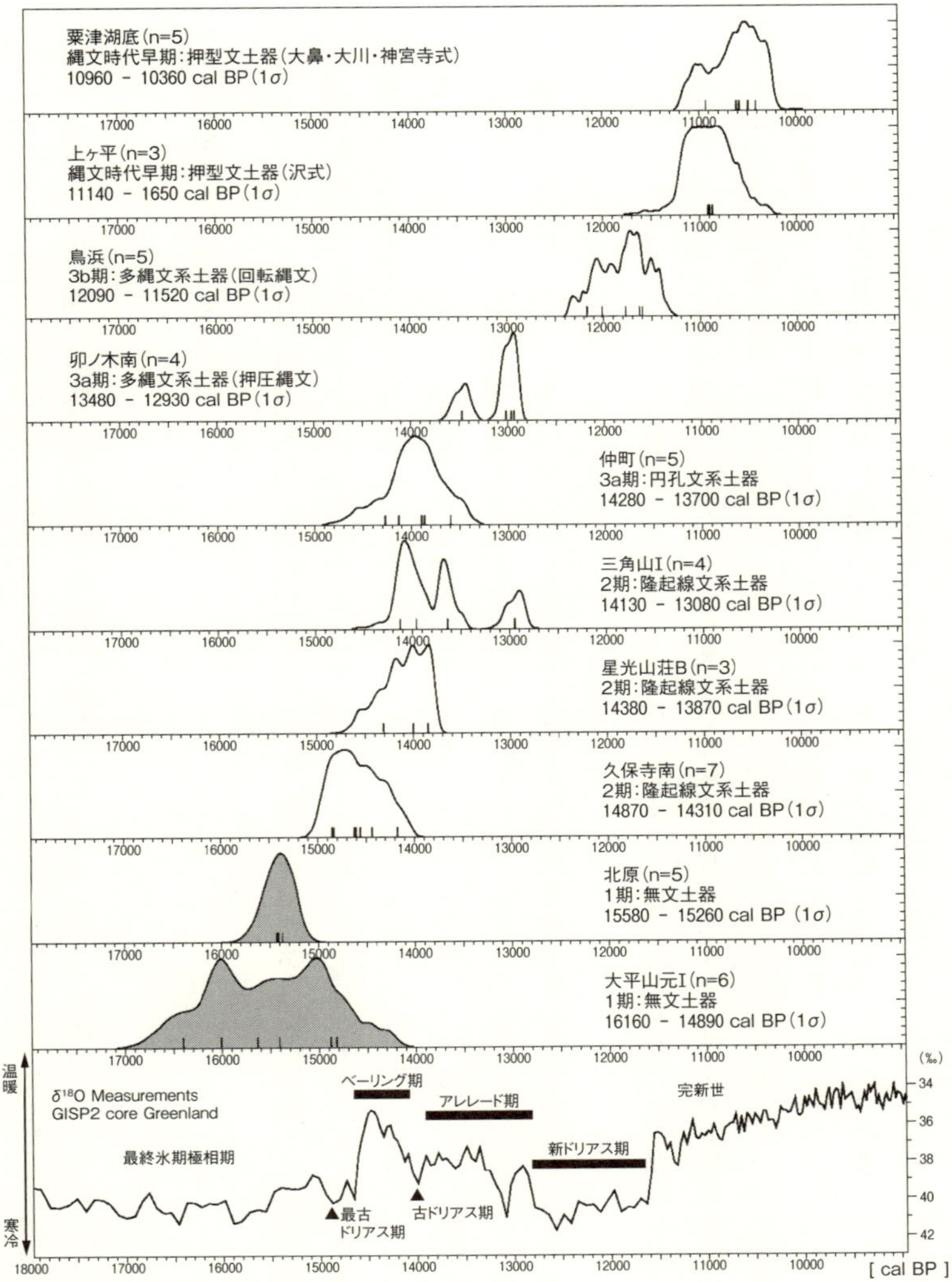

図1-3-4　出現期土器の年代と気候変動

網かけの年代は、完新世の温暖期に先立つ晩氷期のベーリング期温暖期より前に当たる。初期の土器が気候変動にかかわらず出現していることがわかる（谷口康浩2011より）

り立たない。土器はそれ以前から現れていたのである。ただし、土器の使用量や頻度が増加するのは晩氷期温暖期や後氷期の温暖化にともなって起こったことであったこともわかっている（谷口康浩　二〇一一）。

土器使用の開始と発展の契機

ということは、今村啓爾や谷口康浩がいうように、土器の使用開始自体の契機と、その発達・普及の契機は異なっていたのかもしれない。つまりこういうことである。土器の出現は寒冷気候下で、まだ旧石器時代と同じように狩猟を中心とした生活を行っている中でなんらかの用途で出現し、古本州島に広がっていった。これが、晩氷期の温暖期を迎えたのち、竪穴建物を住居とするなど一定期間にわたりある場所に定着する居住形態を採用するとともに、豊富に採集できるようになった堅果類など植物質食物の調理が重要となったことで、アク抜きや煮炊きなどを行うための土器の役割が確立し、一挙に普及したという考え方である。

このことを土器出現期の遺跡の分布の変化から確認しよう。後期旧石器時代前半期の石器群を分析したときのように、土器出現期についても、信頼できる炭素年代を有する遺跡を対象に石器群の変遷を検討してみる。対象年代は一万七〇〇〇～一万年前までの時期幅とし、先ほども取り上げた東アジアにおける気候変動の大局と対応させて整理した。扱った遺跡は合計五九遺跡、六七石器群である。土器が出現するとき、狩猟等の生活道具に変化が生じたかどうかを確認する必要がある。そこで石器群をおもな狩猟具とその製作技術によっておおまかに分類し、その動向を確認した。また、遺跡に竪穴建物などの遺構がある場合には、それも参照した。その結果、次の興味深い事実が明らかになった。

①まず、土器が最初に出現するのは晩氷期直前である。古本州島の北から南まで、特定の地域に限定されない。また出現期の土器には細石刃石器・石刃石器・両面調整尖頭器などさまざまな石器がともに出土し、これらは旧石器時代の石器群の特徴を残す。

②ところが、晩氷期の温暖化が始まると一転、九州南部を中心に古本州島西南部（まだ海面は数十メートル現在より低かったので陸続き）で土器をもつ遺跡が急増し、遺跡ごとの土器の出土量も増加するとともに、石鏃をはじめとする剝片製石器が発達し竪穴建物などが頻繁に築かれ始める。

③引き続いて晩氷期の寒冷化が起こると、遺跡の数がやや少なくなるようだが、土器・剝片製石器・竪穴建物などの遺構のセットは青森県まで北漸《ほくぜん》している。寒の戻りによっても、以前の生活様式に戻ることはなかったらしい。

④後氷期に入ってから、剝片製石器をおもに用い、土器を積極的に使用し始め、竪穴建物などを構築し、北海道まで定住的生活の確立が認められるようになる。

ではなぜ土器が使われるようになったのか、その背景を明らかにすることは容易ではない。出現期の土器の用途は主として水産資源の処理・調理であったと主張する研究もある。筆者らが最近再分析している東京都あきる野市前田耕地遺跡では、一九七〇～八〇年代の発掘調査で二棟の小屋状の建物跡と、その周囲で両面調整尖頭器の製作を集中的に行った痕跡がみつかっている。少量の無文土器が出土して

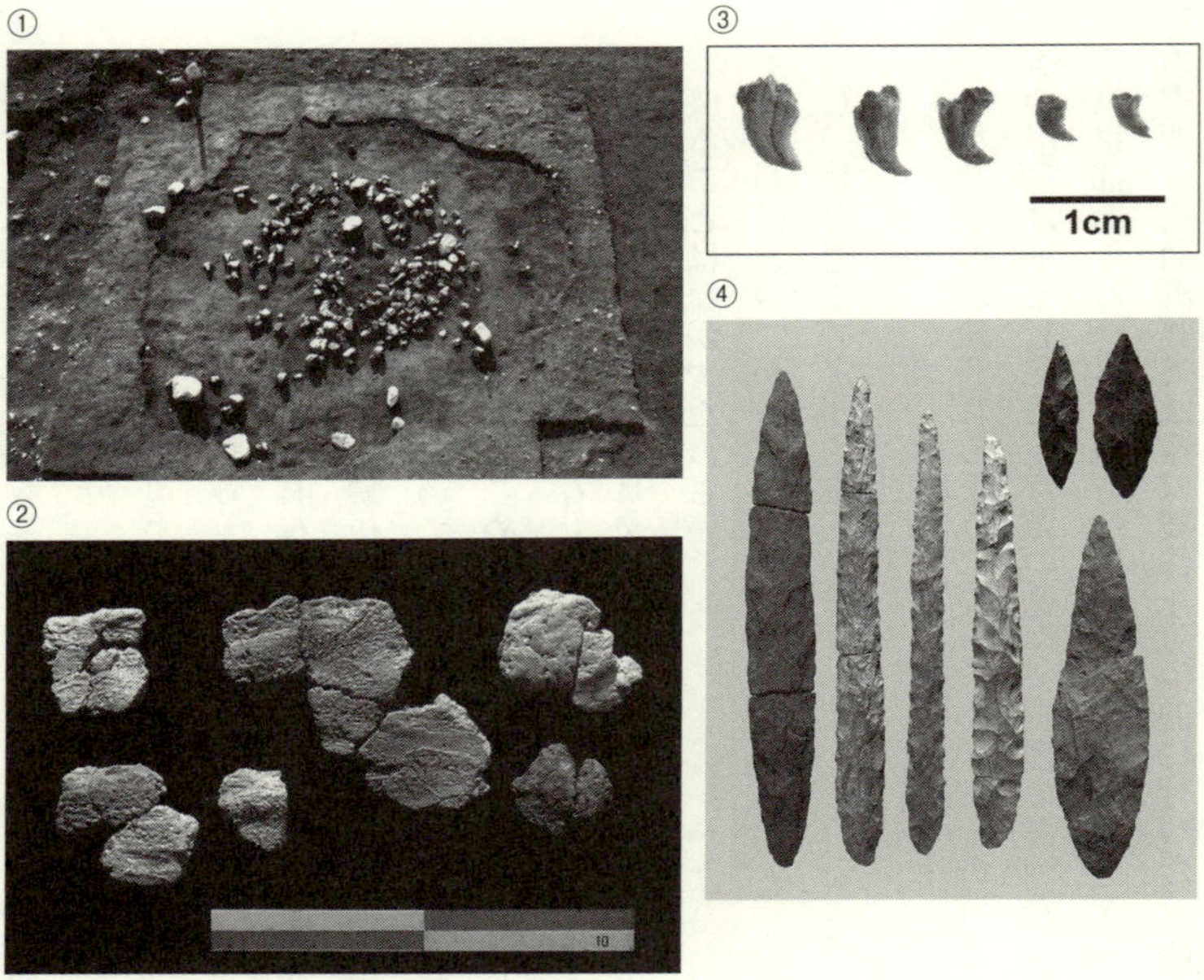

図1-3-5　前田耕地遺跡の出土遺構と遺物
わずかな掘り込みをもつ建物跡（17号住居、①）を検出。土器（②）、サケの歯の骨（③）、石槍（④）が出土。掘り込みをもつ建物構築の最初期の事例である（東京都教育委員会蔵、①②④東京都教育委員会提供、③山崎健氏提供）

おり縄文時代最初期にあたるであろう。興味深いのは、小屋の中から焼けたサケ科魚類の骨（とくに歯）が多量に発見されていることである。現在年代測定や石器・動物遺体の再分析を行っているが、たしかにこの時期、決まった時期に大量に川をさかのぼってくるサケの仲間などを対象にした内水面漁労を活発に行っていた姿が浮かび上がる。土器の出現期にはじめてこうした活動が認められるので、土器は本来水産資源の利用のために作られたという説が唱えられているのだ（図1-3-5）。

　土器がなぜ作られるようになったのか興味は尽きないところ

であるが、土器が現れる時期の生業戦略との関係から、今後とも検討を続ける必要があるといえよう。現在のところ、土器は旧石器時代の冷涼な気候において、数量はわずかながら、地域を定めず、さまざまに使用され始めていたことは確かである。土器を使う人びとが使用していた石器が地域ごとに多様であった点からみて、土器使用の担い手はそれまでに各地で地域文化を育んできた人びとであったことも確実であろう。新たな外来文化の席巻によって縄文土器文化がもたらされたのではないことを意味している。少なくとも、土器文化の発展は列島内で独自に行われた。縄文文化は旧石器時代以来の地域性やその境界を受け継いでいると考えるのがむしろ当然ではないだろうか。

三　境界の継承と細分化

旧石器時代以来の地域性の継承

続いて、晩氷期温暖期に相当する時期（縄文時代草創期）の地域性をみてみよう。古本州島では土器が出現してから一〇〇〇年ほどが経ち、温暖な気候下で土器が日常生活で頻繁に使用されるようになる。いち早く広範囲にかなり斉一的な土器文化（隆起線文土器、爪形文土器など）が成立するが、生活に直結した石器には依然としてはっきりとした地域性が認められる。一方、古北海道半島では細石刃を使って広い平原を舞台に移動しながらの狩猟生活が続いていた。

現在では放射性炭素年代測定の蓄積により、近い年代値をもつ遺跡を地域間で比較することができる。たとえば、神奈川県川崎市万福寺遺跡、長野県信濃町星光山荘B遺跡、愛媛県久万高原《くまこうげん》町の史跡上黒岩岩陰遺跡9層、長崎県佐世保市の史跡泉福寺洞窟8層は、いずれも晩氷期温暖期に当たる一万五〇〇〇～一万三五〇〇年前ごろの集落や野営地の遺跡である。新潟県十日町市久保寺南遺跡も温暖期開始ごろの年代である。また、山形県高畠町日向《ひなた》洞窟西地区と神奈川県横浜市花見山遺跡も、隆起線文土器が万福寺遺跡に近い内容をもつため、ほぼ同時期だろう。ちなみに奈良県山添村にも桐山和田遺跡という有名な遺跡があり、隆起線文土器の特徴などから泉福寺洞窟8層との類似が指摘されている。これらの遺跡出土の土器・石器を比較してみよう（図1-3-6）。

まず土器の文様や器形などの特徴は日向洞窟西地区、万福寺遺跡、花見山遺跡、星光山荘B遺跡が類似し、それとは異なる上黒岩岩陰遺跡と泉福寺洞窟など西日本の一群は互いによく類似する。土器文様のスタイルだけをみると、広い範囲での共通性があるようにみえる。

しかし、石器群の地域差は明瞭である。東北日本海側の日向洞窟西地区では大型の両面加工尖頭器や、大型の石鏃《せきぞく》、削器、石錐、石箆《いしべら》、石斧が作られ、使われている。製作過程はきわめて入念で、しかも両面加工の石器を作る過程で出る剥片を石鏃などの小型石器の素材として利用するといった無駄のない工夫もみられる。完成した石器は非常に大きく力強いが、丁寧に薄く仕上げられ優美さをも兼ね備えている。かたや関東南部の花見山遺跡や万福寺遺跡では、両面加工尖頭器とともに、特殊な十字形の有舌尖頭器（花見山型）が多数あるという、地域の特徴を示している。両面加工尖頭器も日向洞窟のものに比べ明らかに厚手で整形が粗雑である。スクレイパー、石錐が多数ともなうが、石斧は少ない。中部高地

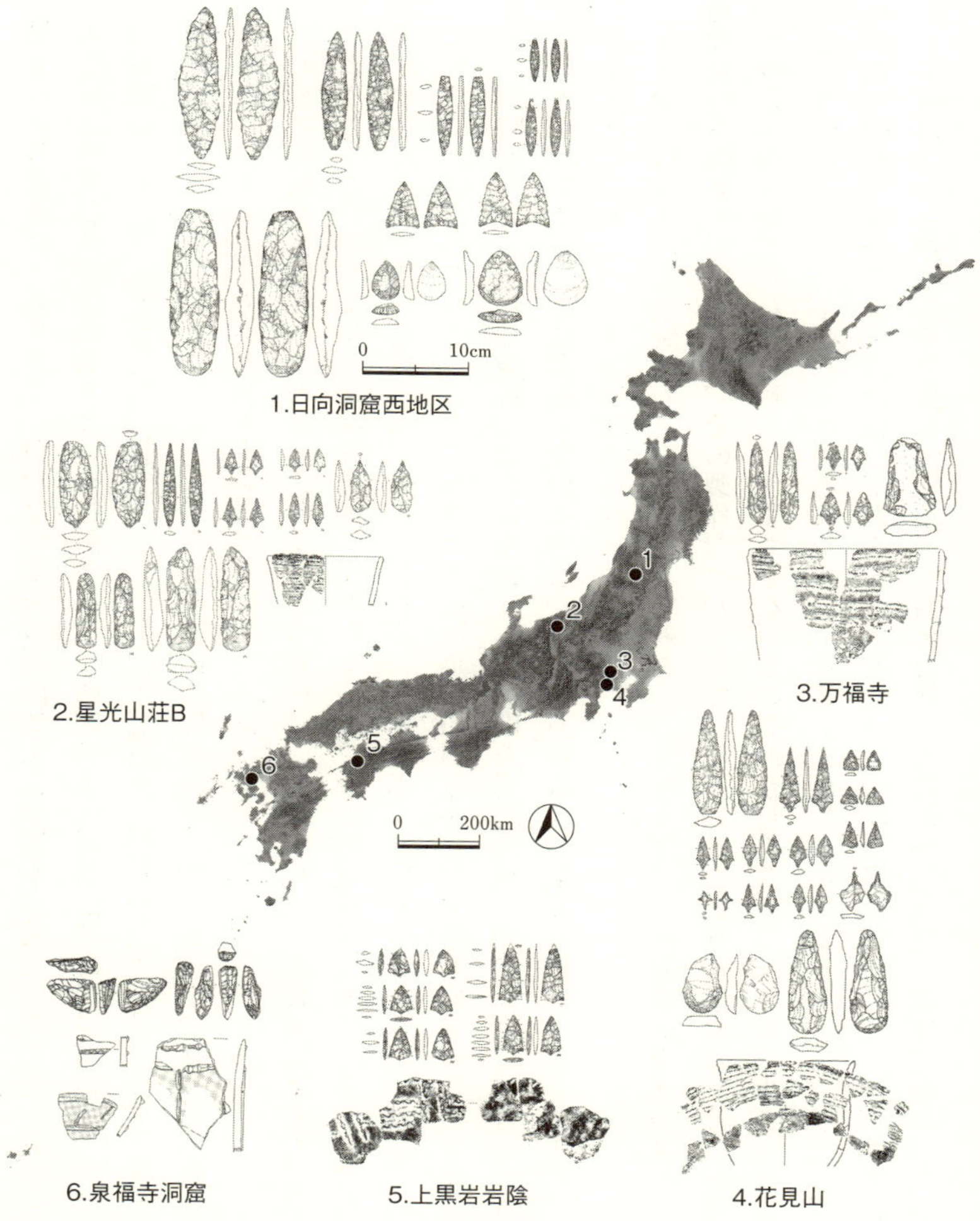

図1-3-6　縄文時代草創期における各地域石器群の多様性
（各遺跡報告書をもとに筆者作成）

の星光山荘B遺跡は、細身薄手で精巧な柳葉形の両面加工尖頭器や、花見山型に近い有舌尖頭器、そして大型局部磨製石斧が多数あるという特徴がある。四国の上黒岩岩陰遺跡では、薄手・精巧だが幅広の有舌尖頭器（柳又型《やなぎまた》）があるのが特徴で、九州の泉福寺洞窟では精巧な両面加工石器を素材とする細石刃製作技術がまだ用いられている。なお近畿の桐山和田遺跡では大きさ、形の揃った石鏃や柳又型などとよばれる有舌尖頭器や両面加工尖頭器が特徴的である。

これらの狩猟具や伐採具などにみられる顕著な違いは、それぞれの生活様式に応じた道具の組み合わせによるもので、生活文化の地域性をよく反映している。その地域性は、大きくみても北海道、東北、関東、中部高地、北陸、近畿、瀬戸内、九州北部、九州南部、琉球列島といった今日まで続くような単位にすでに区切られている。ここにあげた遺跡は年代が明らかで、同時期のものとして比較ができる。なお、同時期と考えられる遺跡はほかにもあり、後期旧石器時代後半期のように、さらに細かな境界が浮かび上がってくることは間違いない。少なくとも旧石器時代の境界は踏襲されこそすれ、それが大きく解体されているという状況は認められない。

もう少し踏み込んで地域間の違いを説明してみたい。たとえば、日向洞窟西地区のように入念な製作過程を経る両面加工尖頭器は、その製作だけが目的ではなく、その過程で取れる剝片で石鏃も作っている。つまり両面加工の石器を軸に、さまざまな石器の製作が行えるような無駄の少ない技術のデザインになっている。石材の不足などさまざまなリスクに備えた戦略なのである。一方、花見山遺跡の場合は、両面加工の石器をそのようには使っておらず、同じような戦略は考えにくい。九州南部では大型の両面加工尖頭器はそもそもあまり作らず、小さく簡単な作りの石鏃が狩猟具の主体である。大型の槍の有無は、狩猟のありかたにも大きな違いがあったことを想定させる。これらは単なる石器技術の差ではなく、これを用いた食料獲得の方法にも違いがあったのである。

当時の気候変動や環境変化を考えると、以下のように想定できる。古本州島西南部では、一万五〇〇〇年前ごろから急速に温暖化し、九州南部を中心にドングリなど植物質食料もいち早く豊富になって川魚など水産資源を含め食料資源が多様になりつつあった。このため、旧石器時代のように大型動物を含む少ない種類の動物資源に特化した生業よりも、簡単に取れる中小型の動物や植物質食料などを、簡単な道具で幅広く利用する生業に変化していった。そうすると、広い範囲を移動しなくなるので、近くの石材を使って簡単な技術であまり特殊化しない石器を作り分けるようになる。より狭い地域に根ざした生業への転換は、後期旧石器時代において始良火山が噴火した三万年前より後に起きたこととじつはよく似ている。このときにも、減少を続ける大型獣狩猟から少しずつ手を引き、地域ごとに生息するさまざまな中小型の動物を幅広く獲得することを重視した資源利用への転換があった。縄文時代の初頭に起こった生業戦略の変化は、その延長線上にあるといえるかもしれない。こうした方向性が、より細かな地域性の発達とその境界の固定化・細分化を促したのであろう。

一方、より北方に位置する古本州島東北部では西南部のような環境は遅れて出現するため、動物狩猟を基本とする限られた資源利用により特化する必要が、依然としてあった。このため、旧石器時代にも使われた大型の両面加工尖頭器などの狩猟具の製作を重視し続けたと考えられる。また、狩猟生活では対象獣を追っての移動が至上命題であり、道具の不足や不備でそれがなしえないということは、ハンターとして大変な失策となる。このため、両面加工尖頭器の入念な準備、なにかがあったときに、両面加工尖頭器から打ち取られる剝片からさまざまな石器が作れることは、狩猟中心の生活でのリスク・マネジメントにおいて大変重要だったわけである。

気候安定化による定住化の進展

縄文時代は大陸からの文化が席巻して始まったのではないことをみてきた。縄文時代草創期にみられる地域と境界は、旧石器時代のものを継承しているのだ。縄文時代早期になると、北海道を含めて列島各地でまとまった軒数の竪穴建物からなる大規模集落が現れてくる。北は北海道の八千代A遺跡（帯広市）や中野A・B遺跡（函館市）、南は鹿児島県の史跡上野原遺跡（霧島市）がよく知られている。

なぜ早期からこのような変化が列島全域で起きたのだろうか。晩氷期のヤンガードリアス期が終息するとともに急激な温暖化が起こったことは先に説明した。このときの気温上昇は、じつに数十年で五〜七度にもなったといわれる。それ以上に重要なことは、それまでの氷期を特徴づけた激しい気候の振幅が弱まり、かなり安定した気候が現出したことである。気候が安定すると、いつどこで食料資源が取れるのかを予想しやすくなる。資源の量も予測できるため、どの程度の範囲でどれだけの集団が暮らしていけるのかも計画立てて生活できるようになるわけである。こうしたことが、早期以降の定住的生活を支えたと考えるとわかりやすい。

コラム　完新世に起こった北回り文化伝播?―石刃鏃文化

縄文時代早期以降には日本列島はおおむね現在のかたちに近づき、安定した気候下で人びとも定住的生活に移行しつつあった。大陸からの移住も少なく、列島の外側の影響を受けにくくなっていた。しかし、およそ八二〇〇年前、極東ロシアから到来したといわれる「石刃鏃文化」は、縄文時代早期後葉の北海道に大きな影響を与えた例としてよく知られる。石刃鏃とは、同じような大きさの細身の石刃を素材として作った端正で鋭い石鏃のことである。北海道と極東ロシアに存在するため、北海道のものは従来の枠組みに沿って大陸文化の伝播と考えられてきた。

しかしながら、両地域の石刃鏃の型式を比較しても、共通するのは石刃素材の石鏃という程度で、北海道では基部を抉《えぐ》るタイプがほとんどだが、大陸ではこれは少数派である（図1-C3-7）。しかも、北海道では石刃鏃とその他の多様な石刃製石器で生活道具をまかなうが、大陸ではこのほかにも多様な技術と石器の種類をもっていて、石刃製石器は生活道具の一部にすぎない。生活道具の違いは、地域における生活様式の違いを反映すると考えられる。大陸と北海道についても、この時期、両者にみられる石器群の大きな違いは、大陸からの大規模な集団移動がなかったことを意味している。両地域には生活文化を異にする地域集団が住んでいたのである。

ただし、北海道の北に位置するサハリン島にだけは、北海道よりもやや早い時期に、のちの北海道のものとよく共通する石刃鏃石器群がすでに存在していた可能性が知られている。また、約八二〇〇年前には地球規模で急激に寒冷化し、それが一〇〇～三〇〇年ほど続いたこともわかっている。北海

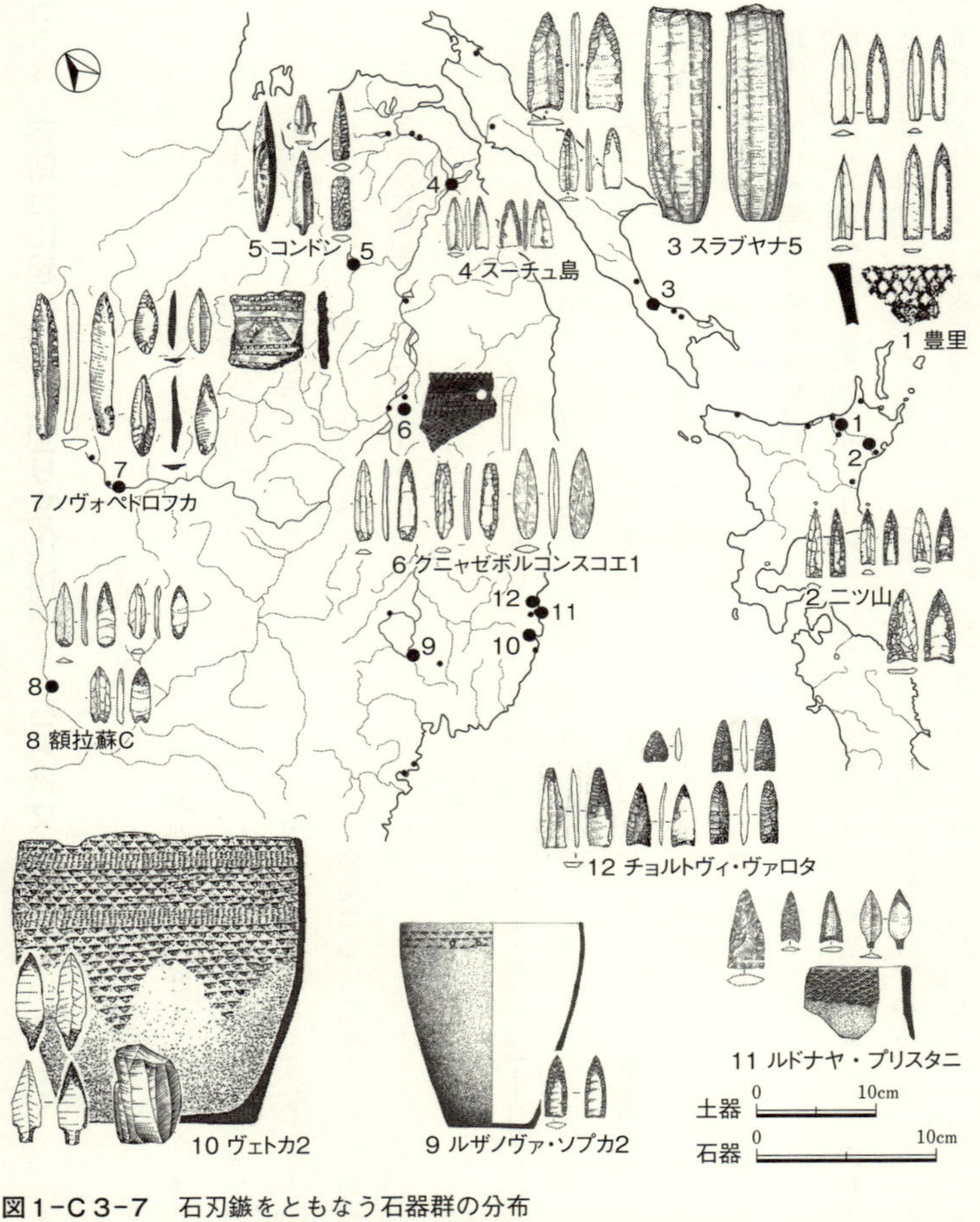

図1-C3-7　石刃鏃をともなう石器群の分布
(森先一貴「ロシア極東における石刃鏃を伴う石器群」『環日本海北回廊における完新世初頭の様相解明――「石刃鏃文化」に関する新たな調査研究』東京大学大学院人文社会系研究科考古学研究室2014より)

道東部を中心とした石刃鏃の出現・発達は、この寒冷化に対応してサハリン島の生活文化の一部が南下して影響を与えた結果、起こった可能性を検討していかねばならない。

土器様式からみた地域性

定住的生活という用語を使ってきたのは、早期以降に完全な通年定住が実現した時期があったか、季節的定住にとどまっていたかなどについてまだ多くの議論が必要だからである。それと関連して、発掘でみつかる集落の規模が、そのまま当時の集落の規模を表すわけではない。縄文時代早期以降の集落遺跡では竪穴建物などの遺構がひしめき合って重複しながらみつかることが多い。これは、それらが同時に建っていた建物ではないということ、すなわち、それぞれは別のタイミングで建てられ、一方が廃絶したのちに新しい建物に建て替えられたことを意味している。一見、大規模な遺跡も、じつは繰り返しそこに居住することによって大規模化した集落であることが普通である。

しかし、これらのことを考慮したとしても、縄文時代早期以降に人びとの定着・定住性が高まったことを意味することには違いはない。先にも説明したように、特定地点に繰り返し居住することなく、広い範囲を移動する生活を営んでいた旧石器時代に比べ、より狭い地域に密着し、その自然環境をさらに細かく精密に利用する生活文化が育まれたことで、なおいっそう細かな地域性が生み出されたと予想される。

ところで、縄文土器の文様にはさまざまな物語性を帯びたモチーフが認められることは、豊かな装飾をもつ東日本の縄文時代中期土器群などを代表として、よく知られている。世界の民族誌では、土器文様には物語ばかりでなく呪詛《じゅそ》の意なども込められていることさえある。文様は単なる飾りではなく、製作者たちの精神世界とも関係するといわれ、それを使って葬送儀礼や祭祀、呪術を遂行するなどの事例は決して稀なことではない。先史時代に共同体構成員が自らのためにさまざまな意味を込めて作る土器は、歴史時代以降に分業あるいは専業的に商品、あるいは交換品として製作される土器とは異なる。前者は所属集団の精神世界やアイデンティティを製作技術や文様によって表示している場合が多い。小林達雄は、製作技術や文様に一定の共通した気風を認める土器群を土器「様式」として理解する。複数の集団がそうした同じ土器様式を製作することもあるが、様式を共有するものは、イデオロギーやコスモロジーを共有していた可能性があると考え、であるならばそれは「部族」と呼べる政治社会的まとまりを表すものかもしれないという。いずれにせよ、縄文土器型式の分布圏は社会的な同一性を認識する集団が広がる範囲を表すと仮定しておく。

小林は土器様式の地理的広がりを、列島全域を視野に検討した数少ない研究者であり、その指摘は本書の趣旨からもきわめて重要である（図1-3-8）。小林によると、「縄文時代の全期間を通じて、各地に出現した七〇の土器様式のそれぞれの分布域を見てみると、各様式の地盤が時期を超えて共通する場合が少なくないことが明らかとなる。つまり、いくつかの様式にあっては、しばしば先行する土器様式の地盤をほぼそのまま踏襲して、その広がりを維持し、隣接地域の様式と同じ境界線で対峙するのである」「早期以来、同じ地盤に次々と新様式を連続して生み出す地域があり、時には北陸地方や中部山岳

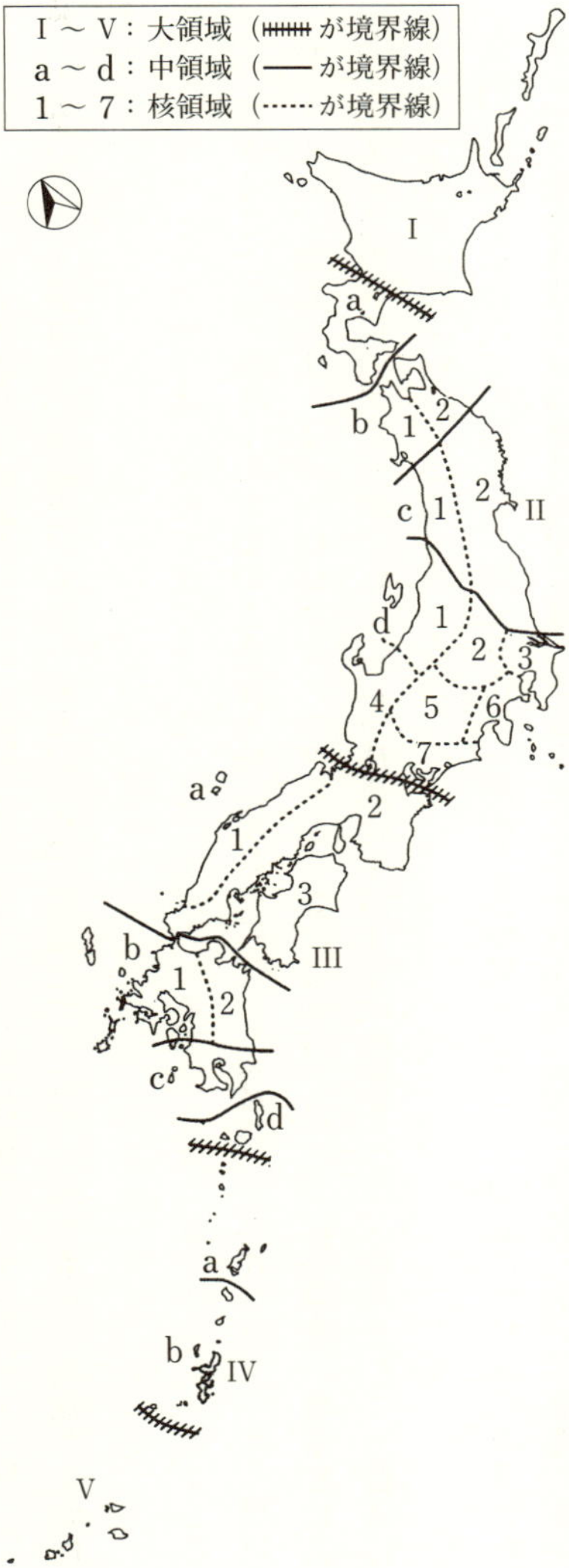

図1-3-8　縄文時代に時期を超えて認められる地域間の境界
（小林達雄「縄文時代領域論」『日本史学論集　上巻』國學院大學 1984より）

地帯のように、様式の登場が断続的ながらも時期を超えてしばしば地盤を共通しているのだ」（小林達雄　一九九六）。小林はこの議論を早くも一九七〇年代に展開しているが、現在もその指摘の重要性は変わらない。

この地域性とその境界は三段階で提示されている。これらの境界は脊梁山脈・山地に一致することが多い。重要なことに、Ⅰ～Ⅴの五つの大きな地域（小林のいう「大領域」）の境界は特色のある植生帯に一致しており、加えてⅠ～Ⅱの地域はサケ・マス資源の豊富な地帯、Ⅱ～Ⅲは堅果類の豊富な地帯に相当している。自然環境の異なりが、いかに人間社会の生活文化に影響を与え、結果として土器文化の広がりにも影響を与えているかがよくわかる。

なお、小林が示したこの境界は、縄文時代の草創期から晩期までをみとおした上でみいだされたものであるが、縄文時代のいつの時期でも常に認められるかというと、そうとは限らない。時代によっては不明瞭になることもあれば、いっそうはっきりとした地域差として浮かび上がることもある。たとえば図1-3-7の中で、新潟平野から信濃川流域を中心とした領域Ⅱd1の範囲などは、火焔《かえん》型土器の分布圏として、かなり明瞭に浮かび上がってくる。上山田・天神山式なども北陸地方の領域Ⅱd4に相当する範囲に分布する。土器の地域性にみる境界の変動は、気候変動や自然環境の変化などを背景とした生業の移り変わりがもととなって、地域社会間をつなぐネットワーク、地域社会のまとまりになんらかの変化が生じたことが反映されていることが多いと考えられる。

いずれにしても、小林によって引かれたこの境界図で重要なのは、二章で示した後期旧石器時代後半期の境界ときわめてよく一致することである。もちろん、早期以降の完新世には温暖化とともに海進が起こり、古瀬戸内平原に海水が浸入して瀬戸内海となっているが、それ以外の境界の一致は注目に値する。

石器からもみておこう。ここで一つの研究例を紹介したい。前山精明は、石器のうち刺突具（石鏃・尖頭器）と、加工具（磨石・敲石）についてそれらが遺跡ごとにどのような割合で出土するかを調べた（前山精明　二〇〇七）。狩猟重視の生活か、堅果類などの加工処理を重視した生活か、それらの折衷か、といった生活の基本様式をみいだそうとしたわけである。すると、先ほどの土器様式の境界でいうⅠとⅡの境界、ⅡとⅢの境界、ⅢbとⅢcの境界、ⅢとⅣの境界に一致する境界線が、時期を超えて認められた。これは後期旧石器時代前半期にはすでに形成されていた境界に一致する。さらに、Ⅱd5に当たる中部高地を中心に打製石斧が濃密に分布し、海岸部には石錘が多出するといった、より細かな地域の違いも得られている。この前山の分析はおおまかな石器の機能分類にもとづく大局観を示したものとして有効である。今後、道具の分類、型式分析などをさらに詳しく実施することによって、より細かな地域性がみいだせることは疑いない。

人口増加と地域の細分

縄文時代における地域性は、旧石器時代から継続するものだけではもちろんない。定住が進むことでさらなる地域の差が生じる事例がいくつもある。その顕著な例は東日本の縄文時代中期に訪れる。関東・中部から北海道南部にまで及ぶ範囲である。先ほどのⅡの範囲におおむね相当する。

この時期には急激な人口増加があったことがこれまでの研究で明らかになっている。とくに関東や中

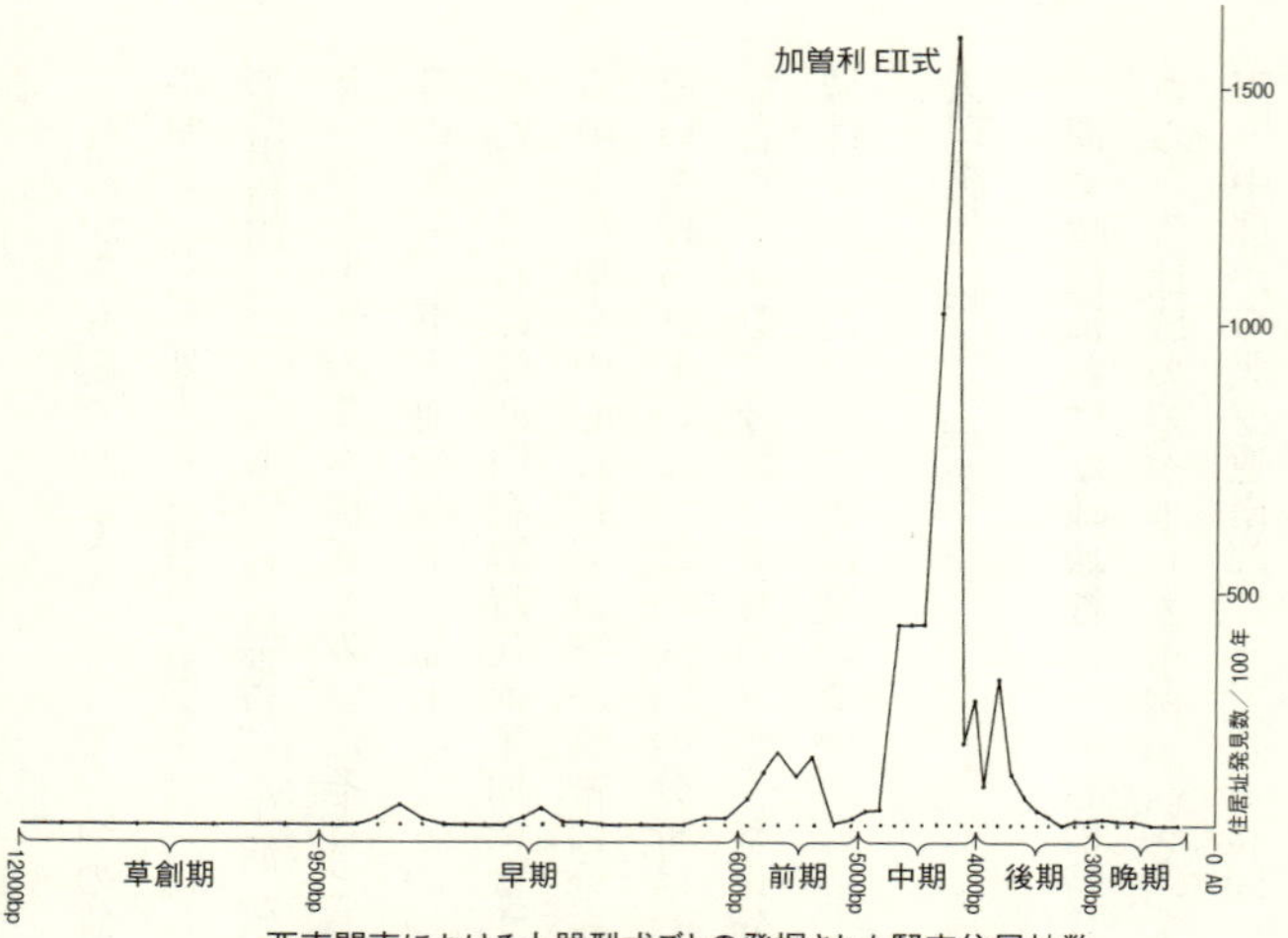

西南関東における土器型式ごとの発掘された竪穴住居址数
（100年あたりの戸数に換算）

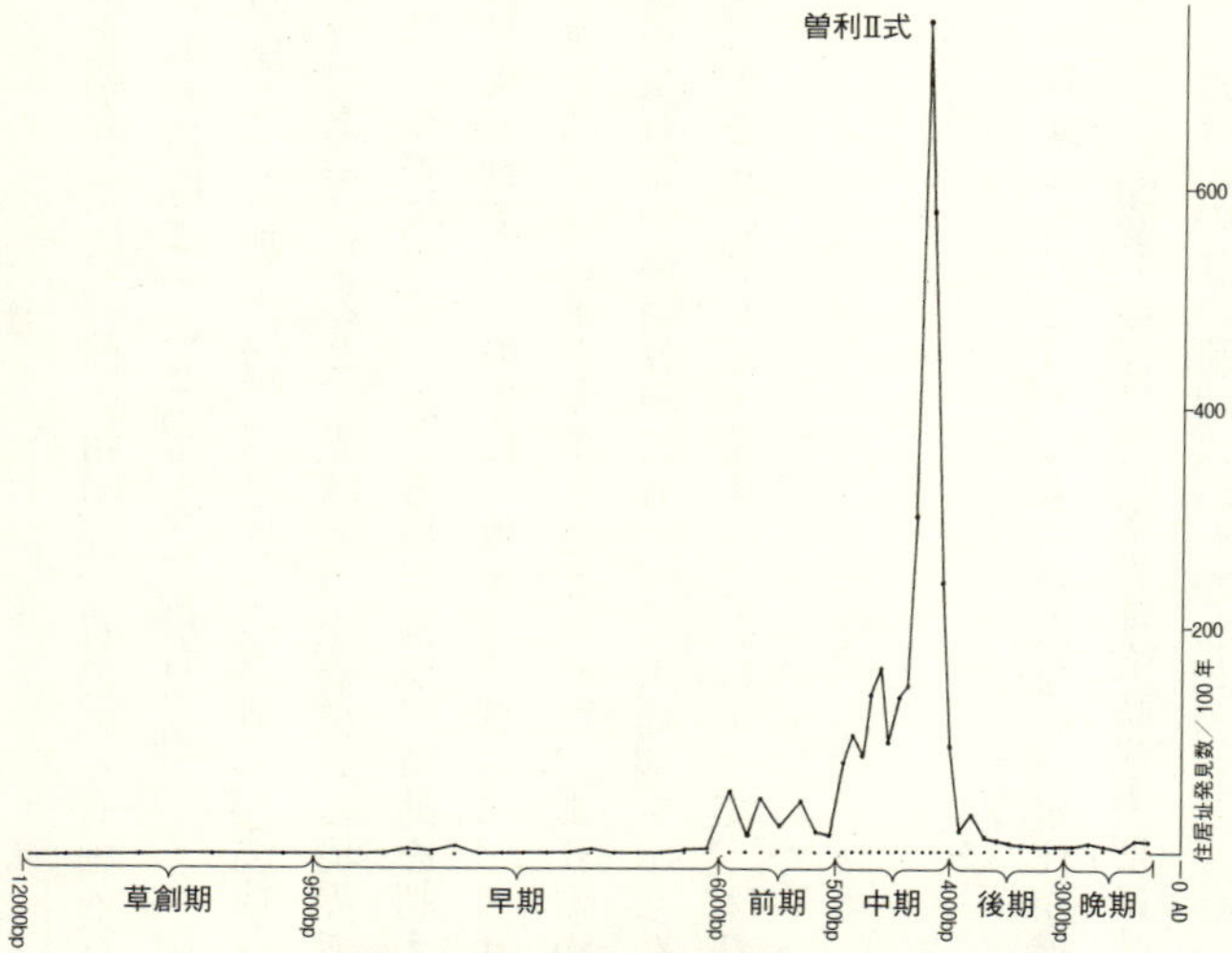

中部高地における土器型式ごとの発掘された竪穴住居址数
（100年あたりの戸数に換算）

図1-3-9　中部高地と西南関東における人口の変動
（今村啓爾「縄文時代の住居址数と人口の変動」『住の考古学』同成社1997より）

部高地の竪穴住居数のデータを時期ごとに整理すると、中期の後半に極端なピークがある（図1‐3‐9）。住居の数を単純に人口に置き換えることができるのかという意見もあるが、だとしてもかなりの人口増加がなければこうした現象は説明できない。この時期には、多数の住居が環状にめぐる「環状集落」が、関東から中部高地、東北にかけて多数発見されている（図1‐3‐10）。中央の広場には多数の土坑が設けられることが多いが、地域により異なる。谷口康浩が計量地理学的な方法から解き明かしたように、武蔵野台地縁辺部にだけ分布していた縄文時代前期とは異なり、中期には拠点集落とよべる大型集落がクリ栽培などの初期的な農耕も行うことによって台地全域に広がる（図1‐3‐11）。これらの拠点集落を中心に暮らした人びとが生業範囲としたのは、平均で半径四・二キロの範囲、徒歩一時間圏ほどの範囲であったというのだ。これは感覚的にも非常に狭い印象であり、狩猟採集民社会としてはかなりの高人口密度であることを印象づける（谷口康浩　二〇一一）。

このことと対応するかのように、中部高地から関東の縄文時代中期後半には他の地域よりも土器型式の分立が目立ってくる。さながら、二〇世紀の方言圏の範囲に対応するほど細かくなることが知られている。

このように、人口の増加によって、さまざまな物の意匠、デザインの違いが生み出され、より細かな地域差が生じることがわかる。たとえば、全校生徒六〇人の小学校と、一〇〇〇人の小学校があったとしよう。前者はほとんどが顔見知りであり、多くの情報が全員で共有されていたと想像できるが、後者において全員が全員知り合いということは考えにくく、また個々人の付き合いの範囲も全体には及ばず、大体はクラスごとに分化することになる。分化すれば共有できる情報はそのそれぞれの日常の付き合い

図1-3-10　史跡梅ノ木遺跡（山梨県）の環状集落
○印の箇所。下はその拡大（北杜市教育委員会提供）

集団に限定されるために、集団間では情報に差異と多様性が生じるに違いない。具体的にいえば、前者に比べて後者では日常の遊び方や遊び道具のバリエーションが集団間でかなり違ってくるだろう。いきなりほかの集団に入ろうとしても、うまくいかないかもしれない。人口が増えれば増えるほど、日常的な生活集団は分立していくとともに、集団間の情報には差異が生じ、多様性も顕在化していく。この例は少々身近すぎるが、縄文時代中期の中部高地から関東地方の土器型式圏の分立には人口の高密度化が関わっていることは確かである。

縄文時代後・晩期の社会

ところが、中期末から後期には急速な人口減少があった。およそ四三〇〇年前に起こった世界的な寒冷化と時期が一致し、環境の激変によりそれまでの生業形態が維持できなくなった可能性も指摘されている（図1-3-9）。

具体的にみると、東日本では中期にはクリ林の管理が各地で行われ人口増加を後押しした（図1-3-12）。しかし、後期にかけては気候と自然環境の変化にともなってクリが減少したことが花粉分析などからわかっている。その後、次第にトチノキが増加し、アク抜きのための「水さらし場遺構」が増加することから、環境変化に対応してトチノキを積極的に利用するようになったという見解もある。これに対し、水さらし場遺構は必ずしもトチノキの処理だけに使われたものではなく、その他の植物種も含めた複合的な植物利用の機能を示す例があることに注目した佐々木由香は、遺構の出土遺物にもとづいて遺構の性格をみきわめる必要があると主張している。佐々木は、縄文時代後期以降、たとえばトチノキの水さ

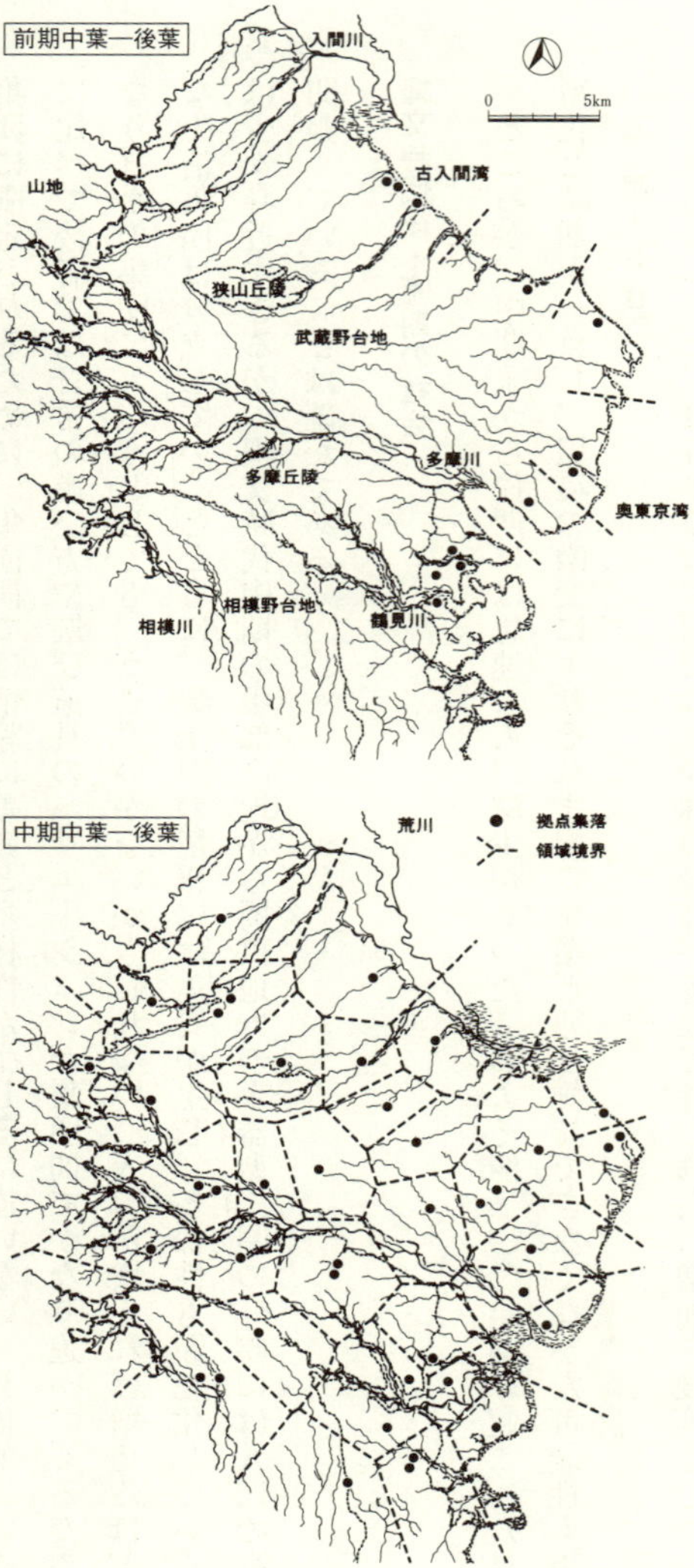

図1-3-11　武蔵野台地における縄文時代前期～中期の集落の分布
前期には台地縁辺部を中心に分布した拠点集落は、縄文時代中期になるとクリ栽培などの新たな生業形態や貯蔵技術、社会間ネットワークの発達によって台地全域に広がっていく（谷口康浩「縄文時代中期における拠点集落の分布と領域モデル」『考古学研究』49（4）、2003より）

らしに加え、アサ果物やシソ属果実などの栽培植物、クリやオニグルミの利用を含む、多角的な資源利用がいっそう進展するとともに、それらの作業に関わる水場の施設には、複数の人びとが土木工事を行ったと想定されるものが増加することから、こうした集団的活動と水利技術の発達が、弥生時代以降の水利技術の基盤になっていくと述べている（佐々木由香　二〇〇七）。資源利用の多角化という生業戦略のみなおしは、関東から東北にかけて沿岸や川、湖での漁労などを生業の重要な柱とすることにも現れ

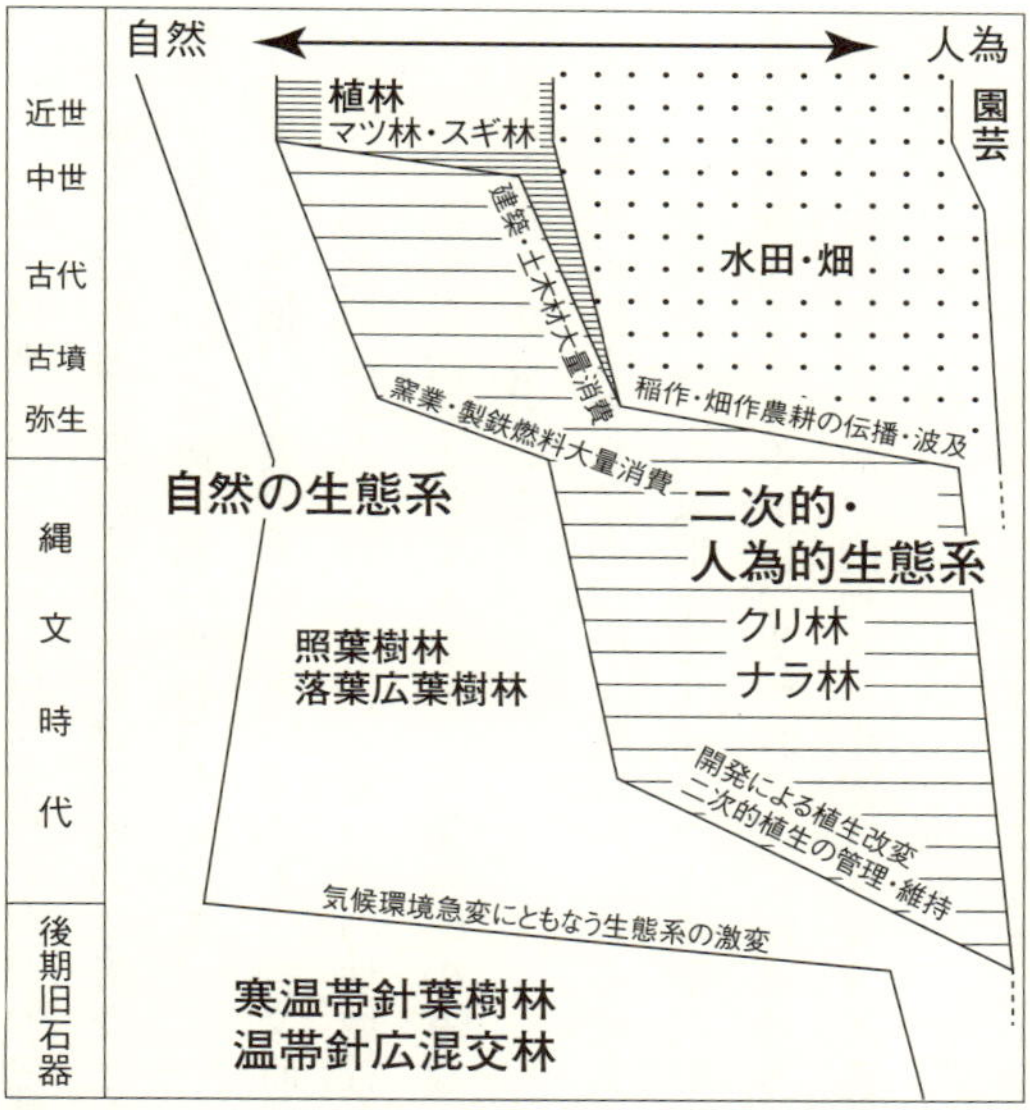

図1-3-12　人と植生の関わり史
縄文時代に入り、人の管理の手が加わってクリ・ナラ林など二次的植生が拡大した。弥生時代には稲作を導入し、人為生態系はさらに拡大する（辻誠一郎「地球時代の環境史」『環境史研究の課題』総合研究大学院大学2004より）

ていく（岡村道雄　二〇一八）。古くから議論のある縄文農耕論の単純な復権ではないが、近年ではレプリカ法とよばれる土器の表面の穀物圧痕の分析などから、関東・中部地方の縄文時代中期以降に植物栽培が行われていた証拠が積み重ねられている。

こうした指摘は重要である。というのも、縄文時代後期には中期末の気候変動にともなう大幅な環境変化で中部高地にみられるようにいくつかの地域社会が崩壊する中で、それまでの社会間ネットワークが大きく動揺したことにともない、生業戦略のみなおしと社会組織のありかたに大きな転換が起こったと考えられるからである。

土器型式の動きや集落の規模・数にみられる社会の変化をみておこう。縄文時代中期末から後期にかけて、中部高地には関東地方と共通した土器型式が広がる。集落が急減し、人口減少にともない、それまでの細分化された地域性は失われ、逆に関東地方から人の移入があったことを示すのだろう。これ以外にも、後期初頭に瀬戸内地方の中津式が関東地方に現れるなど東日本と西日本のあいだで土器型式の影響関係が顕著に認められるといった現象や、後期前葉から中葉には堀之内式や加曽利B式などにみられるような「磨消縄文」とよばれる施文方法がかなり広い範囲で共通して認められるようになる現象も、縄文時代後期の特徴である。先に例示したように、人口密度が高く地域性が顕著な時期では広い地域をまたぐ大がかりな移動・移住は顕著ではなかったが、人口減少とともに生業戦略にみなおしが生じたこの時期には、特定地域だけに定着した安定生活は低調となり、より広く資源を探索し生業を組み直す必要に迫られたことや、それに従って地域社会間の関係を再構築しようとする動きが起こったと予想できる。これにともなって地域性は薄れ、地域を越えた人の動きも活発化したことであろう。ただしこのと

図１−３−13　特別史跡大湯環状列石
万座環状列石（復元整備、鹿角市教育委員会提供）

きにすべての地域性がリセットされたわけではなく、晩期に至ると、中期までに認められた地域性を踏襲するような地域性が再び各地で認められるようになる。

この時期には、社会の統合や強化を意図したとみられるモニュメントが各地に現れる。たとえば秋田県の特別史跡大湯環状列石などの環状列石（ストーンサークル、図１−３−13）や、石川県の史跡真脇遺跡などの環状木柱列（ウッドサークル）、あるいは北海道の史跡キウス周堤墓群のような周堤墓などがそれである。環境変化に揺さぶられた社会の変動を背景にしたものというべきであろう。

もちろん、東日本では環境変化を一つの大きな背景としながら、植物栽培という自然の人工化までも含め、生業戦略が多角化し、地域社会を再編し、地域社会間ネットワークを組み直していったことが縄文時代の後期以降の特徴である。さらに、水場（水辺）の施設の構築のための土木工事など、集団の組織的活動の発達が、やがて水田農耕を導入する上で共同体としての素地を準備したとする佐々木の意見は傾聴に値する。一方、それまで人口密度が低かった西日本では、後期以降において集落規模が大きくなるとともに、儀礼用の道具の製作や集落外に墓域を置くことなどが起こり、東日本とは異なる方向性で社会の再編が起こっていたといわれている（鈴木克彦／鈴木保彦編　二〇〇九）。

四　縄文社会の交流と境界

定住と交流・交易

ところで、縄文社会に本格的に進展した定住生活の特徴とはなんだろうか。旧石器時代の移動生活では、現在の私たちが認識しているさまざまな社会問題、すなわちゴミや穢《けが》れの問題や、人間関係の悪化にともなう問題などは、多くの場合、住まいを移すことによって解決する。ところが、定住生活においては、これらの問題をその場において解決する必要がある。また、生活を営んでいく上で発生するさまざまな課題・問題に対しては、継承してきた宗教的世界観にもとづき、タブーを遵守し、祭祀を執り行うことによって、折り合いをつけてきた。科学的思考が発達した現代の情報化社会に生きる私たちには、このことは想像が難しいが、一昔前、祖父母の時代以前にあっては、自らの社会と自然との関係はこのようにして調整を図ってきたに違いない。

中でも、移動生活に比べて定住生活において一つ大きな問題となるのは、自分たちが必要とする物資・資源をどこまで自分たちのおおまかな領域内で獲得できるかということだろう。彼らの日常生活は当然ほとんどが自給自足である。先ほど、縄文時代中期の最盛期の武蔵野台地では人口が密集しており、拠点集落周囲の生業範囲は半径四・二キロ、徒歩一時間圏ほどであったという研究を紹介した。これは極端な例かもしれないが、カラハリ砂漠のクン族の民族誌からも、彼らの生業範囲は集落から半径一〇キロほど、徒歩で二時間ほどの範囲内に収まっているとの報告がある。もちろんこれは地形条件等に応じて一律にいえることではないが、一つの参考になる。とすればこれを越える範囲でしか得られないものは、獲得のミッションを負う特別な小集団を産地に送るか、居住地を移すか、あるいは隣接する諸集団からなんらかの形で入手するほかないということだ。それは隣接する集団にとっても同じことであるため、定住化が進む縄文時代には、次第に交流し相互に社会間ネットワークの形成が進んでいくこととなった。

交流によって得られたものには、たとえば貝製装身具やヒスイ・琥珀《こはく》製装身具などの威信財・装身具、磨製石斧などの実用品（もしくは威信財）、黒曜石やアスファルトなどの原料、加えて遠隔地の食材などが挙げられ、これらは時期によって集落間・地域間を広く行き交った。南海産および伊豆諸島南部のカサガイの一種オオツタノハ製貝輪は東北から北海道にまで広がりをみせる。硬玉ヒスイは新潟・富山県境を流れる姫川の河床や、その河口部の日本海の海岸に分布が認められる。この地域の硬玉ヒスイとみられるものは北は北海道の礼文島、南は沖縄本島にまで流通している。黒曜石も信州産が北海道南部の福島町館崎《たてさき》遺跡で石鏃が出土するなど、しばしば数百キロを移動する。陸上だけでなく海を越えた広大な交流のネットワークが、日本列島の地域社会を網の目のように結んでいたのだ。

こうした社会間ネットワークは、単に物資を交流・交換するためだけにあったのではない。大きな目的の一つはセーフティ・ネットとしての役割である。北米の民族誌では、カリブーの群れの狩猟が冬季の重要な生業である。しかしながら、カリブーが巨大な群れで移動するのはきわめて限られたタイミングである。その移動経路はおおむね想定できるものの、自らの生業範囲を外れた場合の損失は計り知れない。こうした場合には、隣接する諸集団で互助的な社会間ネットワークを構築し、それぞれのどの生活範囲をカリブーの群れが通った場合にも、各々の集団がこれを狩猟することができるように取り決めている例がある(Gamble 1986)。これは一例であり、このような相互に融通を利かせることでお互いのリスク軽減を狙った地域社会間のつながりは、きわめて世界中でみられる普遍的な人間社会のありかたなのである。

一方で、ニューギニアの民族誌をみてもよくわかるが、集団間の関係というのはいつも融和的で友好的なわけではない。自分たちの生業圏とみなしている地域にやすやすと入ってくる者に対しては十分な警戒心をもって対応する。むやみな侵入には最悪の場合「死」が待ち受けている。ネットワークの存在は集団それぞれの利益となる一方、私たちが想像するよりもはるかに緊迫感のあるもののようである(ダイアモンド　二〇一七)。

交流と境界

交流・交換を成り立たせるこのような社会間ネットワークは、境界の存在を打ち消すものではない。

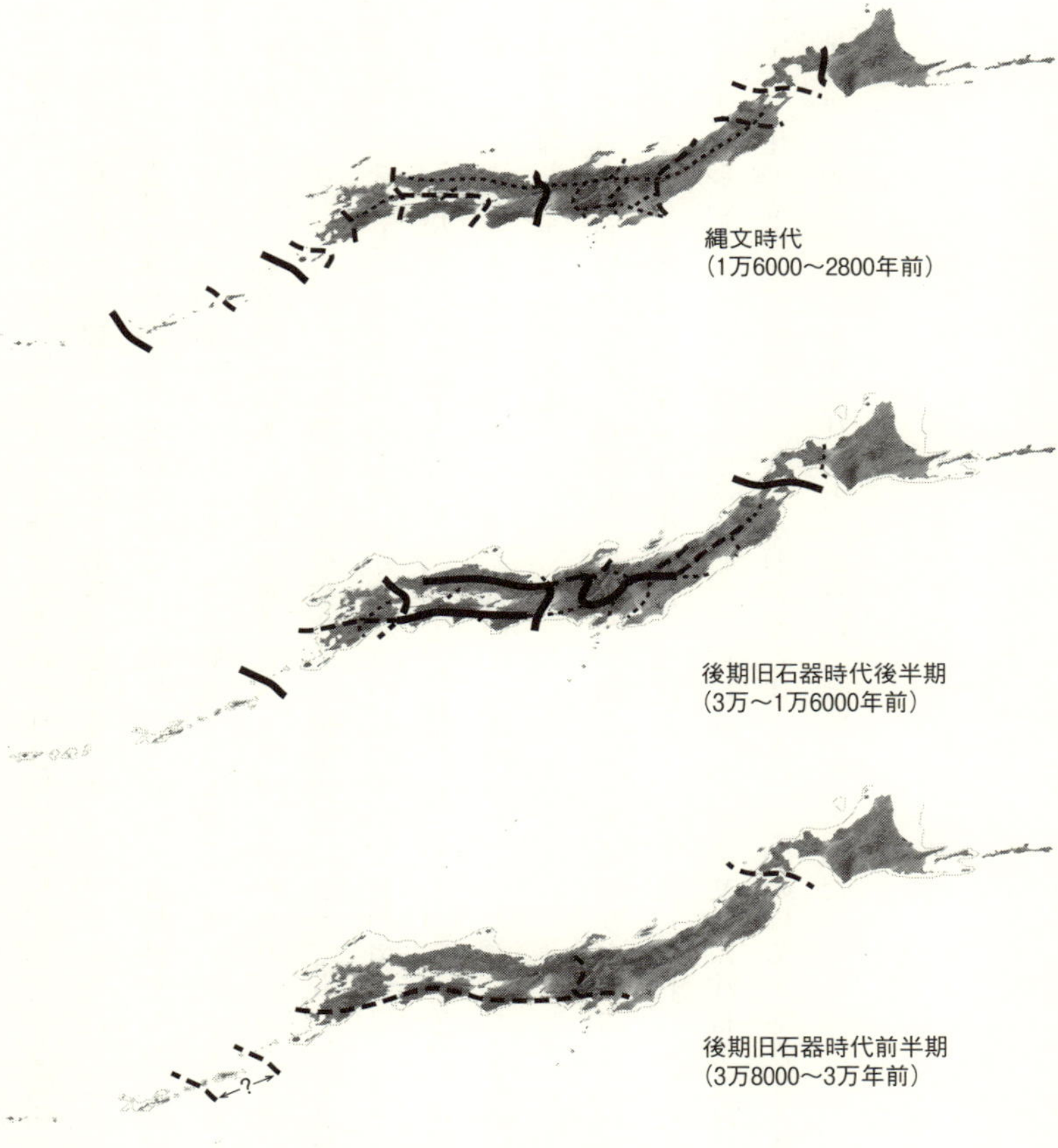

図1－3－14　旧石器時代から縄文時代にかけての地域性の重層化（筆者作成）

そもそもネットワークは、関係する集団それぞれが独自性をもち、補完的な関係が成り立っていてこそ意味がある。自律性を前提としたものである。しかも、ネットワークを行き来する物資は、目立ちはするが量的には遺跡全体で出土する物量のごく一部にすぎない。地域性をもった地域間で境界を越えた人や物資や情報の行き来があったとしても、その頻度も量も限られていたと考えられる。

旧石器時代にも、縄文時代にも、地域を越えたネットワークがあり、境界を越えるような人の動きは起こっていたが、そうした社会間の交流や文化的な影響関係によっても、生活文化の境界は維持され続けてきたことを示してきた。旧石器時代から縄文時代の生活文化の境界に、今一度注目してもらいたい（図1-3-14）。その境界はあたかも古代律令国家の行政単位である国や、あるいは現在の都道府県の範囲にも擬することができるほど細かく、また通時的に継承されてきた。これらのあいだに関係がないと考えるほうが難しいように思える。

私たちが暮らす地域の範囲、都道府県の形や特徴といったものがどのような由来で生まれてきたのか。現代につながるさまざまな庶民文化を生み出した近世、つまり江戸時代ぐらいだろうかと、なんとなく想像する方も多いだろう。ところがそうした予測に反し、生活文化に注目してみれば、地域の特徴を分ける生活文化の境界と多様性は、はるか旧石器時代にまでさかのぼる可能性がみえてきた。地域間の境界、地域性の範囲は、のちの時代にどのように引き継がれるのだろうか。

二部　時代を超えて受け継がれる境界

近江俊秀

一章　さまざまな境界

一　現在に生きる境界意識

境界を示す数枚の地図

二部の初めに当たり、地図をいくつか用意した。図2-1-1は「令」という古代の法律によって定められた平安時代の行政区分、そして図2-1-2は方言の分布を示した地図で、図2-1-3は気候の違いを示した地図である。読者のみなさんにとっては、どれもどこかでみたことがある地図だろうし、それぞれの地図で示された境界が、おおむね合致していることも違和感なく受け入れることができるだろう。

それもそのはず、現代の行政区分は古代の行政区分である国―郡―里の範囲を基本として定められたものであるし、方言のことをお国訛《くになま》りといい、その言語を東北弁や関西弁といった具合に地域名をつけてよぶように、それぞれの地域特有の言葉だと認識しているからである。さらに、地図では表現しなかったが、味の好みの違い、人の気質の違いなども、たとえば関西風とか、福岡県人気質といった具合に、土地との関係で表現される。このことは、現代の私たちも地域による文化の違いを意識していることを表している。

継承された境界

では、こうした違いがいつから現れるのか? もう一度、一部で示した道具などの違いから復元した文化領域(類似した文化が分布する地域)を示した地図と、ここで取り上げた数枚の地図をみくらべていただきたい。

そこにみえる文化領域は、たとえば、西日本と東日本、東北、関東、北陸という地域やさらには都道府県境とほぼ合致していることに気づかれるだろう。もちろん、そのことをもって、それぞれの地域が旧石器時代から連綿と独自の文化を築き上げてきたのだ、といいたいわけではない。むしろ文化は、時代を経るごとに変化し、外部の影響を受け更新されるのが常である。その一方で文化の内容は変わっても文化領域の境が、時代を超えて継承されることに注目すべきなのである。

そして、一部でみた文化領域の境が、山脈や河川といった自然地形に重なることや、それぞれの地域文化が気候風土に適応して形成され、現在の地域区分ときわめてよく似ていることに注目する必要がある。わかりやすい例を挙げれば、寒冷地と温暖な地とでは生業や住居の形態は異なり、海辺の集落と山間の集落とでは、日常の食事の内容も違ってくる。つまり、環境の違いが生活文化に影響を与え、現在の行政界とも関係しているのである。そして、一部でみたように、現在の地域区分や地域ごとの文化の違いの深層は、旧石器時代にまでさかのぼる。

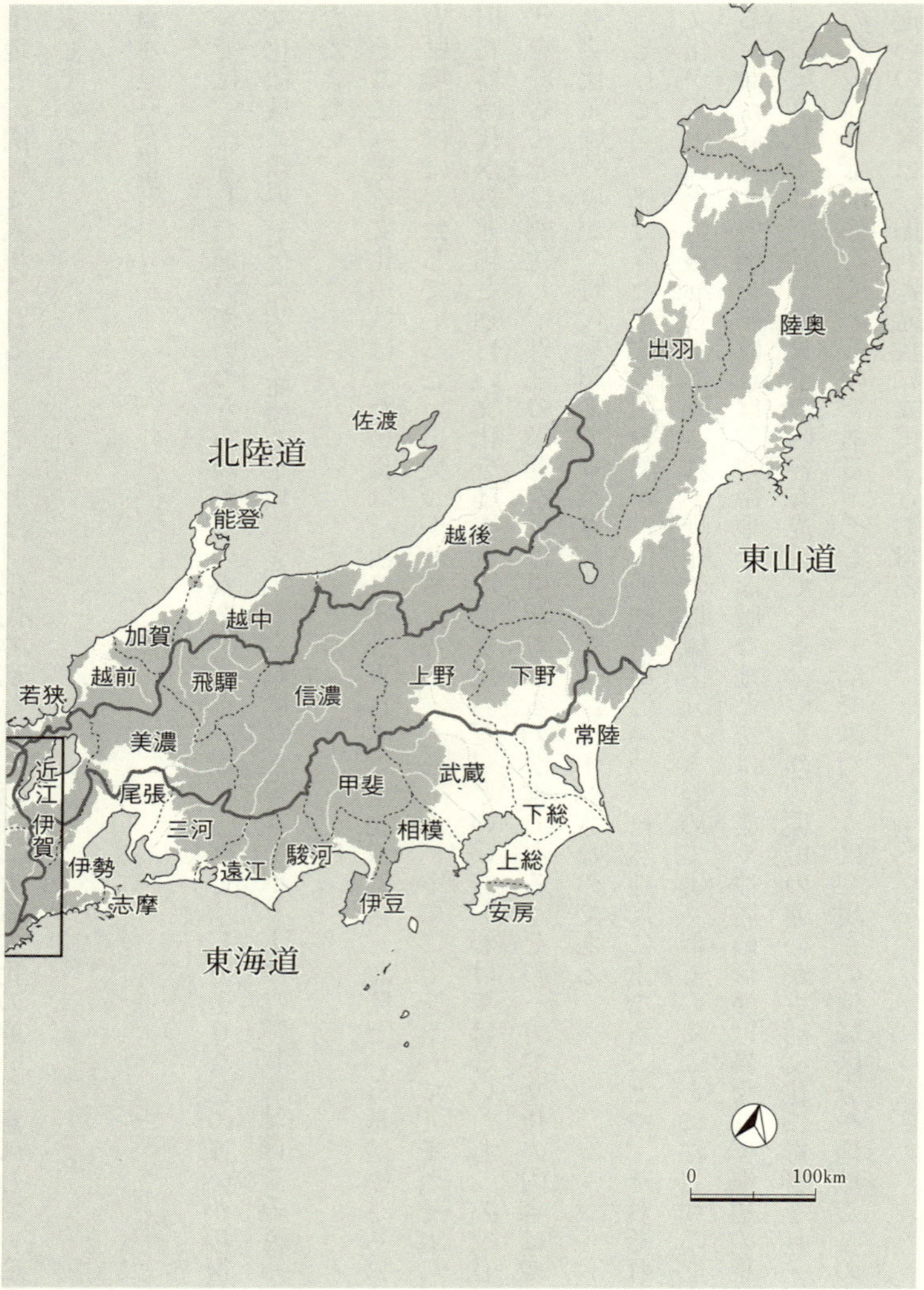

陸奥
出羽
佐渡
北陸道
能登
越後
東山道
越中
加賀
越前
飛驒
信濃
上野
下野
若狭
美濃
常陸
近江
武蔵
甲斐
尾張
下総
伊賀
三河
相模
伊勢
駿河
上総
遠江
志摩
伊豆
安房
東海道
0
100km

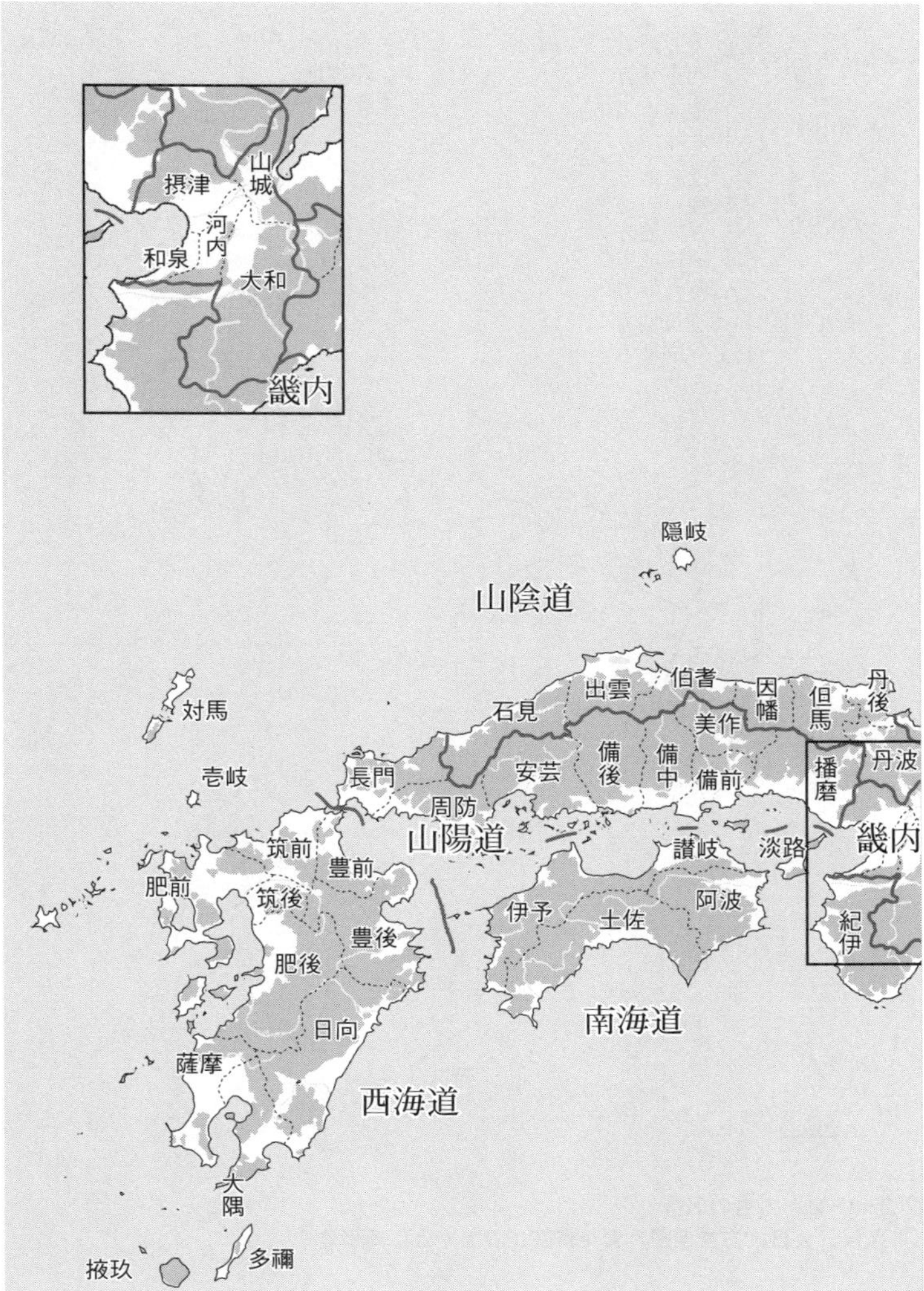

図2-1-1　平安時代の行政区分

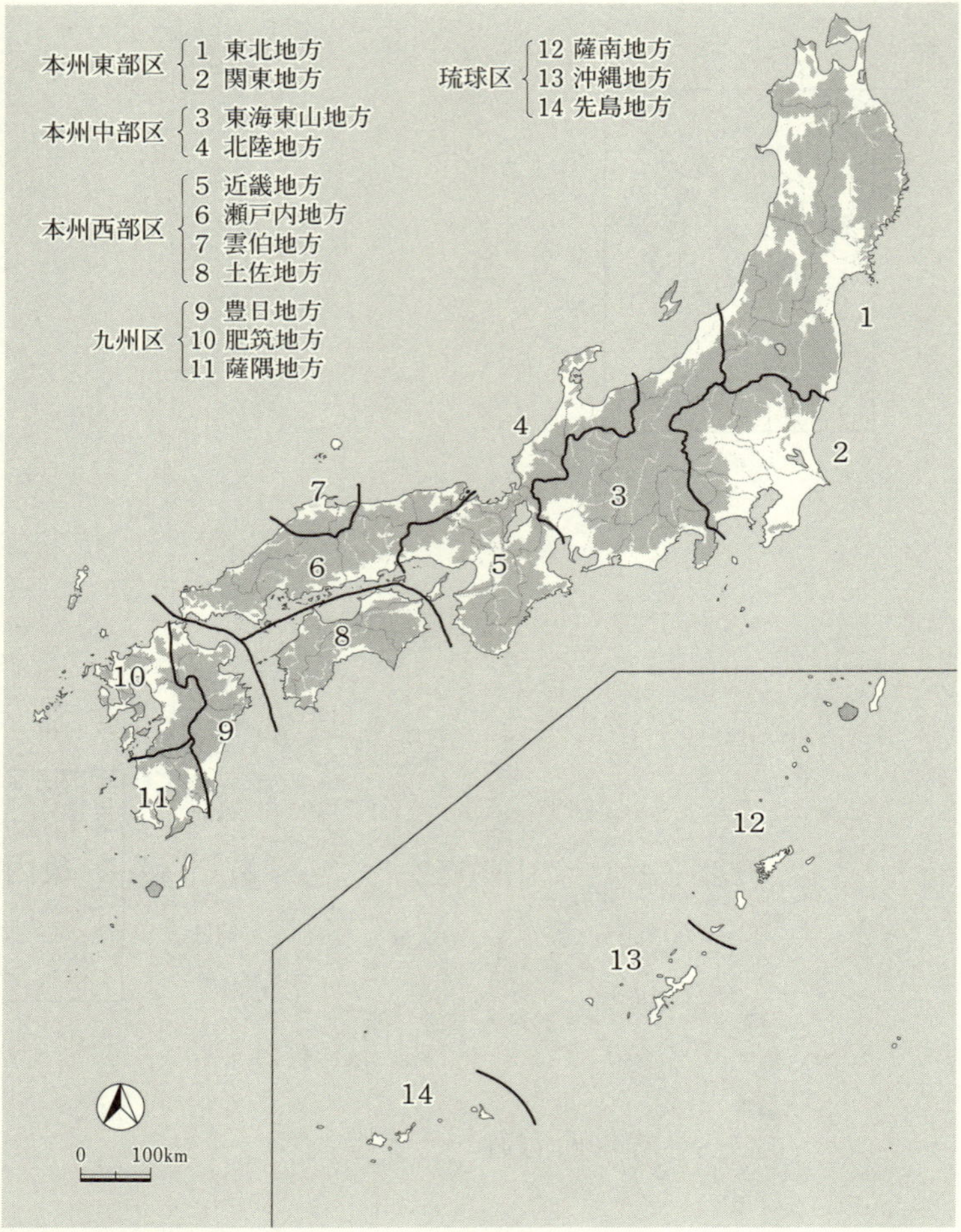

図2-1-2　方言の区分
（東条操『大日本方言地図』育英書院1927をもとに筆者作成）

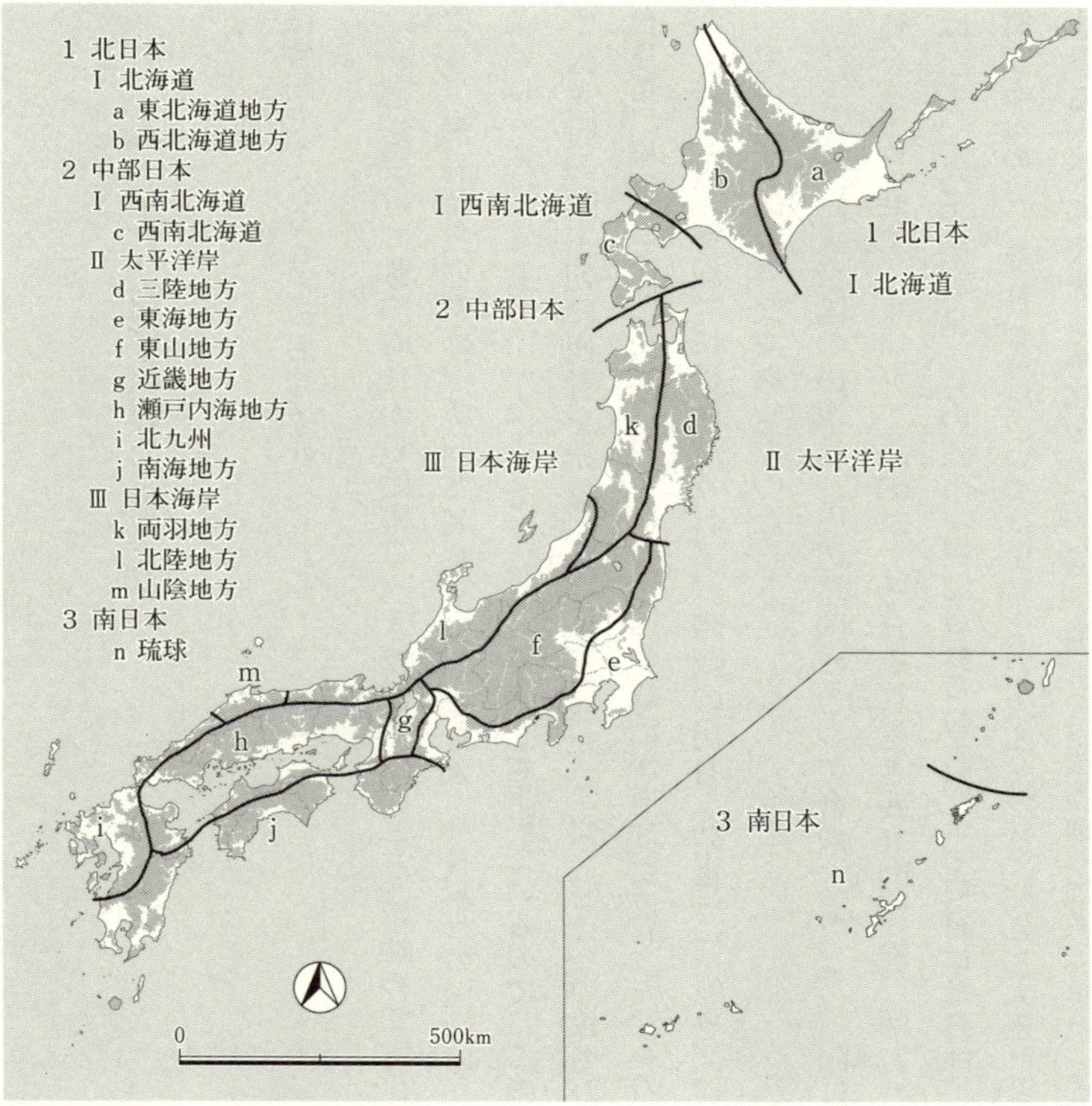

図2-1-3　日本列島の気候区分
（福井英一郎「日本の気候区（第２報）４」『地理学評論』９-４、1933をもとに筆者作成）

二　現在の行政界のルーツ

律令制で定められた政治的境界

一部を受けて弥生時代から始めるべきだが、時代を先に進めて古代国家が定めた境界についてみてみよう。飛鳥時代の初め、倭国と名乗っていた日本（「日本」の国号は『日本書紀』天武三年〈六七四〉三月条には「倭国」とあり、『大宝律令』には「日本」を用いているので、この間に成立したと考えられている）は、中国大陸の隋王朝に使者を派遣した。推古八年（六〇〇）に派遣された最初の遣隋使は、文帝（隋の初代皇帝、楊堅《ようけん》　五四一〜六〇四）から倭国の政治が道理に反しているので改めるよう、訓令された。このことは『日本書紀』には記載されず、隋側の史料『隋書』にのみ記述されている。おそらく、倭国にとっては屈辱的な外交であったのだろう。

隋という巨大帝国の出現は、周辺諸国にとって脅威であった。隋に服従するか、逆らうか、いずれの道を選ぶにせよ、東アジア諸国は、それぞれ生き残りのため、国力の強化を図った。倭国もその例外ではなく、大王（「天皇」号の使用が確認される最古の文字史料は飛鳥池工房遺跡出土の丁丑年《ていちゅう》〈六七七〉の木簡であるので、それ以前については史料を引用する場合を除き「大王」と記す）を中心とした挙国一致体制を執るために中央集権化をめざした。中央集権の理念は、「すべての土地と人民は皇帝の支配に属する」であり、その実現のための制度を作り上げる必要があった。その手本も隋帝国にあった。律令制度がそれである。

律令の律とは刑法、令は行政法であり、その内容は大きく五つに分けられる。

①律令官制（中央官制と地方官制）　②身分制度　③土地制度　④租税制度　⑤司法制度

個々の事項についての説明は省くが、簡単にいえばこれまで豪族の私有であった土地や民を天皇のものとし、これまでさまざまな権益をもっていた豪族には、国家から官職・位階・給与を与え、律令官人とした。つまり、律令制以前の社会に法の網をかぶせることにより、中央集権を実現しようとしたのである。

いつの時代であっても、地方の隅々まで、制度を浸透させ、かつそれを確実に実現するためには、国土をいくつかに分割し、行政単位ごとに政策を実現させるのが効果的である。律令制による国はそうした統治のための単位として設定され、そこには中央から国司という役人が派遣された。さらに、国の下の単位として郡（大宝元年（七〇一）制定の『大宝律令』以前は評《ひょう・こおり》）、さらにその下に里《さと》（同五十戸）が置かれ、それぞれ地元の有力者が郡司や里長に任命された。また、国は畿内、東海道、東山道、北陸道、山陰道、山陽道、南海道、西海道という広域行政区画に区分された。これを五畿七道といい、それぞれの単位で行政監察のために役人が派遣されているように、行政区画としての意味をもっていた。

ちなみに北海道の「道」も、七道に由来するものであり明治二年（一八六九）の戊辰《ぼしん》戦争終結にともない、八番目の「道」として政府により定められたものである。

律令制で定められた国のことを令制国《りょうせいこく》といい、先述したようにそれは遅くとも『大宝律令』の制定までは定められており、その後、何度か微調整されたものの、明治時代まで続いた。

令制国の起源

令制国につながる地域区分の成立は、律令の制定をさかのぼることが知られている。ではいつのことか。現在知られている、国―評―五十戸の名を記した最も古い史料、奈良県明日香村水落《みずおち》遺跡から出土した木簡からみてみよう。

（表）乙丑年十二月三野国ム下評
（裏）大山五十戸造ム下ア知ツ
　　従人田ア児安

乙丑《いっちゅう》年とは天智四年（六六五）と考えられ、ムは「牟」、アは「部」、ツは「津」の略字なので、表面には六六五年美濃国牟下評、裏面には大山五十戸造《おおやまのさとのつくり》（大山サトの代表者）である牟下部知津《むげつべのちつ》という人名、田部児安《たべのこやす》という人名が書かれていることがわかる。五十戸とは律令制における「里」に相当する行政単位で、文字どおり五十戸をもって行政単位としたことに由来している。

木簡の上下に切り込みがあることからこの木簡は大山五十戸から都へ税として送られた荷につけられていた荷札《にふだ》木簡であることがわかる。そして、この木簡から少なくとも、天智四年には国―評―五十戸からなる地方行政システムが『日本書紀』に記された最初の法令である『飛鳥浄御原令《あすかきよみはらりょう》』（天武一〇年編纂開始、持統三年〈六八九〉施行）の制定以前に美濃国牟下（武義）評では整備されていたことがわかったのである。もちろん、ここに記された国―評―五十戸の範囲が、律令で定められた範囲と完全に合致しているかは検証のしようがない。ただ、三野国は美濃国につながり、ム下評は律令制では武藝《むげ》郡、大山五十戸は大山郷（霊亀三年〈七一七〉に里は郷《さと》に改められている）といった具合に、木簡にみえる地域名が律令制による地域名にそのまま受け継がれていることから、部分的の可能性はあるにせよ令制国の枠組みができたのは、七世紀中ごろにさかのぼるとみてよい。

二部で述べること

境界にはさまざまな種類がある。それは、社会の発展とともに多様化するし、考古資料や文献史料が増えれば増えるほど、さまざまな境界をみつけ出すこともできる。そのことは、日本文化や国家の成り立ちと展開、人びとの意識の変化などを知る上でどれも重要な情報であるが、扱い方を間違えると異質な境界を並列的、固定的にみてしまうなど誤りを犯しかねない。

そのため、二部ではおもに古代国家が政治的に定めた境界の成り立ちに主眼を置く。冒頭で述べたように、律令制で定められた境界は、一部で示した旧石器・縄文時代の境界と重なる部分が多い。このことは、伝統的な生活文化の境界が古代の境界、さらにいえば現代の境界にも生き続けていることを示している。つまり、律令制の境界の成り立ちを探る過程の中に本書のテーマとする列島文化の多様性の理解につながることがあると考えられる。なお、古代国家の境界に主眼を置くため、律令制が確立する八世紀初頭の段階で国家の支配領域に組み込まれていなかった東北北部と北海道、奄美・琉球諸島についてはあまり触れない。

また、「はじめに」でも述べているとおり、境界についての研究はこれまでもなされてきたが、必ずしも古墳時代以前の地域文化の境界と、中世以降のそれは連続して扱われていない。その理由は、古墳時代から古代の研究が国家形成史、すなわち、日本国の誕生とその支配領域の拡大に重点を置いているからである。加えて考古資料を中心に語られる古墳時代以前の境界と、『日本書紀』などの文献史料を中心に検討する古代の境界とでは、取り扱う史料の違いもあって、研究上のつながりをもたせることが難しいという事情もある。今回は、その断絶を埋めるためにも、とくに古墳時代と古代の境界の関係に重点を置いて話を進めることとしたい。また、扱う時代は令制国が成立し、その枠組みがのちの時代にも引き継がれることがみえてくる鎌倉時代の初めまでとする。

二章　地域の統合と巨大集落の出現―弥生時代

一　縄文時代と弥生時代

縄文人と弥生人

「あなたの顔は縄文系ですか、弥生系ですか」。歴史系や人類学系の博物館の多くで、縄文人と弥生人の違いを、写真やイラストで解説しているし、インターネットで縄文人や弥生人と検索すれば、この種の解説にたくさん出くわす。縄文人と弥生人の違いをつぶさに答えられなくとも、多くの方々は、両者の顔の特徴は違うということを知っているに違いない。

縄文人と弥生人の違いは、発掘された人骨を、人間の骨格形態を研究する形質（自然）人類学の方法で分析することによって明らかにされ、さらに遺伝子の分析から、それぞれの起源の検討が進められている。それによると、縄文人は、成人男子の平均身長が一五五センチ前後、女子が一五〇センチ弱。彫りが深い顔立ちで、体毛は濃く、目は大きめで、顎の骨が発達しているという特徴があるとされる。それに対し、弥生人は成人男子の平均身長が一六四センチ前後、女子は一五〇センチ弱。細面ののっぺりした顔で、目は切れ長、体毛は薄いという特徴があるとされる（表2-2-1）。

かつては、縄文人と弥生人は別の民族であり、海を渡ってきた弥生人が、縄文人を追い払い、西日本に弥生文化をもたらしたという説が有力視されており、縄文人は先住民で現在の日本人のルーツは弥生人にあると考えられていた。当然、縄文社会と弥生社会とは非連続であり、本書で述べる境界の話も、縄文時代と弥生時代とでは断絶することになってしまう。ただそうだとすると、現在の日本に縄文顔の人が数多くいるというのは、おかしな話になるだろう。

	南方系縄文顔	北方系弥生顔
顔形	四角／長方形	丸／楕円
造作の線構成	直線	曲線
プロフィル	凹凸	なめらか
彫りの深さ	立体的	平坦
眉	太い／濃い／直線	細い／薄い／半円
髭	濃い／多い	薄い／少ない
瞼	二重	一重
頬骨	小さい	大きい
耳たぶ	大きい／福耳	小さい／貧乏耳
耳垢	湿る／猫耳	乾く／粉耳
鼻骨	広い／高い	狭い／低い
唇	厚い	薄い
歯	小さい	大きい
口元	引き締る	出っぱり気味

表2-2-1　縄文顔と弥生顔（国立科学博物館ホームページ https://www.kahaku.go.jp/special/past/kao-ten/kao/jomon/jomon-f.html より）

それもそのはず、形質人類学者らがいう弥生人とは、先に述べたような人間の形質的・遺伝子的特徴をもつ人のことであり、弥生時代に日本列島に住んでいた人のことをさすのではない。実際に発掘調査で出土する弥生時代の人骨は弥生人の特徴をもつものもあれば、縄文人の特徴をもつもの、両者の特徴を兼ね備えたものなどじつに多様なのである。

そして、弥生時代の出土人骨には地域差や時期差が顕著であり、大陸や朝鮮半島のさまざまな地域からやってきた渡来人が、縄文人と融和・混血し、多様な特徴をもつ「弥生時代の列島人」が生まれたのだと考えられるに至っている。このことは、現代の諸人種間の類縁関係などを、蛋白質や遺伝子の比較によって明らかにしようとする分子人類学によっても裏づけられており、かつてのような縄文人を弥生人が駆逐したという学説は完全に否定されている。

つながる縄文社会と弥生社会

人類学の研究成果によると、縄文時代と弥生時代のあいだには大陸からの大規模な人の移動が認められるものの、それは民族そのものが置換されたものではなく、段階的な融合であることがわかってきた。考古学的にはどうであろうか。縄文文化と弥生文化との比較という観点からこの問題についてアプローチしよう。

考古学に限らず歴史学における時代区分は、社会が大きく変化する「時代の画期」に焦点が当てられる。そのため、時代の境目は前の時代と後の時代とのあいだの非連続性、つまり相違点がクローズアップされる。しかし、時代の画期とはあくまでも現代を生きる私たちが歴史を理解するために、設定したものである。その時代を生きた人びとは、縄文時代、弥生時代といっても、その違いを意識していたわけではないだろう。私たちが、時代の大きな転換期と捉える出来事も、その時代を生きた人びとにとっては、日常生活の中の緩やかな変化だったのかもしれない。

弥生時代早期から前期の墓の遺跡である福岡県糸島市の新町遺跡では、大陸に起源をもつ支石墓《しせきぼ》から縄文人の特徴をもつ人骨が出土した。被葬者は下顎の左右犬歯と切歯を抜く縄文人特有の抜歯《ばっし》を行っており、このことから弥生文化の担い手は、渡来人ではなく縄文人が主体であったという説が示された。こうした事例から、弥生文化は縄文文化を土台とし、そこに大陸や朝鮮半島の新たな文化が加わったものである可能性も指摘されている。

一方、弥生時代の特徴の一つに海外も含めた盛んな交流が挙げられる。弥生時代前期の稲作の伝播がその代表であり、北部九州で定着した稲作が、弥生時代中期には津軽半島の青森県田舎館《いなかだて》村垂柳《たれやなぎ》遺跡まで北上していることが確認されている。

しかし、こうした広域にわたる人やモノの移動は弥生時代に始まったわけではなく、縄文時代でも確認されている。東日本の日本海側、新潟県で産出される物産の行方をみよう。ヒスイは、新潟県糸魚川市長者ヶ原《ちょうじゃがはら》遺跡などで加工され、その製品は北海道礼文島や沖縄県でも出土しており、移動距離は数百キロにも及んでいる。このほか新潟県から秋田県にかけての沿岸部で産出する天然アスファルトも、北海道、東北に広く分布している。新潟県糸魚川市から富山県朝日町にかけて産出する蛇紋岩《じゃもんがん》を用いた石《せき》斧《ふ》が日本海沿岸や中部地域の遺跡でもみつかる例などもある。

このように、のちに弥生時代前期の稲作の伝播ルートになった日本海交通路は縄文時代にすでに開かれていたのである。言い換えれば、稲作という新たな文化は、縄文時代以来の伝統的な海上交通ルートを用いて拡散したのであり、その担い手となったのは、海上交通を熟知した縄文人であった可能性が考えられるのである。

コラム　弥生時代の実年代

		従前の年代観	放射性炭素同位体比を使った年代測定法による年代観
早期		BC400	BC1000
前期	前葉	BC300	BC800
	中葉		BC650
	後葉		BC500
中期	前葉	BC200	BC400
	中葉		BC200
	後葉		BC50
後期	前半	AD50	AD100
	後半		AD200

弥生時代は一般に早期、前期、中期、後期に大別されるが、それがいったいいつごろのことをさすのかは、さまざまな議論がある。かつては、製作年代がわかる大陸製の遺物、たとえば中国鏡や貨泉《かせん》（中国の新王朝〈紀元八～二三年〉の時代に作られた貨幣の一種。一四～四〇年のあいだに鋳造された）の出土を目安にしていたが、近年では放射性炭素年代測定法による土器の表面についたススなどの炭化物の分析により、これまでとはまったく違う年代が示されるようになった。まずは、年代の対応表を示そう。

　このようにそれぞれの年代には著しい差がある。一見すると科学的なデータにもとづく新しい年代観のほうが正しいと思われるだろうが、異論もいまだ根強い。これまでの研究では、土器などの形を細かく観察し、その形や作り方の違いから時代による変化を読み取り、編年を行ってきた。この土器編年をそのまま新しい年代観に当てはめてしまうと、中期中葉以前の土器の存続年代が不自然なほど長くなり、土器作りの技術がほとんど変化しない時期が長く続いたということになってしまうからである。また、同じ放射性炭素年代測定法による測定でも、北部九州から出土した早期の人骨や鹿骨の中には、前六〇〇年という分析結果が示された例もある。このように、年代をめぐる論争の決着はいまだついていない。そのため、本書では年代を記すことは避け、早期・前期・中期・後期という時期区分のみを記すこととする。

弥生社会の特質

続いて弥生社会の特性についてみておこう。弥生社会を象徴する三つの要素がある。一つめは、稲作である。稲作の伝来は、これまでの社会のありかたを大きく変えたという見方がある。しかし一方で、稲作は沖積地など導入可能な場所に部分的に入り込んだものにすぎず、主たる生業は縄文時代以来の狩猟や採集であって、稲作の社会への影響はさほど大きくなかったという見方もある。

穀物を栽培すること自体は、縄文時代からすでに認められる。稲作を一部の地域のみに取り入れられた生業と評価してしまえば、その影響はさして大きなものとはならない。しかし、どの程度、普及したかはともかく、稲作を取り入れた集団は、土地を耕し水田に水を引くための灌漑《かんがい》を行うなど「土地を開く」という行為を行っている。そして、一年のうち半分前後の期間を、収穫を得るための労働に充てることになる。これは、自然界から必要な食料や道具の素材などを得る時代から、人間が自然に対し、地形を改変するなど大がかりに手を加えることにより、食料を植物でまかなう時代へと変化したことを示している。それは「土地を所有する時代」の本格的な幕明けであった（図2-2-2）。

二つめの要素は環濠集落の出現である。居住域を大きな溝で囲み、その外側に生産域や墓域を配置するという環濠集落の形態は、集団の集住と居住域の区画と防御、居住域と生産域や墓域の分離という革新的なものであった。こうした集落は北部九州で弥生時代早期に認められ、中期中ごろには関東や北陸でも認められるようになる。居住域を溝で囲むということは、集落の構成員と外部の集団とを明確に区別するという強い「自他意識」の現れでもある。また、集落の設計を行う都市計画の意識が認められる（図2-2-3）。さらに、墓域を集落内部に取り込み先祖の霊とともに暮らしていた縄文時代とのあいだには精神的にも大きな格差がある。

図2-2-2　弥生早期の水田
（板付遺跡弥生館で展示の復元模型、福岡市提供）

三つめは、金属器の普及である。金属器は、弥生時代前期に大陸や半島から北部九州にもたらされた。青銅製品と鉄製品があり、青銅製品は多紐細文鏡《たちゅうさいもんきょう》や銅剣など舶来品としてもたらされたもの（ともに国産品もある）もあるが、弥生時代前期末には銅鐸や銅矛など国産品が作られるようになる（図2-2-4）。鉄は実用

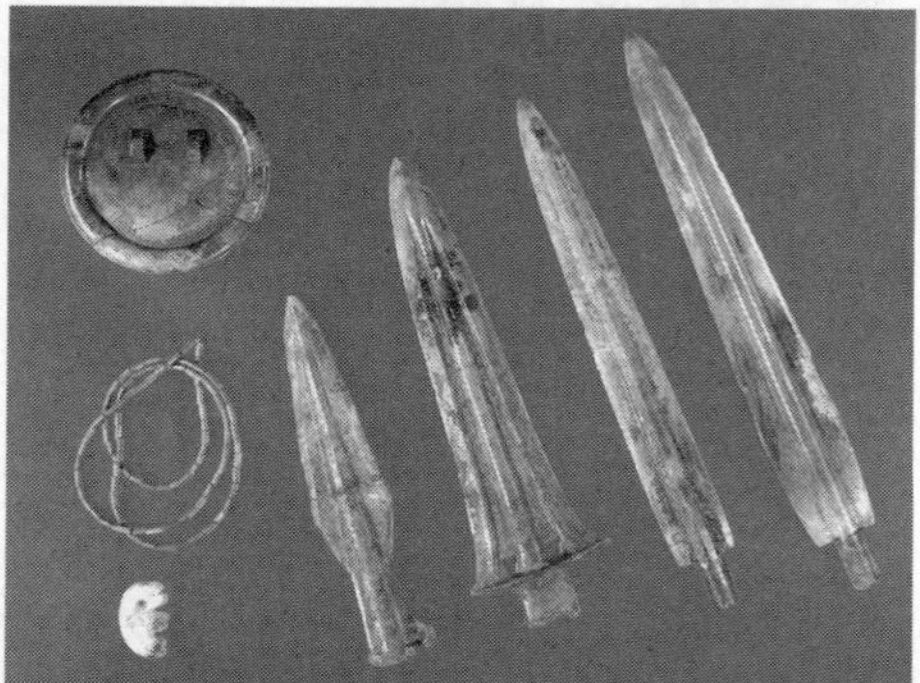

図2−2−3　関東地方の環濠集落
（大塚遺跡、公益財団法人横浜市ふるさと歴史財団埋蔵文化財センター提供）

図2−2−4　朝鮮半島の青銅器
（吉武高木遺跡出土、福岡市埋蔵文化財センター蔵、提供）

品が多く、農耕具、工具、武器がある。後期には兵庫県淡路市五斗長垣内《ごっさかいと》遺跡のように竪穴建物内で鍛冶を行っていることが確認されているが、弥生時代の鉄製品は海外から取り入れた鉄素材を溶かして作られたものである。鉄の道具は集落の生産性の向上に直結するものであり、それを安定して確保できる集団ほどほかよりも優位な立場を手にすることができたと考えられる。ちなみに、砂鉄からの製鉄技術の出現は古墳時代になってからである。

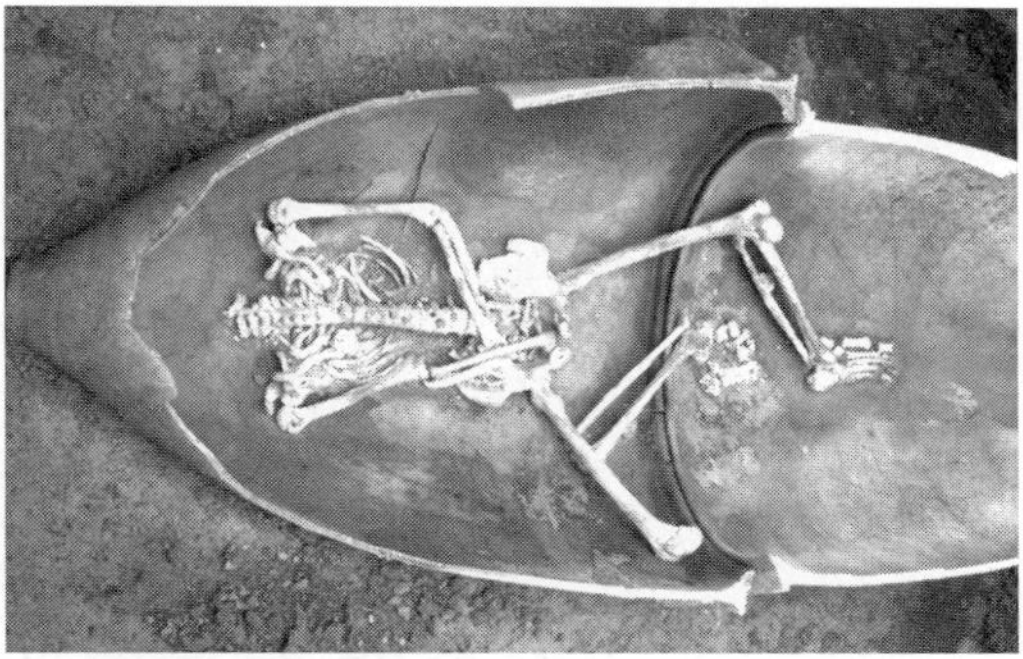

図2-2-5　首のない人骨
（吉野ヶ里遺跡出土、佐賀県教育委員会提供）

この三つは互いに密接に関係し合っている。まず、稲作や環濠集落の建設など、集団での労働を行う場合には、それを率いるリーダーがいる。また、金属器の入手など外部との交渉を行う場合にも、集団の利益を代表するリーダーがいる。こうした集団の指導者であり、その意思決定を行うリーダーのことを首《しゅ》長《ちょう》という。こうした首長が誕生したことが弥生時代を特徴づけるだけでなく、のちの国家形成にも関わる大きな要素となる。

また、「土地所有」「強い自他意識」「金属器の入手」という三つの要素は、集団どうしの争いの火種になった。稲作には安定した水の確保が必要となるので、稲作を行う集落は必然的に水を得やすい低地に営まれることになる。こうした自然条件を満たした土地を求める強い自他意識をもつ（排他的な）集団が増加していけば、集団間で土地や水をめぐる経済的な対立が発生することになる。首長はそうした他集団との利害関係を調整する役割を担っていたが、話し合いでの調整が不調に終わったとき、その解決手段は暴力に委ねられた。事実、弥生時代の遺跡からは戦争の形跡がしばしば認められる。骨に矢が突き刺さった人骨や、鋭利な刃物で切られた人骨があり、中には首のない埋葬骨（佐賀県吉野ヶ里町・神埼市吉野ヶ里遺跡）もある（図2-2-5）。戦いに備えるためか、逆茂《さかも》木《ぎ》をともなう大きな堀を幾重にもめぐらせた集落（愛知県清須市・名古屋市朝日遺跡）や、中世の山城を彷彿させるような高所に営まれた環濠集落（京都府京丹後市扇谷《おうぎだに》遺跡）などもある。

そして戦争を繰り返すうちに集団が次第に統合され、「クニ」とよばれる大集団が形成される。大集団どうしは時に連携し、時に反目し合いながらも、互いに集団の力を強化するために、活発な交流を行い、先端技術や文化を摂取していったようである。こうした軋轢《あつれき》と交流の中で、次第に集団の領域を分ける「越えるべからざる境界」が現れた。やがてそれは、邪馬台国の卑弥呼に代表されるような、大集団の連合体により推戴された王を生み出すことになった。

二　弥生時代の境界復元

土器から復元される境界

集落遺跡の発掘調査で普遍的かつ最も多量に出土する遺物は土器である。土器の形や作り方、文様を詳しく観察し、さまざまな遺跡から出土したものを比較検討することにより、土器群相互の年代的な先後関係や地域による違い（地域差）が明らかになる。土器の違いは、その時々の生活文化の境界を考える上で重要なヒントを与えてくれる。

弥生時代の土器は、集落ごとに生産していたようであるが、近接する集落から出土する土器どうしは、形や文様だけでなく、作り方に至るまで、みわけがつかないほどよく似ている。こうした技術の共通性は、よく似た土器を作っている集団間の交流が活発であったことを示している。とくに弥生時代ごろまでの土器作りは、女性の仕事であったと考えられており、土器の共通性を通婚圏との関係で説明する見方が有力である。つまり、共通する特徴をもった土器の分布範囲とは、一つの地域コミュニティーを示しているということになる。

また、土器は必ずしも作られた地域の中にとどまるものではなく、さまざまな契機で移動する。たとえば、容器として、塩などの顆粒状のものや液体を他の集団に届ける場合、それを入れた土器もそこへ移動することになる。つまり、ある地域の土器が他の地域から出土する場合には、両地域のあいだで交流があったか、集団の構成員や集団そのものが移住したことを示すこととなる。このように土器の分布範囲の検討は、地域コミュニティーの復元や集団の移動や交流を考える上で重要なヒントを与えてくれる。

稲作の伝来を伝える土器

一九三一年、福岡県を流れる遠賀川《おんががわ》の河床から多量の弥生土器が出土した。出土地にちなんで遠賀川式土器とよばれるこの土器群は、稲作の広がりを知る上で重要な意味をもっている。壺、甕《かめ》、高杯《たかつき》とい

図2-2-6　大阪府八尾市亀井遺跡で出土した遠賀川式土器
（公益財団法人大阪府文化財センター提供）

う三種類からなる遠賀川式土器は、その文様もきわめてシンプルである。これとよく似た特徴をもつ土器が西日本一帯に広く分布しており、その範囲が弥生時代前期に稲作が伝わった範囲とほぼ合致している（図2-2-6）。さらに、青森県八戸市松石橋《まついしばし》遺跡や是川《これかわ》遺跡など東北へも少量ではあるが、分布していることが明らかになっている。

　また、遠賀川式土器が出土する遺跡からは、石包丁、太形蛤刃《ふとがたはまぐりば》石斧、抉入柱状片刃《えぐりいりちゅうじょうかたば》石斧、扁平片刃石斧などの朝鮮半島に起源をもつ「大陸系磨製石器」類も出土しており、土器と石器が稲作とセットで広がった様子が確認できる（図2-2-7）。

　弥生時代の水田は、湿地に種籾《たねもみ》を直播《じかま》きしたものであったという説が長いあいだ、信じられてきたが、それが誤りであったことが発掘調査によって明らかになっている。福岡市板付《いたづけ》遺跡に代表される初期の水田は、小河川を堰《せ》き止め水位を上昇させ掘削した溝を通し、畦畔《けいはん》で囲まれた水田に水を引き込む灌漑水田であった。つまり、稲作伝来当初から、米作りのために土地を開き灌漑施設を整備するという大がかりな作業が行われていたのであり、稲作の広がりはそうした技術の広がりも示しているのである。

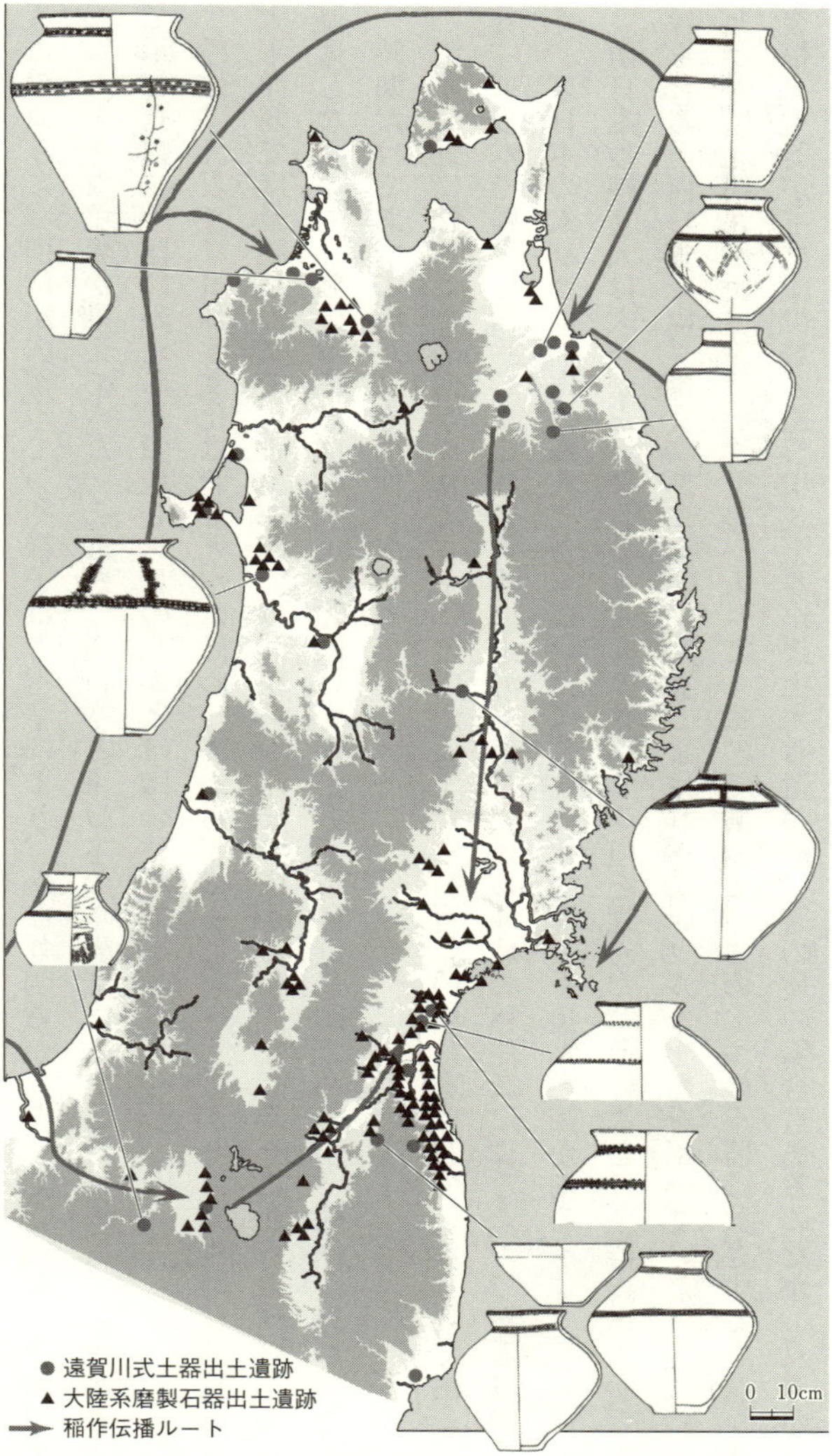

図2-2-7　東北における遠賀川系土器と大陸系磨製石器の分布
（須藤隆「弥生社会の成立と展開」『新版「古代の日本」９東北・北海道』角川書店1992、『仙台市史　通史編１』2005などをもとに筆者作成）

西日本と東日本のみえざる壁

このように、稲作が広がっていく様子は考古学により、かなり明らかになってきたが、それによって一つの大きな境界がみえてきた。それが、西日本と東日本の境界である。この境界は、一部の図1-3-8で示した縄文土器にみえる大領域Ⅱ・Ⅲの境界とほぼ合致している。

稲作に代表される弥生文化は北部九州に伝わってから、徐々に東へと広がり、弥生時代前期のうちに太平洋側では濃尾平野まで、日本海側では若狭湾沿岸まで広がるが、なぜかそこから東へは、なかなか浸透しなかった。弥生時代前期の水田の北限は青森県弘前市砂沢遺跡であるが、稲作が行われたのは、一時期だけであって周辺にも稲作が広がっていない。

濃尾平野に伝わった稲作がそれより東へと広がるまで、約百年の歳月を要しているようである。しかも、東日本で稲作を開始したころの集落は東海やそれ以西の地域の移住者によるものである可能性が高く、東日本の人びとは稲作の導入、さらにいえば弥生文化の導入を拒んだ節がある。

西日本の縄文人は大陸から渡来してきた人と共存する道を選んだ。そのことは土器の出土からも裏づけられる。西日本では、縄文晩期に突帯文《とったいもん》土器とよばれるシンプルな土器を用いていた。そこに、稲作とともに北部九州から遠賀川式土器が入ってくるのであるが、この二つの土器は共存する場合が多い。突帯文土器が主体で少数の遠賀川式土器が出土する遺跡や、その逆の場合もあるのだが、双方が出土する遺跡が西日本では目立つ。また、戦闘が行われたことを示す大型の石鏃などの武器がほとんど出土しないなど、稲作を伝えた渡来人と縄文人が対立した形跡はみられない。

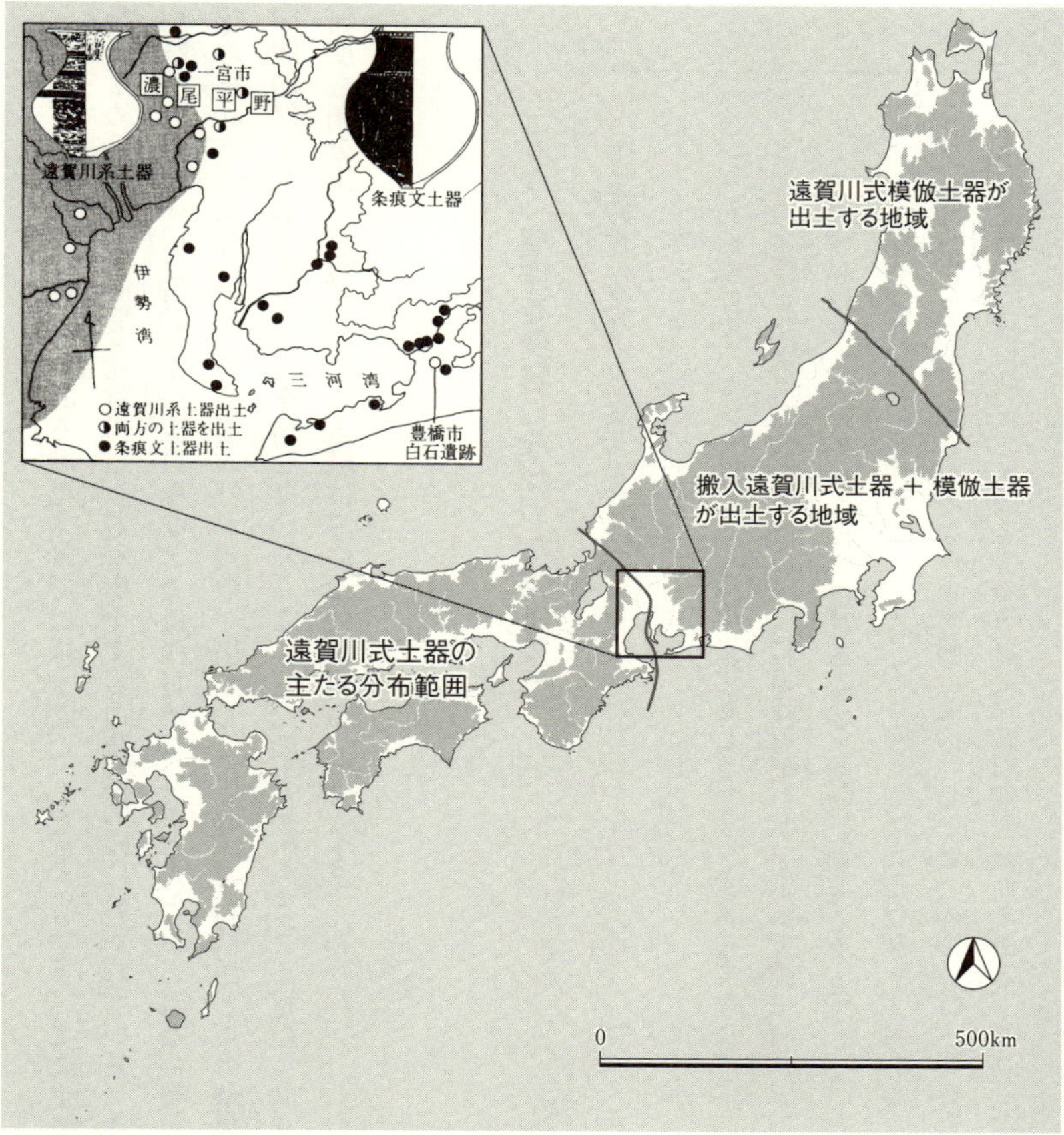

図2-2-8　土器からみた弥生前期の地域性
（石川日出志「道具の組み合せ」『図解・日本の人類遺跡』東京大学出版会1992、寺沢薫2000をもとに筆者作成）

しかし、西と東の境界である濃尾平野では様子がだいぶ違っている。このあたりでは縄文土器の影響をとどめる条痕文《じょうこんもん》土器と遠賀川式土器が出土する遺跡は明確に分かれている。また、渥美半島にある愛知県田原市の伊川津《いかわづ》貝塚や保美《ほび》貝塚などでは西日本ではほとんどみられない殺害されたことを示す傷が認められる縄文時代晩期の殺傷人骨が複数、出土している。これは西と東の境界に当たるこの付近で集団間の対立があった可能性を示している。こうした西と東のみえざる壁は、時代の流れの中でのちにも何度も顔を出し、現在でも生き続けているのである（図2-2-8）。

コラム　稲作を受容しなかった弥生集落

弥生時代にすべての集落が稲作を行っていたわけではない。稲作には水の安定的な確保が不可欠であり、その条件を満たさない土地にも当然、人は住んでいた。そして彼らは、縄文文化の生活様式での暮らしを続けていたのではなく、弥生文化もしっかりと受容していた。

吉野川に面した奈良県大淀町の丘陵上にある越部《こしべ》ハサマ遺跡で弥生時代中期の竪穴建物がみつかった。この住居は中央の炉の横に二つの柱をもつもので（図2-C2-9）、こうした形態の住居は、朝鮮半島の松菊里《しょうきくり》遺跡ではじめてみつかったことから、松菊里型住居とよばれる。また、出土した土器も奈良盆地内から出土するものとなんら変わらない。しかし、周辺には水田を営めるような平地はなく、出土した石器も縄文時代のものと変わらない打製石斧や石皿である。こうしたことから、この集落は

図2-C2-9　越部ハサマ遺跡の竪穴建物跡（南から）
（奈良県立橿原考古学研究所提供）

渡来の技術による住居を構えながらも、その生業は縄文時代と変わっていないということがわかる。

一口に弥生時代集落といっても、そのありかたは多様であり、弥生文化も必ずしも稲作文化とはいい切れない側面ももっているのである。

三　古墳時代そして古代へとつながる地域の枠組みの誕生

交流の活発化と地域の細分化

人びとの交流が活発になればなるほど、集団の個性は失われていくと思われがちであるが、一部でも述べているようにそうではない。むしろ、人びとの交流が地域の個性をより強めることになる。

それは、一つの集団だけで生活に必要なものすべてをまかなえないからであり、足りないものをほかの集団から得たからである。交易とは互いに不足しているものを補い合うことによって成り立つ。そのため、集団は自分たちの領域で手に入れやすいものを自分たちで使う以上に、採取したり生産したりしてほかの集団との交易に用いた。そうした交易品には、石器の原石のような素材の場合もあれば、石製品や木製品などのような加工品もある。このように特定の生業や生産活動が突出した状態になると、考古学的にも、たとえば石器作りのムラであるとか、塩作りのムラであるといった具合に、ほかの遺跡とは異なる性格の集落と認識できるようになる。また、交易品そのものあるいはその材料は自然界から入手されるので、集団の個性も環境の影響を強く受けることになる。極論すれば、環境の違いに応じた集落の枠を越えた分業体制が列島の至るところで自然に構築されるのである。

たとえば、福岡市今山遺跡は弥生時代中期を中心とする大規模な磨製石斧製作遺跡であり、今山山頂の玄武《げんぶ》岩《がん》の露頭付近で原石を採掘し、山頂や中腹で粗加工し、山麓の二カ所の遺跡で仕上げ加工して製品化していることが明らかになっている。この今山産の石斧は福岡県を中心に佐賀県や熊本県の宇土《うと》半島まで分布しており、玄武岩という石斧にふさわしい石材を入手できた今山遺跡の人びとが交易目的で石斧生産をしていたと想定される（図2-2-10）。

一方、近畿では石器の石材を広い範囲で共有していることが知られている。奈良県田原本町の唐古・鍵遺跡では弥生時代前期には遺跡の南方約六キロの地点にある耳成《みみなし》山から流紋岩《りゅうもんがん》を採取し、遺跡内で石包丁を生産していたが、中期になると、より加工しやすい紀ノ川流域で産出する緑泥片岩《りょくでいへんがん》製の石包丁を使用するようになる。つまり、前期までは集落近くで手に入る石材を取りに行き、村に持ち帰り製作するという自給的な生産を行っていたものが、中期になるとほかの集団から原石かそれを粗加工したものを入手するようになったのである。そして緑泥片岩製の石包丁は、弥生時代中期以降、奈良盆地や河内平野南部では一般的に認められることからすると、紀ノ川流域の集団が石材を交易品として多くの集団と取引していたか、あるいは特定の石材を共同利用できるようななんらかのルールが、奈良盆地、河内平野、和歌山平野の諸集団とのあいだで取り決められていたのかのいずれかが考

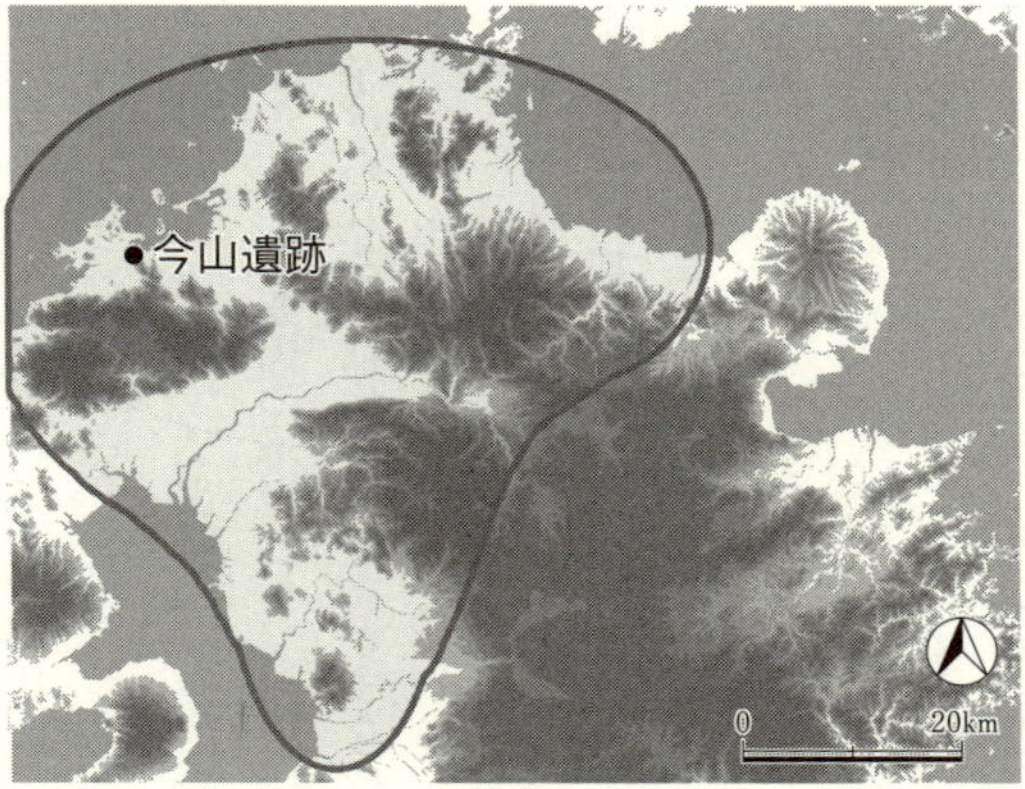

図2-2-10　今山産石斧の分布範囲
（下條信行「村と工房」『古代史復元４　弥生農村の誕生』講談社1989をもとに筆者作成）

えられる。そのいずれであるにせよ、当時は自給自足社会ではなく、複数の集団からなる互酬システムが構築されていたのである。

こうしたことは、縄文時代でも認められるが、弥生時代になると、ますます顕在化するとともに複雑化する。その要因の一つとして、稲作の導入により暮らしに必要な道具の種類が飛躍的に増加することが挙げられる。稲作にはさまざまな技術と道具が必要であった。土を耕す道具はもちろんのこと、その道具を作るための道具もいる。また、より効果的に耕作するためには、木や石の道具よりも、金属のほうがよいということになる。それらを入手しようとすれば、そうした技術をもつ集団と交易をする必要が生じ、それが結果として複数の集団を巻き込んだ複雑な交易圏を生み出すことになるのである。

それに加えて、交流が活発になればなるほど、人やモノが集まりやすい環境にある土地が、「交通の要衝」としての意味をもつようになる。そうした土地は、土地そのものの生産性がたとえ低くとも、さまざまな文物を入手しやすいという有利な条件を手に入れることができた。それが、交易を担う集団と交易をコントロールする首長を生み出すことにつながる場合も多い。つまり、交流の活発化とは、地理的条件の有利さという、新たな地域の価値の発見にもつながったのである。

コラム　塩作りのムラ

塩は人間の生活には欠かせないものであり、日本列島では一部の地域を除くと海に面していなければ製造できない。そのため、縄文時代から塩作りの遺跡が認められるのだが、そのころは小規模な塩作りが集団単位で行われているにすぎなかった。それが弥生時代になると岡山市百間川原尾島《ひゃっけんがわはらおじま》遺跡など瀬戸内海沿岸地域で、比較的大規模な製塩遺跡が認められるようになり、古墳時代には塩生産に特化した集落が認められるようになる。香川県直島町の喜兵衛《きべえ》島に製塩遺跡がある。平地がきわめて少なく稲作どころか農耕そのものが難しいこの島では、人びとが自給自足の生活を送るのはきわめて困難である。それにもかかわらずこの島に集落が営まれたのは塩を生産するためであった。島の海岸沿いに計四カ所の大規模な製塩遺跡があり、海水を煮詰めたときの炉の跡や、製塩土器とよばれる薄手の土器が多量に集積していることが確認されている。

瀬戸内の気候は温暖で雨が少ないため製塩には最適であり、昭和のころまで大規模な塩田があった。こうした環境にあるからこそ、瀬戸内では塩を基幹産業とする集団が歴史上連綿と現れたのである。もちろん、そうした集団が成り立ちえたのは、生活に必要な物資を外部から入手でき、また外部に物を送ることができる社会システムがあったからである。

交易の活発化と流通網の整備は集団間の垣根を取り払う一方、地域固有の産業を発達させるなど、地域の特性に根ざした集団の個性を顕在化させるのである。

唐古・鍵遺跡と奈良盆地の弥生集落

弥生時代前期、奈良盆地の中央部に唐古・鍵遺跡が突如として出現する。この遺跡の規模は約三〇万平方メートルにも及び、大型建物跡や青銅器の鋳造炉など工房跡が発見されている。弥生時代全般を通じて、奈良盆地では最大の規模を誇り、近畿やその周辺地域で作られた土器がまとまって出土していることから交易センターとしての機能をもっていたと考えられる。

奈良盆地にはこの遺跡以外にも複数の弥生時代の集落遺跡があるが、その多くは唐古・鍵遺跡から枝分かれするかのように、盆地を流れる河川に沿って広がっていった。おそらく、これらの集落は、人口の増加により唐古・鍵遺跡からあふれ出した人びとにより造られたと考えられ、新たな耕地を獲得するために水を得やすい場所を選んで分村したと考えられる。先住民も少なく、かつ稲作に必要な環境を備え、災害も少ない奈良盆地は、増加する人口を十分にまかないきれたのである。

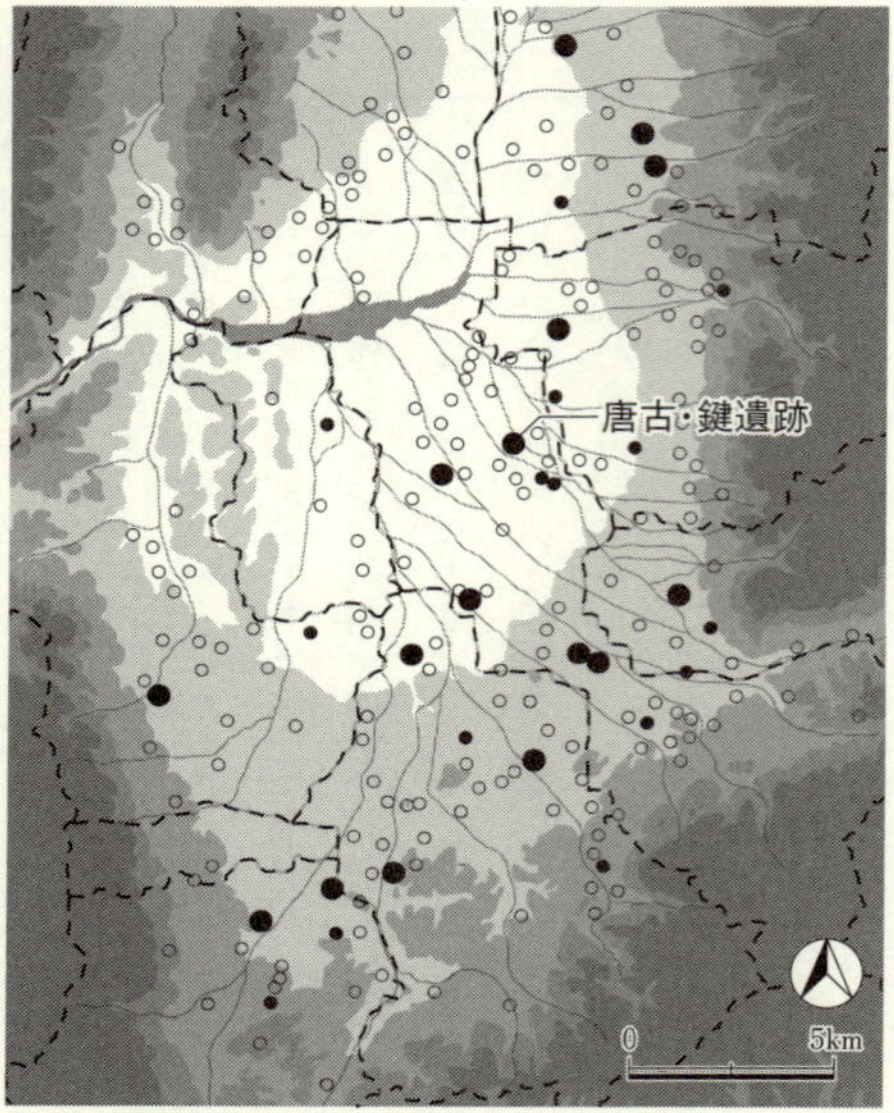

● 拠点的母集落
• 拠点的母集落の可能性が高い集落
○ 一般的な中・小規模集落
— 河川
-- 古代の郡境

図2-2-11　奈良盆地における弥生集落の分布
（寺沢薫2016をもとに筆者作成）

そして、集落内の人口増加と分村を繰り返すうちに、やがて水系ごとに大規模な集落が出現し、それを取り巻くように小規模集落が展開するようになる。大規模集落はいくつかの小規模集落をあたかも従えるように分布しており、そこに大規模集落を核とする新たな地域社会が形成される。こうして形成された奈良盆地の弥生時代集落のありかたをみると面白いことに気づく。それは、大規模集落は律令制により定められた郡単位に存在し、そして分村と考えられる集落も郡の範囲内に収まるのである（寺沢薫二〇一六、図2-2-11）。

関東平野の弥生集落と集団

奈良盆地でみられたような弥生時代集落の展開は、関東でも認められる。関東における稲作や環濠集落のはじまりは、弥生時代中期からであるが、稲作を取り入れた地域とそうでない地域の差異はもちろんのこと、弥生文化の広がりとともに稲作を取り入れた地域間でも差異が顕在化する。

弥生時代中期の関東の土器は、南関東（東京湾周辺から伊豆半島地域）には宮ノ台《みやのだい》式、関東北西部（群馬県）には竜見町《たつみちょう》式、北東部（茨城県）には足洗《あしあらい》式、中北部（栃木県）には御新田《ごしんでん》式というそれぞれ異なる文様や形の土器がそれぞれ分布圏を違えて出土している（図2-2-12）。石川日出志は、その分布圏ごとに、環濠集落の有無や墓制、石器の形状や鉄製品の普及状況が異なっていることを示している（石川日出志　一九九八）。

このことは、土器からみえる四つの地域は、それぞれ異なった生活文化をもち、相互の関係も希薄であったことを示している。宮ノ台式土器の分布圏は、先にみた奈良盆地のように河川の流域単位で環濠

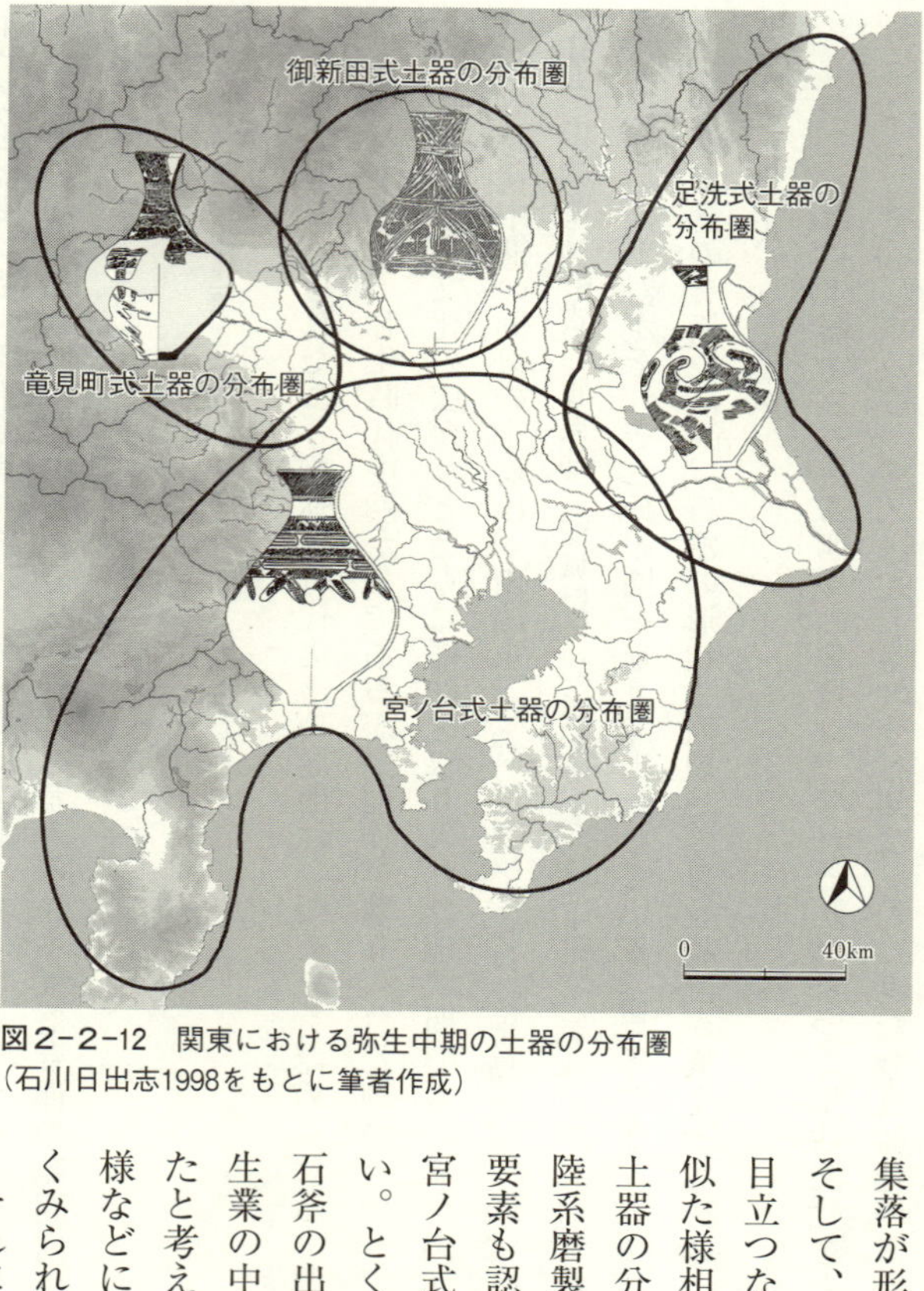

図2-2-12　関東における弥生中期の土器の分布圏
（石川日出志1998をもとに筆者作成）

集落が形成され、遺跡の数も多い。そして、大陸系磨製石器の出土が目立つなど、西日本の集落とよく似た様相を呈している。竜見町式土器の分布圏でも、環濠集落や大陸系磨製石器、木製農具など西の要素も認められるが、密度や数は宮ノ台式土器の分布圏よりも少ない。とくに、土堀具と考えられる石斧の出土が目立つなど、畑作が生業の中で重要な位置を占めていたと考えられる。また、土器の文様などには中部地域の影響が色濃くみられるという特徴がある。

それに対し、御新田式土器の分布圏と足洗式土器の分布圏では、環濠集落が確認されておらず、小規模な集落が点在している様相を呈している。御新田式土器そのものはこの地域の縄文土器の伝統を色濃く残すもので、足洗式土器は福島県浜通り地域の土器と共通している。両地域とも西の影響はあまり受けていない（表2-2-13）。

	土器形式	集落形態	墓制等	その他
宮ノ台地域	宮ノ台式土器 遠江系要素明瞭 櫛描き文 ハケ整形 地域外搬出稀・局地的	環濠集落多 大形集落 集落群形成	方形周溝墓壺棺 居住区内大形周溝墓 御新田式壺墓制参画	有力首長出現 積極的水田経営 鉄器保有多い 西日本弥生社会と連動 骨卜
竜見町地域	竜見町式土器 中部高地系 櫛描き文定着 ハケ整形 3地域へ搬出	環濠集落あり やや小形 集落群形成	方形周溝墓 再葬墓・火葬 居住区内大形周溝墓	有力首長出現 本格的水田経営 武器形石製品搬入 打製石斧残存
御新田地域	御新田式土器 関東在来系 櫛描き手法定着（条痕文系） ハケ整形なし 宮ノ台・竜見町地域へ搬出	環濠集落なし 小規模集落のみ	方形周溝墓なし 土坑墓か	不明点多い
足洗地域	足洗式土器 東北南部系 渦巻き文 特殊な縄文 ハケ整形なし 宮ノ台地域の一部のみに搬出	環濠集落なし 小規模集落のみ	方形周溝墓なし 土坑墓と壺棺墓	有角石器 大陸系磨製石器明瞭

表2-2-13　弥生中期の関東の土器の比較（石川日出志1998より）

このように弥生時代中期の関東平野は、西の文化を積極的に取り入れた地域と、それに慎重だった地域とに分かれる。そうした違いを生み出した背景として、西からの移住者の存在が想定されている。

神奈川県小田原市の中里《なかざと》遺跡では、一〇〇軒を超える竪穴建物と七三棟の掘立柱建物がみつかっているが、その中には棟持柱《むなもちばしら》をもつ掘立柱建物もある。こうした建物は、神殿の可能性がある。大阪府和泉市池上曽根《いけがみそね》遺跡や滋賀県守山市伊勢遺跡などでみつかっているものと類似している（図2―2―14）。このほかにも近畿の弥生時代の墓制である方形周溝墓もみつかっている。土器は、地元の中里式が多いが、瀬戸内海東部（兵庫県周辺）のものも含まれており、近畿からの入植者が地元の人びとともに営んだ集落と考えられている。

東京都や群馬県の遺跡でも、このころから東海で作られた土器やその形を地元で真似た土器が出土するようになる。それと同時に、弥生時代後期になると土器の形や作り方の特徴の違いがより細かい単位で認められるようになる。宮ノ台式の分布圏は、文様や形は共通性を保ちながらも、東京湾岸西部地域（東京都から神奈川県沿岸地域）と東部地域（千葉県沿岸地域）、東京低地から大宮台地で作り方の違いが認められるようになる。なお、一部で述べているように、土器型式が分立することは、人口の増加・高密度化の影響と考えられるが、このことを裏づけるように、関東平野では、弥生時代中期以降、集落数は増加傾向をみせている。そして、この細分化した地域ごとに、古墳が出現するのである（図2-2-15）。

図2-2-14　復元された弥生時代の神殿
（池上曽根遺跡、和泉市教育委員会提供）

こうした地域の細分化の傾向は他地域でも認められる。近畿でも、弥生時代中期以降、のちの令制国の単位で土器の地域差が認められるようになり、古墳時代に近づくにつれ細分化が進む。都出比呂志は近畿中心部の土器の分析から、南山城、乙訓《おとくに》、西摂津という地域コミュニティーを抽出した（都出比呂志　一九八九）。そして、それぞれの地域に拠点的な大集落が認められ、古墳時代になるとそれぞれの地域で首長墓が展開することを示している。このことは、弥生時代の集団の領域が、古墳時代にそのまま継承されていることを示している。

一方、弥生時代後期の東北では、関東や近畿などとは逆に中期まで認められた土器にみられた細かな地域差が解消され、天王山式土器とよばれる土器が東北全体に広く認められるようになる。この土器は北海道南部の恵山《えさん》式土器と共通する属性が認められることから、北方文化の影響を受けて成立したと考えられている。縄文時代後期の土器にも認められるように、細分化した土器型式が再び画一化される場合は、気候変動による環境変化がその背景にあったと推察される。天王山式土器が出現する弥生時代後期は、寒冷化を迎えた時代と考えられ、土器にみられた地域性の喪失もその影響による可能性がある。いずれにせよ、天王山式土器の出現は、縄文時代に関東と東北のあいだに認められた、生活文化の境界を再び顕在化させたのである（図2-2-16）。

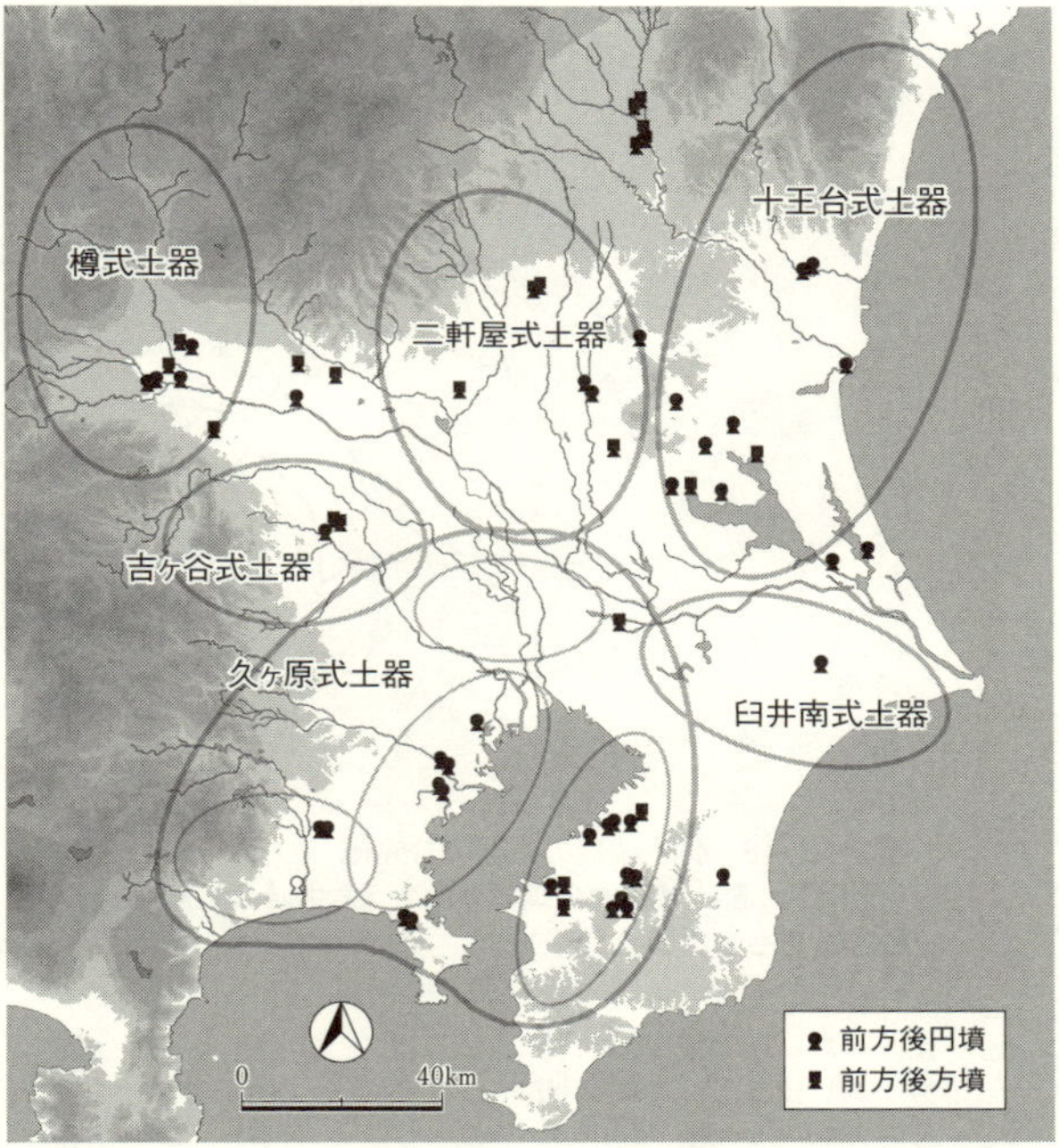

図2-2-15　関東における弥生後期の土器の分布圏と前期古墳の分布
（若狭徹2017をもとに筆者作成）

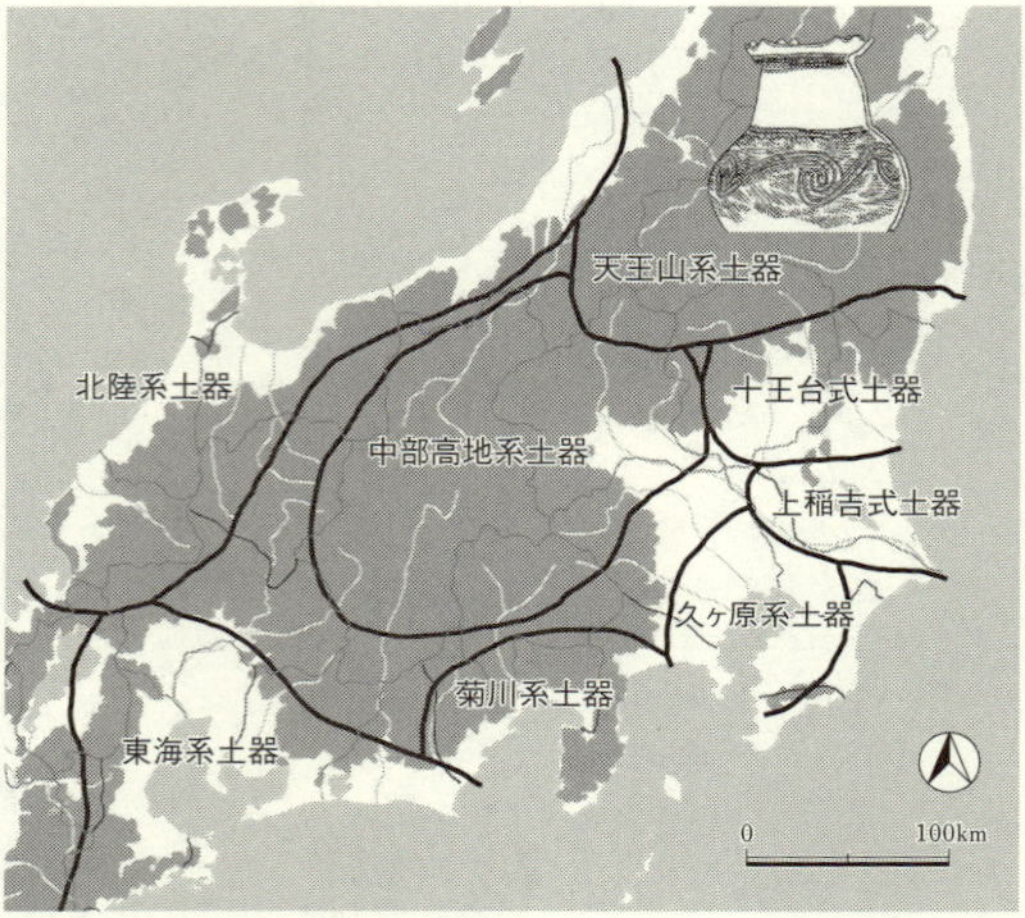

図2-2-16　弥生後期の土器の分布圏
（石川日出志「東日本の環濠集落」『弥生時代の集落』学生社2001をもとに筆者作成）

地域文化と広域文化圏

弥生時代前期から中期に、北部九州では土器の甕を棺として遺体を埋葬する甕棺墓《かめかんぼ》が最盛期を迎える。とくに福岡平野周辺一帯は、前期前半までは木棺への埋葬が主流だったものが、前期後半になると壺棺に代わり、中期後半には長崎県や熊本平野まで甕棺墓が広がった。ただ、その分布範囲は北部九州でも福岡平野西部に限られ、福岡県宗像、遠賀川下流域、豊前、豊後、日向、大隅といった東部地域へは広がらない（図2-2-17）。これらの地域はむしろ瀬戸内海沿岸地域との関係が深いようでこの傾向は縄文時代から認められている。

また、甕棺墓の分布の中心となる福岡平野を中心とした地域には、のちにいわゆる『魏志倭人伝』にみえる国が誕生する。それぞれの国の範囲は『魏志倭人伝』の記載と、集落や王墓の分布から図2-2-18のように復元されている。これらの国々は倭国連合ともいうべき地域の枠を越えた広域な政治連合を形作っていたことが知られている。しかし、政治的に密接に結びついた国どうしでも、たとえば福岡平野と、末盧《まつら》国《こく》と考えられる松浦地域などでは、土器や甕棺墓のありかたなどが異なり、生活文化という点

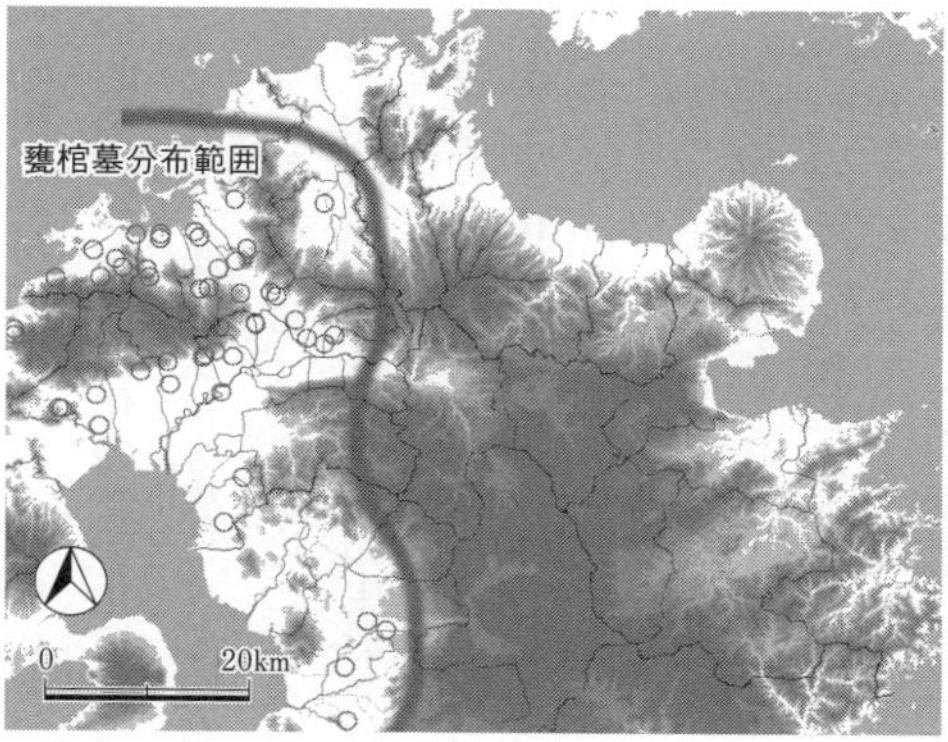

図2-2-17　北部九州における甕棺墓の分布
（藤尾慎一郎「九州の甕棺」『国立歴史民俗博物館研究報告21集』1989をもとに筆者作成）

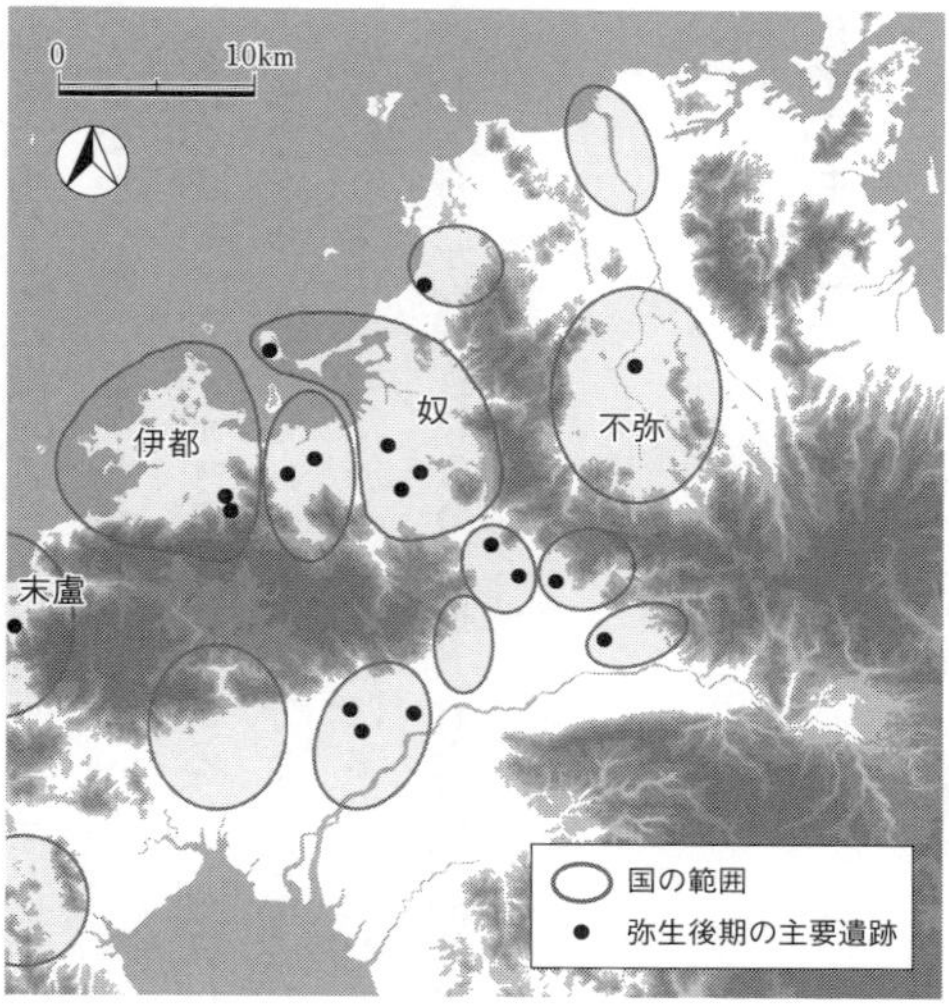

図2-2-18　『魏志倭人伝』の記載と集落や王墓の分布から推測される北部九州の国
（寺沢薫2000をもとに筆者作成）

では相違が認められる。つまり、広域の政治連合は文化的に異なる集団を包括していたのであって、政治的結合が生活文化の画一化にはつながらなかったことがわかる。

一方で、生活文化を異にする複数の集団のあいだに共通するものもある。たとえば銅鐸と銅剣、銅矛という祭祀具は、ある程度の重なりをもちながら、それぞれに広域の分布圏を形成している。このことは、弥生時代には人びとの生活文化に根ざした文化領域に加え、首長に率いられた集団の生活圏としての狭義の政治的・社会的領域、そして首長どうしの連携により形成された政治的領域という三階層の境界が生まれたことを示している。

コラム　東日本への弥生文化拡散のもう一つの担い手

東日本へ稲作を伝えたのは近畿や東海からの入植者だったと考えられる。彼らは、地元の人を使役もしくは協働してこれまであまり利用されていなかった低地に、水田を造り新たな集落を営んだ。その過程では、地域の人との軋轢もあっただろうが、それを克服し集団労働を主導することにより、地域の首長としての地位を獲得したと考えられる。

ただし、東日本へ弥生文化を伝えたのは彼らだけではなかった。日本海を伝って北上し、河川に沿って内陸深くまで進出し、そこに弥生文化を伝えた集団がいる。それは、能登半島の集団をはじめとする北陸の集団である。北陸の弥生時代から古墳時代の土器は、福島県湯川村の桜町遺跡や秋田県横手市の一本杉遺跡でもまとまって出土しており、土器だけでなく竪穴建物の形態も能登半島のものと共通する。このことから、北陸の集団が東北へ移住したことがわかる。彼らは、西日本から受容した稲作文化を携えて、日本海に沿って北へと移動し、会津盆地や横手盆地など広い盆地に根を下ろしたのである。

日本海沿岸の交流は縄文時代から盛んであり、その痕跡は土器の移動や独特の形態をもった住居や墳墓（たとえば山陰の四隅突出型墳丘墓《よすみとっしゅつがたふんきゅうぼ》）の分布からわかる（**図2-C2-19**）。こうした交流は、日常的、恒常的なものであり、大陸や半島とも活発な交流を行い、そこから最新の技術や文物も手に入れていたようである。どうやら日本海沿岸地域の集団は、海上交通により密接に結びつき、大陸や半島の沿岸部も含めた「日本海文化圏」を形成していたようなのである。こうした日本海地域に形成された文化圏は、のちに誕生する倭王権も強く意識するようであるが、また改めて述べよう。

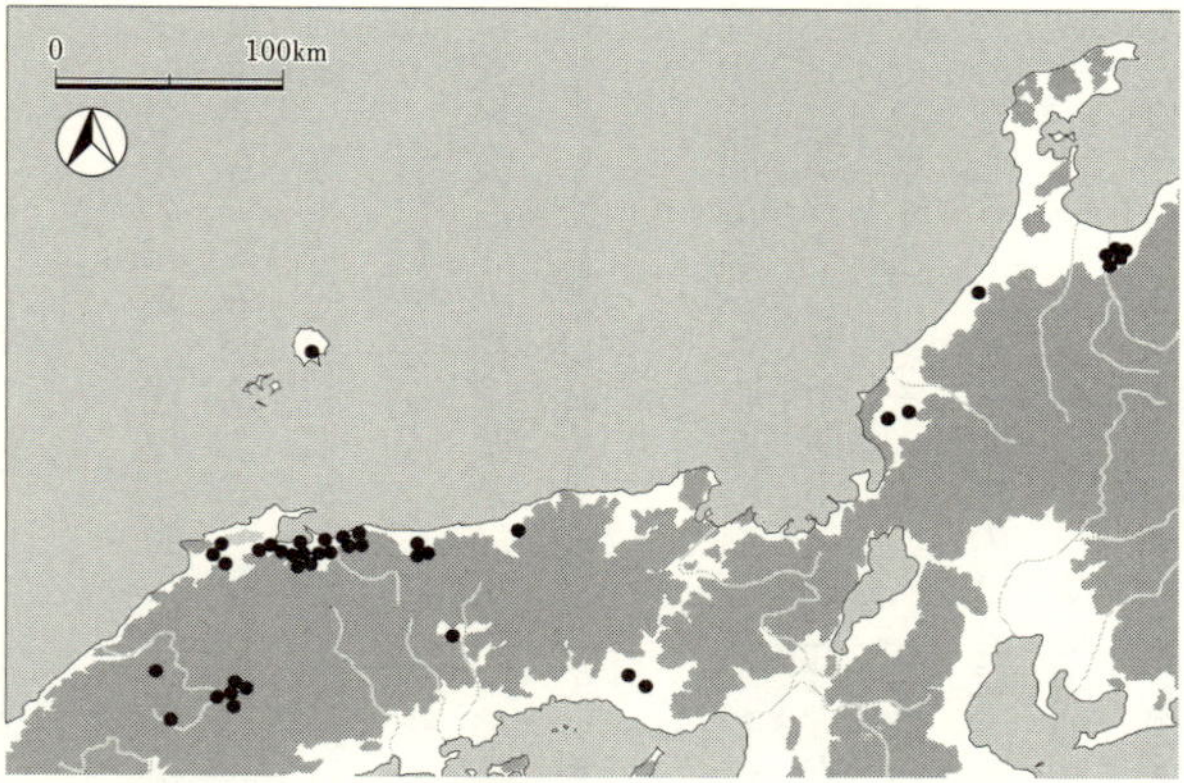

図2-C2-19　四隅突出型墳丘墓の分布
（鳥取県埋蔵文化財センター2003をもとに筆者作成）

四　政治的境界の成立

境界争い

話は少しさかのぼる。濃尾平野で東と西の対立が起こっていたころ、平和的に渡来人を受け入れたはずの西日本でも、戦争が始まる。最も激しい戦争は、どうやら稲作伝来の地である北部九州で行われたようである。弥生時代前期末から中期にかけて、北部九州では殺傷人骨の出土が激増する。多くは成人男性であり、骨に武器が刺さっていることなどからそれと認識できる。殺傷人骨の出土は早くも弥生時代早期に玄界灘沿岸の福岡県糸島市新町遺跡で確認されている。人骨の形状から渡来人であることがわかり、彼を殺した武器は縄文人がもっていない大型の石鏃であることから、相手も渡来人であったと考えられる。

弥生時代前期後半から中期になると、殺傷人骨の出土は佐賀平野、筑後平野まで広がりをみせる（藤原哲　二〇〇四）。そして中期中ごろには、玄界灘沿岸地域では殺傷人骨は認められなくなり、佐賀平野、筑後平野で急増する。おそらく、玄界灘沿岸の集団が大首長のもとに統合され、その集団が周辺に侵攻し始めたのだろう。これと同様のことは、瀬戸内や近畿、山陰でも認められ、弥生時代後期には西日本各地で戦争が勃発し、それによって集団の統合が進んでいったと考えられる（図2-2-20）。

こうした戦争は、もともとは新たな耕地の確保や田に引く水をめぐっての集団間の対立など、経済的

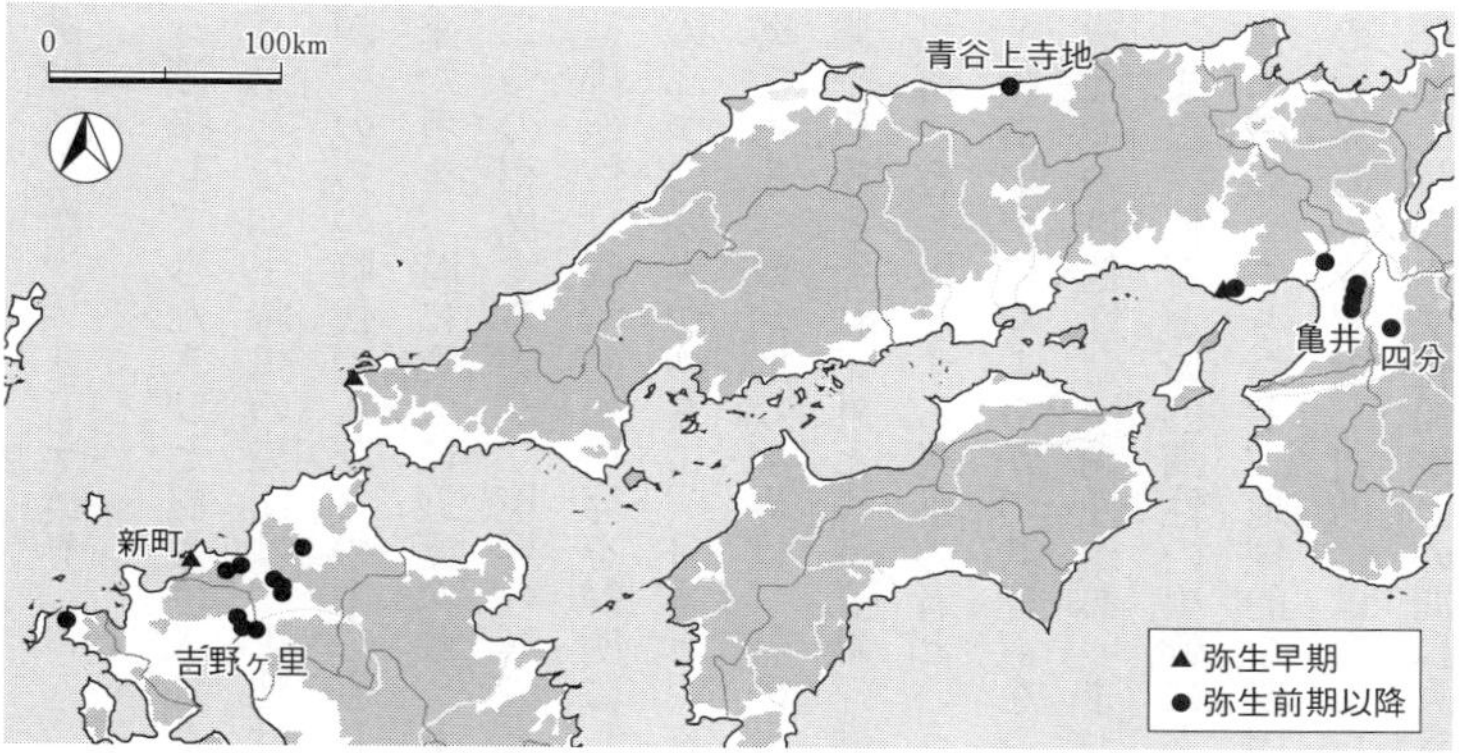

図2−2−20　殺傷人骨が出土した遺跡の分布
（藤原哲2004をもとに筆者作成）

な要因によるものと考えられる。それが次第にエスカレートし、他の集団が蓄積した富や土地を奪うこと、また、他の集団を従えるためなど、政治的な要因が加わっていったと考えられる。弥生時代は比較的、気候が安定した時代であった。そのため農耕により安定して食が供給され、それが人口の増加につながった。しかし、弥生時代後期になると寒冷化・多雨期の到来という大きな環境変化があったようで、増えすぎた人口を養うために、集団の移動とそれによる他集団との抗争が生じたと考えられる。集団の生き残りをかけた争いが各地で起こり、それが結果として集団の統合を進めることになる。戦闘に勝利するためには、それを率いる首長の指導力と、集団としての結束力が必要不可欠である。勝利の暁には、首長の権威がいっそう高まるとともに、敗北した集団を従えるなど集団としての実力も高まる。

そうした中で、首長にはのちの王につながる人格的な権威が生まれ、集団は結束力を強め排他的になっていく。つまり、集団以外の者への意識が強まるほど、集団は排他性を強めていくのである。

排他性と協調性、そして境界

渡来してきた人びとを受け入れた西日本の縄文人の中には、協調性が認められるのに対し、戦争を繰り返した弥生時代の集団は、排他性が認められる。この排他性と協調性という一見すると正反対の性質が、のちの時代の人びとの中にもしばしばみられる。列島各地に住み、そこで暮らした人びとは外から来た者を、時に寛大に迎え入れ、あるいは彼らに従ったが、時には彼らを徹底的に排除した。こうした二つの相反する顔が、境界の形成と継承にも大きな影響を及ぼしていくのである。

排他性は政治的な境界を鮮明にし、協調性は逆に広域の政治連合を作り上げ、境界を曖昧にする。この二つの要素がのちに、日本という国家とその下に国—郡—郷といった重層的な境界を作り上げていくのである。政治的な境界は、外の世界を意識することにより生み出される。自分と他人という意識、家族や親族とそれ以外という意識、同じ集落に住む者とそれ以外の集落の者という意識、友好関係にある集落の者と敵対する集落の者という意識、そうした意識は見方によれば排他的である反面、自分と他人とのあいだになんらかの共通点をみいだし集団を作り上げる協調性が認められる。こうしたさまざまな次元での排他性と協調性があいまって、重層的な境界が生まれるのである。

また、他者との協調性の根幹にあるのは、集団間における日常的な交流すなわち接触の頻度であり、往来のしやすさなど、地理的な要因に大きく左右される。そうした点においては、一部でみた生活文化の境界の形成要因と質的にはなんら変わるものではない。そのため、縄文時代までにみられた文化領域と弥生時代の文化領域との間に大きな違いが認められないのである。そして、これから述べる古墳時代以降の社会に現れる文化領域もそれときわめてよく似ている。それでは、章を改めて古墳時代の境界の様子をみよう。

コラム　首長と神

夜刀の神と箭括の氏麻多智

和銅六年（七一三）に編纂が開始され、養老五年（七二一）に完成したとされる『常陸国風土記』には、次のような話がある。

古老は伝えて次のようにいっている。石村《いわれ》の玉穂《たまほ》の宮に大八洲《おおやしま》をお治めになられた天皇（継体大王）の時代に、箭括《やはず》の氏麻多智《またち》という人がいた。この人が郡家《ぐうけ》（郡の役所）の西方にある谷を占有して、ここを開墾して新たに田を開いた。このとき、夜刀《やと》の神が群れをなし、それぞれ仲間を引き連れて、全部がここにやってきて、あれこれとさまざまな妨害をし、田の耕作をさせなかった。土地の人びとのいうことには、「蛇のことを夜刀の神という。その形は身体は蛇で、頭に角がある。蛇の害を受けないように引き連れて逃げていくとき、蛇のことをみる人があれば、その人の一家一門は破滅し、子孫も断絶してしまう。おおよそ郡家のそばの野原に非常にたくさん棲んでいる」という。

さて、かの麻多智は、たいそう怒り、甲鎧《よろい》に身を固め、自身で仗《ほこ》を手にもち、撃ち殺し追放した。それから、麻多智は山の登り口にやってきて、標識として大きな仗を境界の堀に立てて、夜刀の神に告げていうには、「ここから上は神の土地とすることを許そう。だが、ここから下は人間の田とする。今後私は神を祀るものとなって、永く敬い祭ってやろう。だからどうか祟《たた》らないでくれ。また恨まないでくれ」といって、ここに社を設け、はじめて祭ったのだと。そういうわけで、また耕田一〇町あまりを開墾し、麻多智の子孫が代々受け継いで祭を執り行い、今に至るまで絶えることなく続いている。(訳　秋本吉徳)

神と交渉する首長

ここで、この話を紹介したのは理由がある。この記事から農耕社会における首長の役割と古代の人びとの境界認識の一端を読み取ることができるからである。新たに開こうとした土地には、蛇の姿をした夜刀の神がいた。夜刀とは「ヤト」すなわち谷のことをさしていると考えられる。箭括氏麻多智は、神が棲む草原を開墾するときに、神を追い払い人と神との境界を定めた。そして、その対価として、神を祀る社を作り、自らは、神の祝《はふり》(神社に属して神に仕える職)となって、子々孫々、神を祀り続けることを誓っている。

これから察するに、箭括氏はこの地域の集団の長であったと考えられる。つまり、集団の代表者が、集団の領域の拡大に際し、その障害となる外部の者(この場合は夜刀の神)との交渉、取引を行っているのである。つまり、この話は、次のことを伝えているといえよう。

①集団による土地開発すなわちその領域の拡大は、首長により主導され、利害が対立する他者を排除しながら進められたこと。

②ただし、排除に当たっては、その対価を支払うなどの取引がなされていること。

③人間の住む場所の周囲には、神が棲む場所があり、人間と神との取引によりその境界が確定されていること。

④神との取引の結果、首長は祭祀を行うことになっていること。

稲作は水の便のよい低湿地で行われた。そうした場所は、人が居住するにふさわしい場所ではなく、それまではあまり利用されることがない土地であった。そうした土地を古代の人びとは、神の住処《すみか》と認識していたようで、その土地を利用するためには神を追い払い、かつなだめていたようである。そうした行為を行う者が、首長であった。神と対話ができる能力をもつ首長。その能力こそが、首長が特別な存在となっていく要因の一つであったのである。

首長と神

また、この話は見方を少し変えるとじつに興味深い内容を含んでいることに気づく。現在でも秋の収穫の後には、豊かな実りを神に感謝するために、盛大に祭りを行い、収穫物の一部を神に捧げている。この神への貢ぎ物を初穂《はつほ》という。今では、いったん神に捧げたものでも、お下がりと称して祭りを運営した人たちが持ち帰るが、古代では倉に収納し大切に保管した。のちに詳しく述べるが、古代の税である租は、こうした初穂儀礼を制度化したもので、他の税がなんらかの事情で減免されることはあっても、租だけは減免されることはなかった。そして、この初穂とそれを納めた倉の管理者が律令制では郡司、つまり地域の首長だったのである。

首長は土地の神と対話ができる唯一の存在であるので、初穂の管理者となりえたのである。そして、倉の中に蓄積された多量の稲は、飢饉のときなどに、地域民に還元されたのだろう。律令制下では、租は困窮民に分け与えられるが、それは、天皇の勅によって執行された。それ以前は分配の決定権は首長にあったと考えられる。つまり、神と対話する首長とは、集団が神への捧げ物として蓄えた財産の管理者でもあり、宗教的なカリスマ性と現世的な権威の双方をもっていたのである。

コラム　弥生人の脳が出土した遺跡

青谷上寺地遺跡

稲作には常に水がいる。そのため農耕を行う集団は、水を得やすい低湿地に集落を構えた。そこは、縄文時代にはほとんど用いられることのない土地であった。そうした土地に入り込んだ人びとは、灌漑施設を作り稲作を行い、周囲よりわずかに高い微高地上に居住区や墓を造った。しかし、水を得やすいということは、洪水などのリスクがある土地ということになる。事実、大洪水によって村そのものが洪水砂にパックされた状態でみつかる集落も各地で認められている。そうした遺跡からは、通常では残りにくい木の道具、繊維などもみつかることも多く、当時の人びとの暮らしぶりがよくわかる。

鳥取市の青谷上寺地《あおやかみじち》遺跡もそうした遺跡の一つである。遺跡は、勝部《かちべ》川と日置川の合流点の南側に当たり、日本海を間近に望む平野部に位置している。弥生時代前期後半に突如として現れたこの集落は、古墳時代のはじまりとともに姿を消すまでの約五百年間にわたって継続的に営まれた。

居住域のまわりには、排水のための大きな溝がめぐり、それは杉材の矢板で護岸されていた。また、大量の遺物がきわめて良好な状態で残されており、土器や石器をはじめ、精巧な木製容器、農具、漁労具、鉄製工具など多種多様な遺物が出土している。さらに、貨泉という中国の貨幣や、北陸や近畿、瀬戸内海北岸の土器、新潟・富山県境を流れる姫川流域で取れるヒスイ、瀬戸内のサヌカイトなど、よそからもたらされたさまざまなものが出土している。これらの出土品から、青谷上寺地遺跡の人びとは、稲作のほかに漁労や木器作りを行い、他地域とも活発に交易していたことがわかっている。

青谷平野は約一・五キロ四方のさして大きくはない平野で、周囲とも隔絶されている印象を受けるのであるが、日本海の海運などによって外の世界と密接につながっていた。

豊かさが招いた悲劇か

この遺跡を全国に一躍有名にしたのは、弥生人の脳が出土したことである。正確にいえば出土した人骨の中に脳が残っていたのである。人骨が出土したのは集落を囲む東側の溝の中。その数は五三〇〇点にも及び、一〇〇体分にも相当するという。そのうち、十数体分には鋭利な刃物による殺傷痕があった。中には、腰骨に銅製の鏃が突き刺さり、さらに刃物により傷つけられた人骨があった。おそらく、矢を射られ倒れたところに、刃物でとどめを刺されたのであろう。いずれも人骨の傷には骨組織が再生した形跡がないので、即死であったと考えられる。

また、溝から出土した人骨は、無造作に折り重なった状態で出土していることからすると、同時に溝に捨てられ、そのまま放置されたのだろう。殺傷痕が認められない人骨でも、何らかの方法で殺害され、捨てられたとみられる。人骨には幼児や女性、高齢者も含まれており、まさに老若男女を問わない虐殺が、今から一八〇〇年もの昔にこの場所で行われた可能性が考えられるのである。

この状況をどう読み解くかは研究者によってさまざまではあるが、青谷上寺地遺跡の富を狙い、他の集団が攻め込んできたという見方が示される場合がある。生産力が向上するとそこには必ず貧富の差が生まれる。弥生時代における富は、生産性の高い土地か、他地域との交易をしやすい土地に蓄積される傾向にあったようであり、大規模な集落はおおむねそうした場所に立地する傾向がある。そのため、環境に恵まれない集団や、より多くの集団を従え勢力を拡大しようとする集団が、他の集団に戦争を仕掛けたということも頷けるのである。そして、こうした争いが、地域勢力を次第に大勢力のもとに統合し、序列化していくのである。

三章　国家意識の発生と境界―古墳時代

一　前方後円墳国家

前方後円墳の意味するもの

古墳時代研究の最も大きな課題は、国家がどのような過程を経て成立するのかという点にある。その際に最も注目されるのが、近畿中央部に起源をもつ前方後円墳という特殊な形態の首長墓である。前方後円墳という独特の墳形がなにを意味しているのか。これについては諸説あるものの（コラム「前方後円墳と国家」参照）、前方後円墳の分布や規模が、倭王権と各地の首長とのあいだに形成された政治連合の領域とそれに加盟した首長の地位の上下関係などの秩序を示しているとみることは、大方の了解が得られている。倭王権という広域政治連合に加盟した首長のうち、有力な首長ほど巨大な前方後円墳を造ることを認められ、副葬品として多量の鏡や武器などの品々が与えられたとする。この考えにもとづけば、前方後円墳の分布範囲イコール倭王権の勢力範囲であり、規模は被葬者の地位の高さを示すということになる。

倭王権の成立と展開、そして社会秩序を示すモニュメントである前方後円墳からみえてくる世界とは、のちの日本につながる国家の成り立ちである。そのため前方後円墳の研究は、「中心史観」「進歩史観」に陥りがちである。しかし、前方後円墳が首長墓であり、その支配領域内に造られることに注目すれば、古墳時代のそれぞれの首長の勢力範囲の広さがみえてくる。そして、その領域と弥生時代の境界、さらに律令国家による国―郡―里の範囲を比較すれば、境界の時代による変遷がみえてくる。

なお、以下では武蔵や河内といった令制国の名称を用いる場合がある。こうした名称は、厳密には律令制以降の地域呼称として用いるべきであるが、古墳時代研究において地域名称として定着しており、かつ境界や領域の範囲の変遷を考える上で都合がよいため、本章でも、地域をさす名称として、必要に応じて用いることにする。

前方後円墳の分布と首長の領域

前方後円墳は地域内に単独で存在することは稀で、築造年代を違えながら近接して分布する傾向にある。たとえば埼玉県行田市埼玉《さきたま》古墳群では、五世紀末に稲荷山《いなりやま》古墳（全長約一二〇メートル）が造られて以降、七世紀初頭の中の山古墳（全長約七九メートル）が造られるまでの百数十年間に、八基の前方後円墳が近接して造られている（二子山古墳〈六世紀前半・一三八メートル〉、瓦塚古墳〈六世紀前半・七三メートル〉、奥の山古墳〈六世紀中ごろ・六六メートル〉、愛宕山古墳〈六世紀中ごろ・五三メートル〉、鉄砲山古墳〈六世紀後半・一〇九メートル〉、将軍山古墳〈六世紀末・九〇メートル〉）。これらは、倭王権の傘下に

図2−3−1　埼玉古墳群（上空から）
（埼玉県立さきたま史跡の博物館提供）

入ったこの地域の歴代首長一族の古墳と考えられている（図2−3−1）。埼玉古墳群が所在する、のちに武蔵国となる範囲には、この古墳群が形成されたあいだ、全長一〇〇メートルクラスの前方後円墳は他に一基も認められていないことから、埼玉古墳群に葬られた首長はほぼ武蔵一国を支配領域としていた、あるいは武蔵という広域の政治連合により共立された首長である可能性があるということとなる。

それに対し、上総地域では、古墳時代前期に浅《せん》間神社《げんじんじゃ》古墳（千葉県君津市、全長約一〇〇メートル）、姉崎天神山《あねさきてんじんやま》古墳（千葉県市原市養老川水系、同約一三〇メートル）、飯籠《いご》塚《づか》古墳（千葉県君津市、同約一〇二メートル）という築造時期も規模もよく似た前方後円墳が築造されている。浅間神社古墳と飯籠塚古墳はともに小櫃川《おびつがわ》水系に所在し、築造時期もやや違えることから、同じ首長墓系譜であると考えられるが、姉崎天神山古墳の築造時期はこの二つの古墳に重なっており、異なる系譜の首長墓と考えられる。これらの古墳間の距離は約一五キロ程度であり、このあいだに浅間神社古墳—飯籠塚古墳に葬られた首長と姉崎天神山古墳の首長の領域との境界があったと考えられる。

前方後円墳にみえる多様な地域社会

古墳時代前期（三世紀後半から四世紀）の前方後円墳の大きさや構造は多様である。中には茨城県常陸太田市梵天山《ぼんてんやま》古墳（全長約一六〇メートル）のように、規模が大きく、かつその形が箸墓《はしはか》古墳をはじめとする奈良盆地の前方後円墳とそっくりなものもあれば（図2-3-2）、香川県さぬき市うのべ山古墳（全長約三七メートル）のように、前方部がしゃもじのような狭い撥形《ばちがた》をし、墳丘に花崗岩・安山岩・流紋岩・雲母片岩などのさまざまな石材を積んだ、規模が小さく個性的な前方後円墳もある。そして、小さな前方後円墳が認められる地域、たとえば讃岐（現在の香川県）では、六〇基にも及ぶ古墳時代前期の前方後円墳が認められる半面、そのほとんどが全長五〇メートル未満の小型のものであり、七〇メートルを超えるものは、丸亀市快天山古墳（全長約一〇〇メートル）のみで、双方中円墳も含めて五基が確認されているのみである。一方、

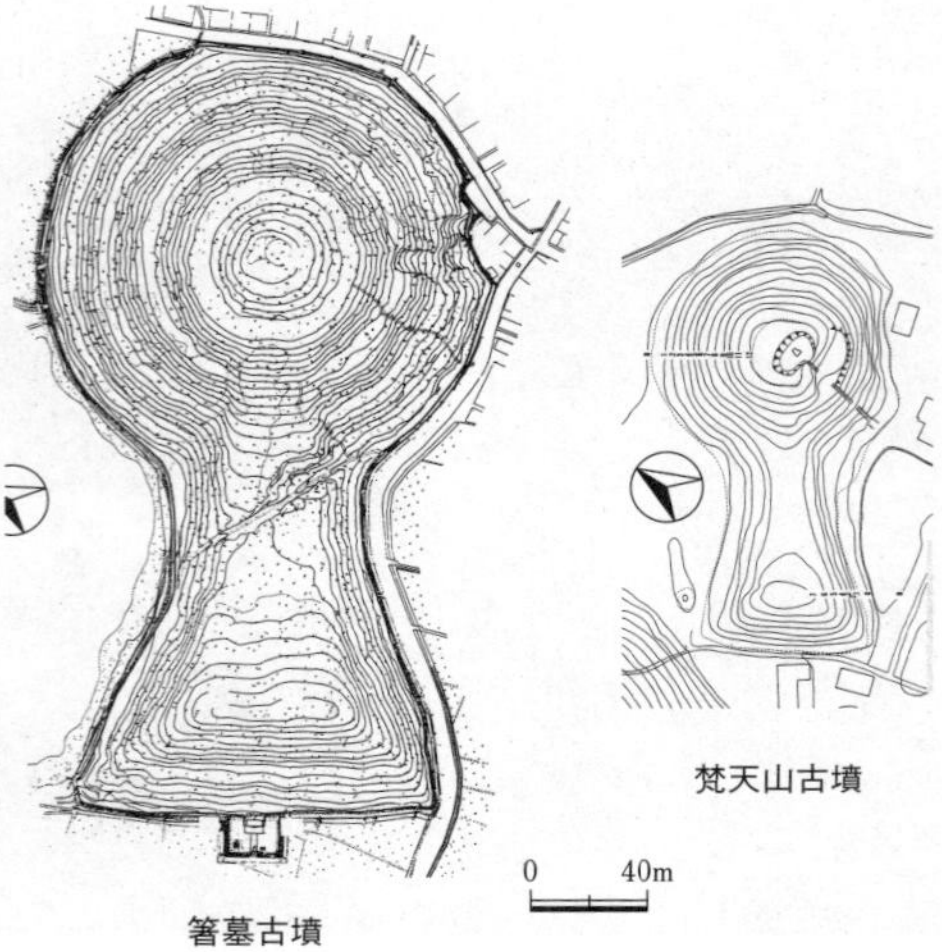

図2-3-2　箸墓古墳に近似する梵天山古墳
（近藤義郎編1991～2000より）

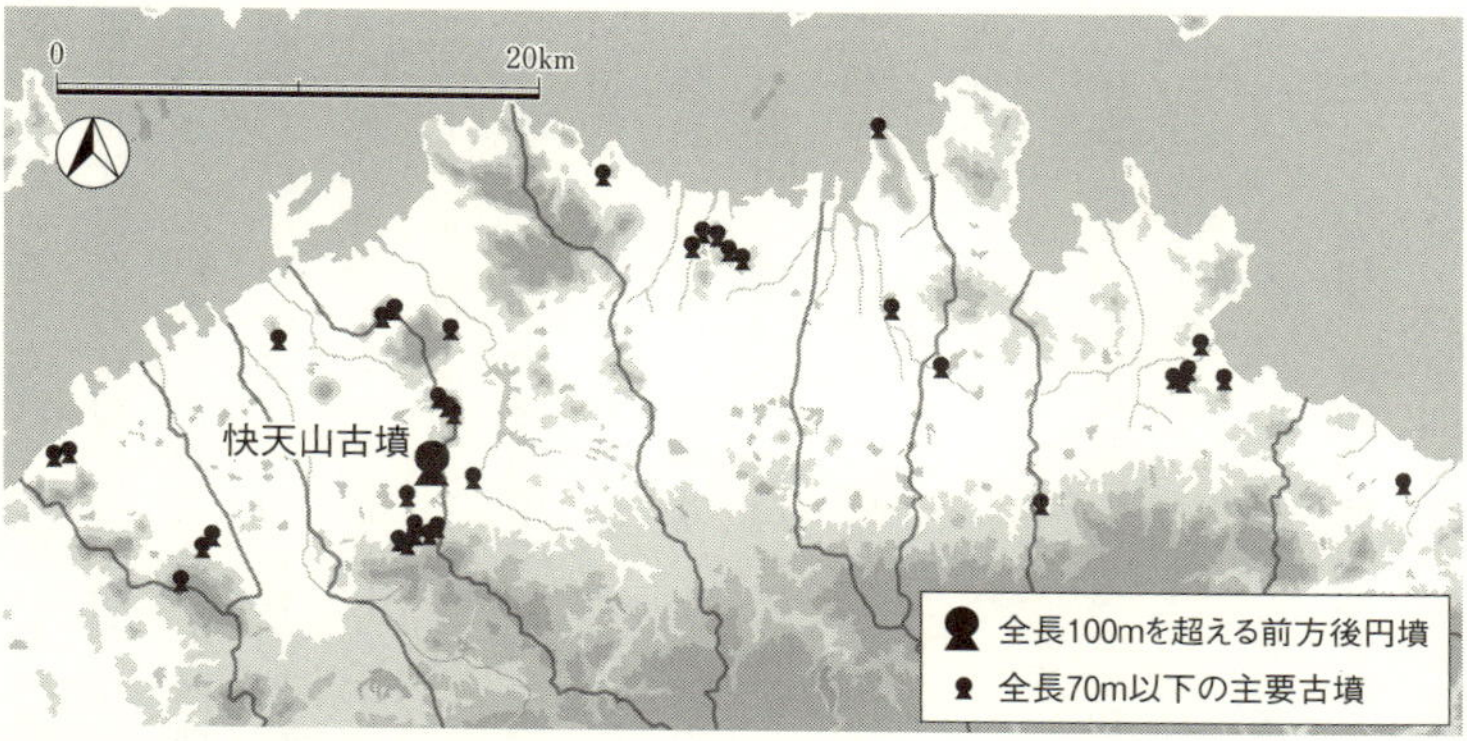

図2-3-3　讃岐の前期古墳の分布
（筆者作成）

全長一〇〇メートルを超える前期の大型前方後円墳は、のちに畿内となる地域に偏在する傾向を示し、それ以外の地域では上毛野（群馬県）・吉備（岡山県、ともに七基）、丹後（京都府北部、六基）、常陸（茨城県）・陸奥（福島・宮城県、ともに五基）、上総・武蔵（埼玉県・東京都、ともに四基）といった具合に地域的に偏る傾向をみせている。こうした大規模な前方後円墳が認められる地域では、同時期の小さな前方後円墳は基本的に認められない。

　小規模な前方後円墳が認められた地域では、律令制による郡かそれよりも小さな範囲を支配する小首長が倭王権の傘下に直接組み込まれていたことを示すと考えられる。一方、大規模な前方後円墳が認められる地域は、大首長を頂点とする地域内の身分秩序が確立していたか、あるいは広域の政治連合が存在し、地域の小首長は政治連合を介在して倭王権と政治的盟約を結んでいたことを示していると考えられる。また、古墳時代全般を通じて大規模な前方後円墳が乏しい地域は、讃岐（図2-3-3）や阿波（徳島県）、播磨（兵庫県）、近江（滋賀県）、紀伊（和歌山県）、伊賀（三重県）、伊勢（三重県）といった畿内周辺地域や出雲（島根県）、筑紫（福岡県）である。これらは、集落の規模や分布密度から、弥生時代に有力な地域勢力が存在したと考えられる地域であり、また、のちに倭王権を支える有力な構成員となる紀氏などの豪族の本拠地に当たる。こうしたことから、これらの地域に大規模な前期古墳が認められないのは、有力首長の不在を示すのではなく、有力首長は倭王権の構成員と地域の大首長という二つの顔をもち、王権と自らの本拠地の双方に関わっていたため、本拠地ではなく畿内にその墳墓を造営した可能性が考えられよう。

このように前方後円墳の分布や規模からは、首長の支配領域のほかに、倭王権内における地位の高さが想定されるだけでなく、それぞれの地域社会の様子や政治的な秩序の整備状況がみえてくるのである。なお、小首長の領域は、律令制の郷の単位に近いという指摘がなされる場合があり、大首長層の領域や小集団が連合して代表者を擁立した集団の領域は、のちの国や郡の範囲に近いという指摘もある（広瀬和雄　二〇〇三）。この点については、話を進める中で、何度か取り上げる。

地域を従える倭王権

中期（五世紀）以降になると大和と河内の前方後円墳が極端に大型化し、二〇〇メートルを超えるものも複数現れる。その一方で、それ以外の地域では前・中期古墳で認められた首長墓の系譜が断絶したり、一〇〇メートルを超える前方後円墳を造っていた地域でも、規模の縮小が認められるようになる。これは、大和と河内の勢力が突出した力をもち、地域の首長を従えたことを示している（図2-3-4）。

おそらく、発足間もない倭王権は、その存立基盤は不安定であり、地域の有力首長層の力を無視することができなかったと考えられる。そのため、有力者には大規模な前方後円墳の築造を認めただけでなく、大首長の古墳造営を支援したのだろう。それが奈良盆地の古墳とよく似た形の古墳や埴輪が各地で認められる理由であろう。では、なぜ中期以降になると大和と河内の前方後円墳が突出することになるのだろうか。それは、倭王権の中心である畿内の勢力が、各地域の首長を支配下に置いたことを意味している。この時期、奈良盆地や河内平野の古墳の副葬品から他地域よりも突出した量・内容の鉄製品や舶載鏡（中国由来の鏡）が出土している。こうした副葬品は、大陸や半島からもたらされた富であり、このことは倭王権がそれらをほぼ独占的に入手していたことを示す証拠となる。富の独占と豊富な鉄製品を入手したことが、倭王権の権力獲得につながったのである。

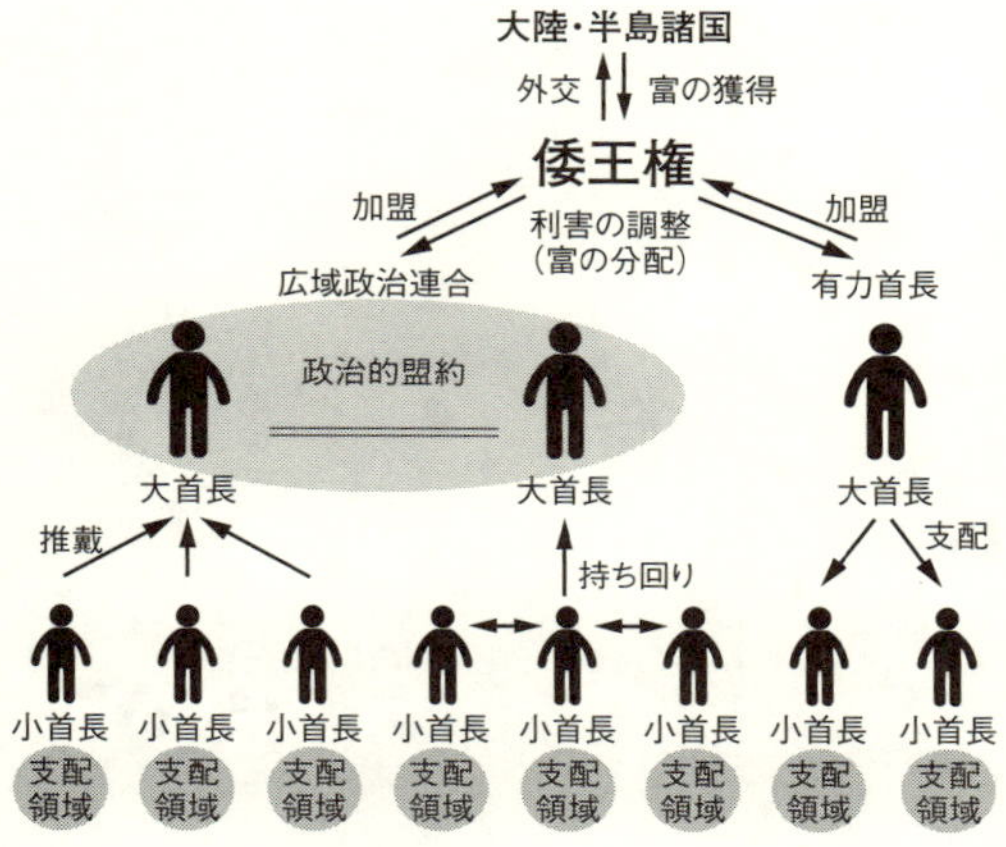

図2-3-4　倭王権の構造
（筆者作成）

　前章でも述べたように、首長の大きな役割の一つが集団間の利害調整である。倭王権も調整機能が期待され、各地の有力勢力により推戴されるわけであるが、調整とはすなわち、利益配分の決定権を得ることでもあり、それを繰り返すことにより周囲を従わせる力を得たのである。五世紀は、倭の五王が積極的に中国や朝鮮半島の国々に接触した時代であったと想定されている。そのため、倭王権の役割も外国との調整が大き

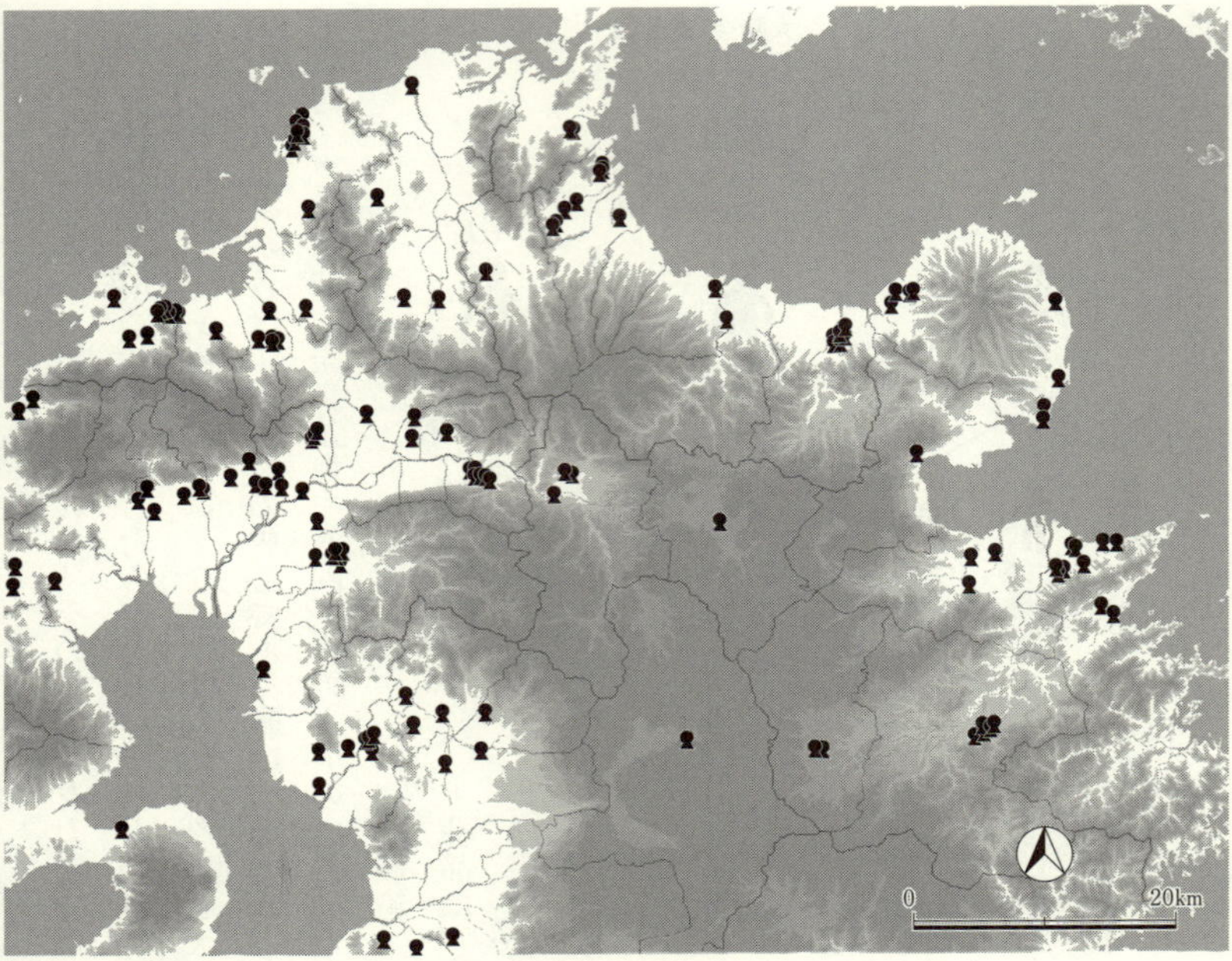

図2-3-5　九州北部の主要古墳の分布と古代の郡境
（筆者作成）

なウェイトを占めるようになった。外国との交渉は、時に戦争へとつながることもあったが、多大な富をもたらすとともに、中国の皇帝から将軍位を拝領するなど、海外でも通用する権威も得た。こうしたことが、倭王権の力を飛躍的に高め、地域勢力を屈服させるに至ったのだろう。

以下では、前方後円墳の分布から地域における社会的・政治的領域の範囲についてみていく。なお、古墳時代は前・中・後・終末期に区分され、弥生時代と同様、それぞれの実年代については議論があるが、おおまかな目安として前期は三世紀後半から四世紀、中期は五世紀、後期は六世紀、終末期は七世紀をイメージしていただければよい。

北部九州の弥生集落と古墳の分布、古代の郡

古墳時代前期から弥生時代の集落や墓の分布から推定される集団の領域単位で、古墳が発生し、展開することが知られる。このことをまずは九州の事例からみていこう（図2-3-5）。

佐賀平野では弥生時代中・後期の王墓や大規模な集落の分布から、律令制の郡とほぼ等しい範囲に、地域勢力の領域が認められる。そして古墳も、その領域単位で展開していることから弥生時代中期以来の勢力範囲が古代へと継承されている可能性が指摘できる。ちなみに佐賀平野に置かれた古代の郡は、東から基肄《きい》、養夫《やぶ》、三根《みね》、神埼《かんざき》、佐嘉《さが》、小城《おぎ》、杵島《きしま》の七郡である。

基肄郡では古墳時代中期に全長約八三メートルの剣塚《つるぎづか》古墳（佐賀県鳥栖市）が造られたのを皮切りに、全長約六〇メートルの庚申堂塚《こうしんどうづか》古墳（同）、全長約七〇メートルの岡寺古墳（同）といった前方後円墳が連続して造られている。養夫郡、三根郡では前期前半に全長約三五メートルの西一本杉古墳（同吉野ヶ里町）が造られた後、中期には瓢箪塚《ひょうたんづか》古墳（同）や

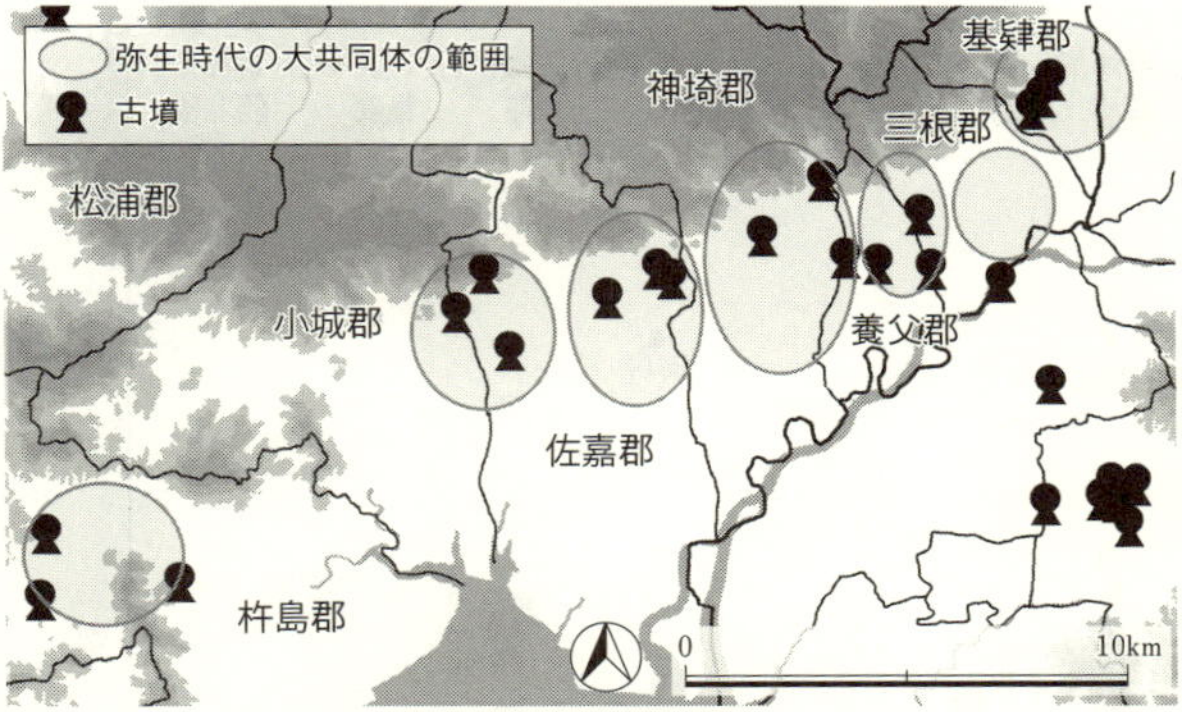

図2-3-6　佐賀平野の弥生集落と古墳の分布
（寺沢薫2000をもとに筆者作成）

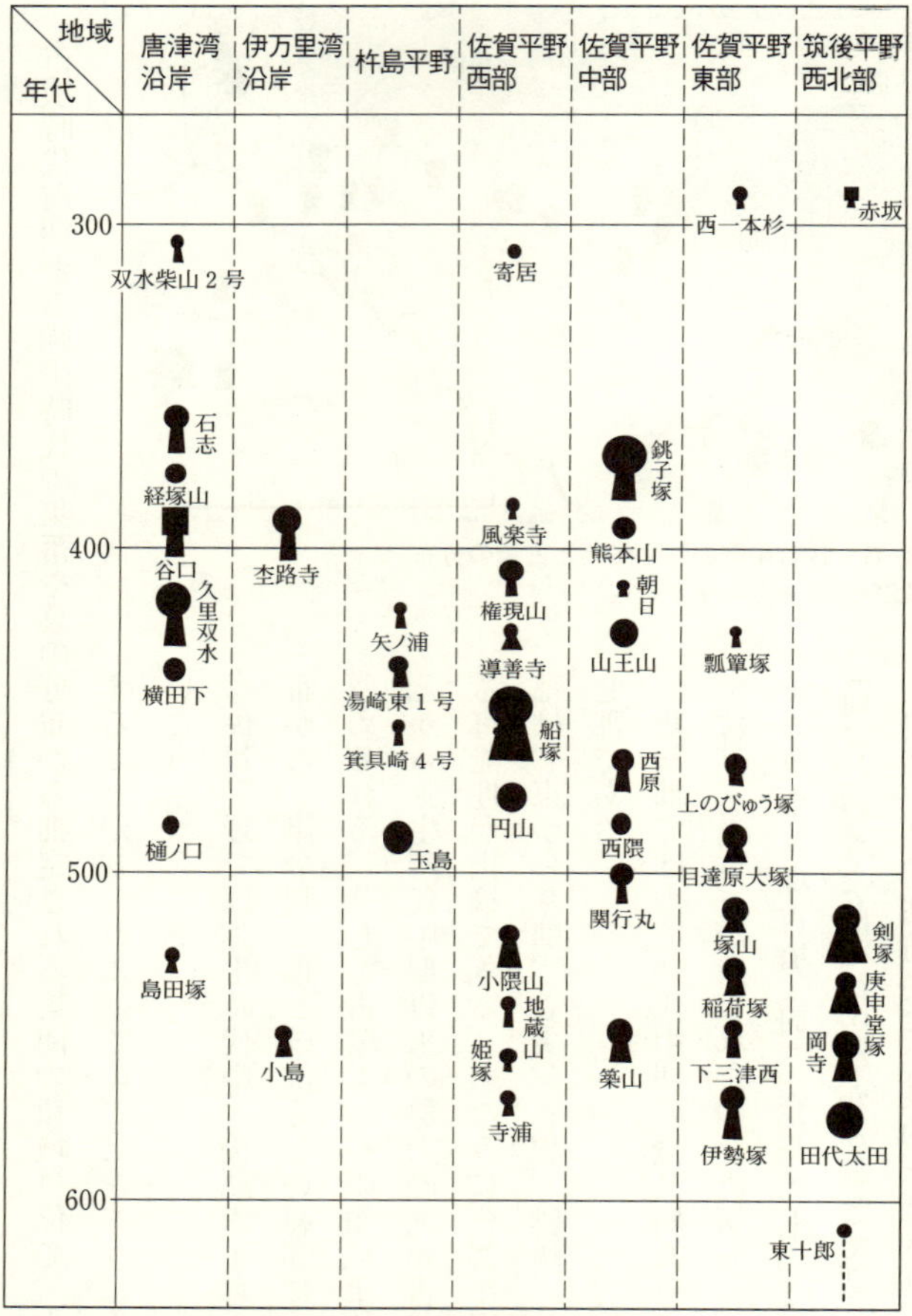

図２−３−７　佐賀平野における古墳の変遷
（高木恭二「西部（佐賀・熊本）」『古墳時代の研究10』雄山閣1990より）

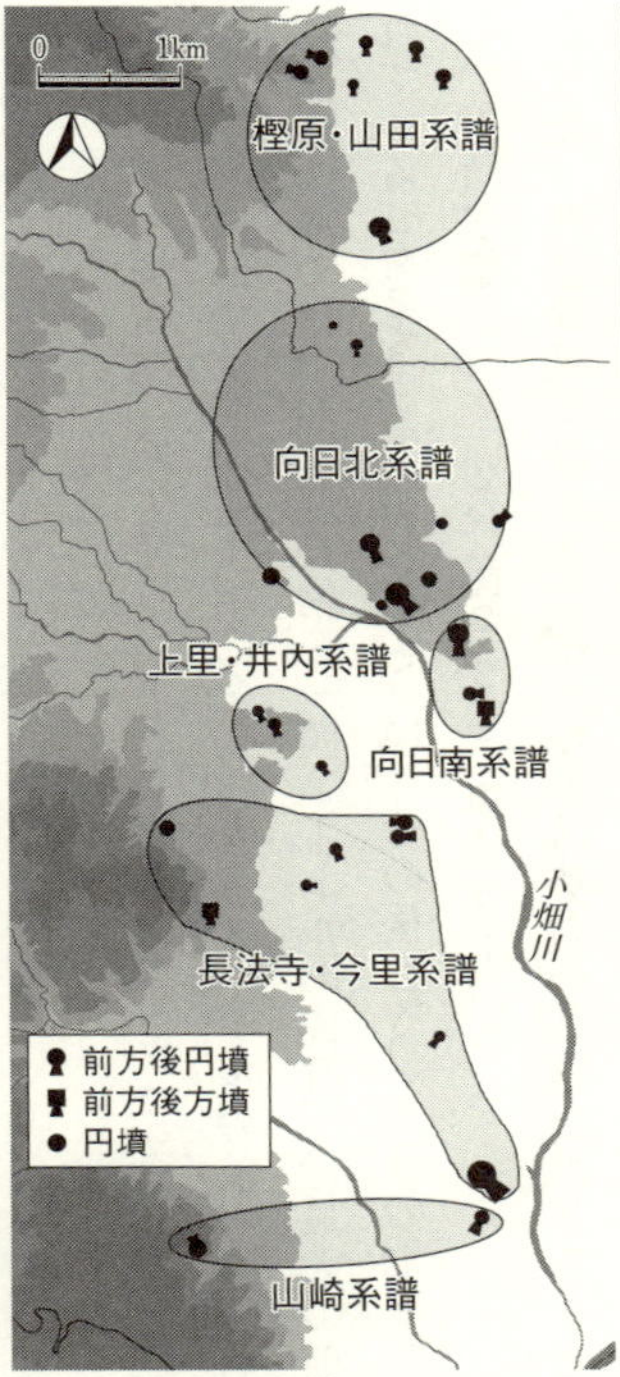

図2-3-8　乙訓地域の古墳
（京都府教育委員会『乙訓古墳群調査報告書』2015をもとに筆者作成）

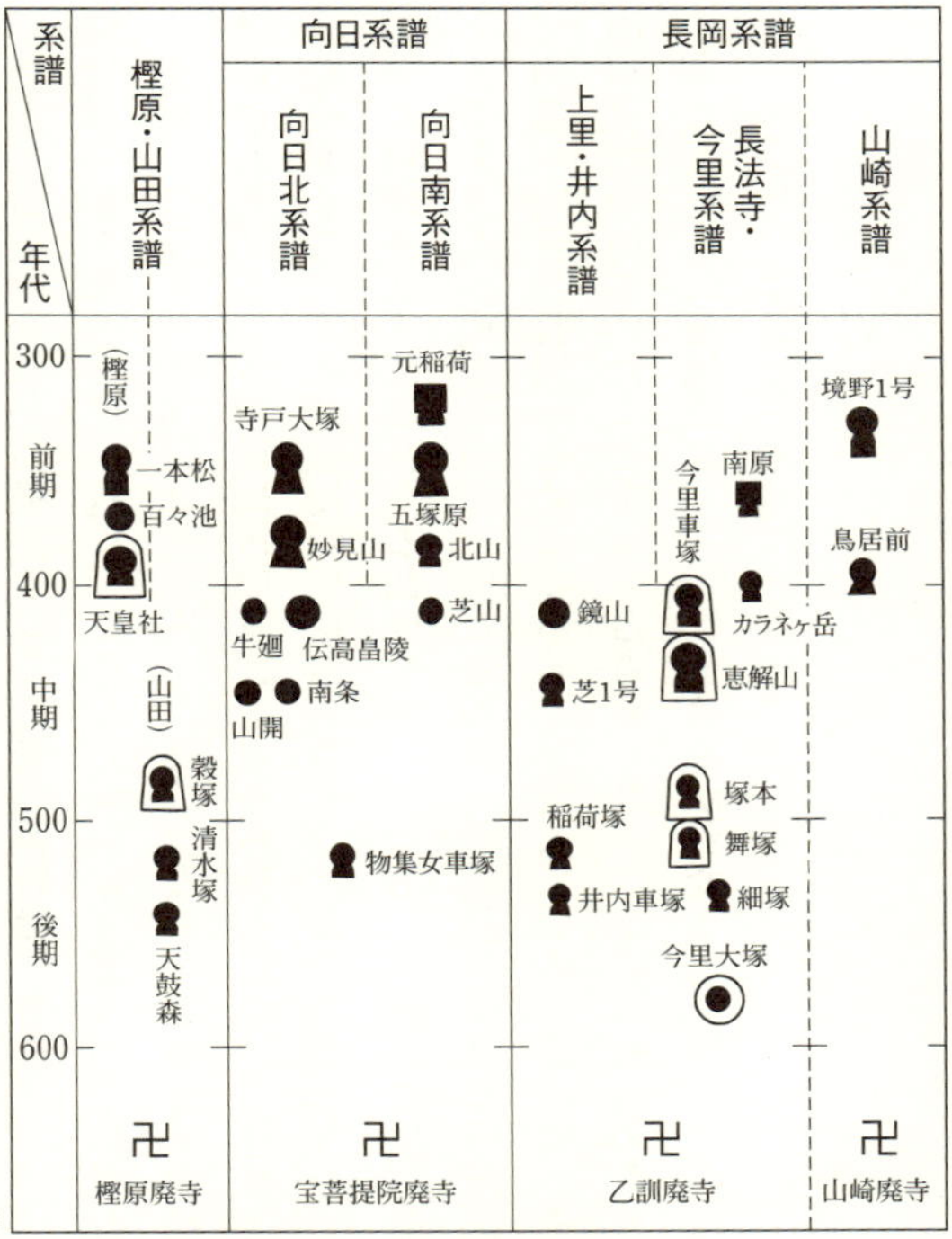

図2-3-9　乙訓における古墳の変遷
（都出比呂志2011より）

上のびゅう塚古墳（同上峰町）など五〇メートルクラスの前方後円墳が継続的に造られている。神埼郡と佐嘉郡東部では、前期後半に全長約九八メートルの前方後円墳である銚子塚古墳《ちょうしづか》（佐賀市）が造られ、佐嘉郡西部では中期に全長約一一四メートルの佐賀平野最大の前方後円墳である船塚古墳《ふなづか》（同）が築かれている。図2-3-7で示したように、その後もそれぞれの地域で規模や墳形こそ変化するものの、継続して古墳が築かれている（図2-3-6、図2-3-7）。

また、豊後地域では、より細かな地域勢力の系譜をたどることができる。豊後は律令制では八郡であったが、古墳の分布から推定される首長の系統は、各郡において複数系統、認めることができ、この単位は律令制の郷の範囲に近く、こうした傾向は北部九州全体でも認められそうである。

なお、こうした動向は九州に限った話ではない。京都府大山崎町から京都市にかけて分布する乙訓古《おとくに》墳群がある。乙訓古墳群は古墳時代前期から後期にかけて連綿と築かれた首長墓群であり、その時期や分布範囲から、六系統前後の首長の系譜をたどることができる。また、これらの首長を代表する大首長の墓は場所を変えて点在する傾向を示している。具体的には、前期前半には向日《むこう》丘陵にこの地域ではひときわ大きな古墳が造られていたものが、前期後半には樫原《かたぎはら》地区に移動し、中期になると長岡へ、そして山田、向日、長岡へとめまぐるしく移動している。これは、それぞれの地域の首長が輪番制で大首長の地位についていたことを示すと考えられる。このことはのちの乙訓郡という領域が古墳時代前期から中期のあいだに形成され、古代に引き継がれたことを示しているのである（図2-3-8、図2-3-9）。（コラム「前方後円墳と国家」参照）

二　常陸の国造と前方後円墳

均質的な社会における前方後円墳の出現

前節では弥生時代に形作られたそれぞれの領域の中で首長墓が展開していく様子を確認し、その領域が律令制で規定された郡や郷（里）とほぼ同じであることを指摘した。ただし、例示したのは弥生時代に首長が誕生し、その領域やパワーバランスがある程度確立していたと考えられる北部九州と畿内の事例である。

二章でみたように、弥生社会の成熟度は、西が先進的で東はややそれに遅れている。とくに、関東では環濠集落や方形周溝墓といった西日本にみられる要素を取り入れることにより、周辺の集落よりも大規模で西日本的な文化をもつ集落とそうでない集落との差が明確化している地域もあれば、集落が均質的であり突出したリーダーの存在が認められない地域など多様なありかたを示している。ここで注目したいのが、均質的な社会の中から首長がどのようにして生まれ、そしてそのことが以前の文化領域にどのような影響を与えたのかということと、首長の領域が律令制の国や郡とどうつながっていくのかという点である。

国造本紀

『先代旧事本紀《せんだいくじほんぎ》』という史料がある。全一〇巻からなり、天地開闢《てんちかいびゃく》から推古朝までの歴史を記している。その成立は大同年間（八〇六〜八一〇）以後で、延喜四年（九〇四）に宮中行事として行われた『日本書紀』の講義である日本紀講筵《にほんぎこうえん》以前と考えられている。内容のほとんどは、『古事記』『日本書紀』『古語《こご》拾遺《しゅうい》』の内容をつぎはぎしたものであるが、中にはこれらの史料にみられない独自の内容も含まれており、現存しない史料も参考として編纂されたようである。

この『先代旧事本紀』の第一〇巻は「国造本紀《こくぞうほんぎ》」である。国造《こくぞう・くにのみやつこ》とは、六世紀後半ごろから七世紀中ごろにかけて、倭王権により任命された地方官と考えられている。飛鳥時代中ごろ以降は、彼らはそれぞれの地域の名誉職として、祭祀を司ることになるが、当初は倭王権に服属あるいは連合した地域の有力首長が任命されたようである。

「国造本紀」の冒頭には、「神武天皇の東征に功績のあった者を褒めて、国造に定められた。また、逆らう者は誅し、県主《あがたぬし》を定められた。これが、国造・県主の由来である」とある。そして、東征の水先案内をつとめた椎根津彦命《しいねつひこのみこと》を大倭《やまと》国造（大和直《やまとのあたい》の祖）としたことをはじめ、功臣を大和とその周辺地域の国造としたと伝える。さらに、三人の臣《おみ》を選び各地に遣わして、各地の有力首長を審査し、功績のある者を国造としたとある（表2-3-10）。

ここにみえる国造は、令制国の名前と合致するものと令制国よりも小さい地域名と合致あるいは類似するものとに区分できる。この領域の大小は、古墳時代における各地の政治的領域の範囲を反映してい

国造名	読み	初代国造	氏族	令制国	支配領域	初代国造の任命時期及び六国史等の記述
(大倭国造)倭国造	やまと	椎根津彦	倭直	大和国	大和国中部	神武朝
闘鶏国造	つげ	—	都祁直		大和国東部	允恭紀2年2月14日
葛城国造	かずらぎ	剣根命	葛城直		大和国西部	神武朝
凡河内国造	おおしこうち	彦己曽保理命	凡河内忌寸	河内国	河内国	神武朝
山城国造	やましろ	阿多振命	山代直	山城国	山城国	神武朝
山背国造	やましろ	曾能振命			山城国	成務朝
伊賀国造	いが	武伊賀都別命	阿保君	伊賀国	伊賀国	成務朝
伊勢国造	いせ	天日鷲命	伊勢直	伊勢国	伊勢国	神武朝
島津国造	しまづ	出雲笠夜命	島直	志摩国	志摩国	成務朝
尾張国造	おわり	小止與命(小止与命)	尾張連	尾張国	尾張国	成務朝
三河国造	みかわ	知波夜命		三河国	三河国西部	成務朝
穂国造	ほ	菟上足尼			三河国東部	雄略朝
遠淡海国造	とおつおうみ	印岐美命		遠江国	遠江国西部	成務朝
久努国造	くの	印幡足尼	久努直		遠江国東部	仲哀朝
素賀国造	すが	美志印命			遠江国北部	神武朝
珠流河国造	するが	片堅石命	金刺舎人	駿河国	駿河国東部	成務朝
廬原国造	いおはら	思加部彦命	庵原君		駿河国西部	成務朝
伊豆国造	いず	若建命	伊豆君のち日下部直	伊豆国	伊豆国	神功皇后朝
甲斐国造	かい	鹽海足尼		甲斐国	甲斐国	景行朝
相武国造	さがむ	弟武彦命	漆部直	相模国	相模国東部	成務朝
師長国造	しなが	意富鷲意彌命			相模国西部	成務朝
胸刺国造	むなさし	伊狭知直		武蔵国	?	成務朝
无邪志国造	むさし	兄多毛比命	(笠原直)		武蔵国(秩父除く)	成務朝
知々夫国造	ちちぶ	知知夫彦命			武蔵国北西部	崇神朝
須恵国造	すえ	大布日意彌命	末使主	上総国	上総国南部	成務朝
馬来田国造	うまくた/まくた	深河意彌命			上総国中西部	成務朝
上海上国造	かみつうなかみ	忍立化多比命	檜前舎人直		上総国中西部	成務朝
伊甚国造	いじむ/いじみ	伊己侶止直	(稚子直)		上総国東部	成務朝
武社国造	むさ	彦忍人命	牟邪臣		上総国北東部	成務朝
菊麻国造	くくま/きくま	大鹿国直			上総国北西部	成務朝
阿波国造	あわ	弥都侶岐命	大伴直大瀧	安房国	安房国西部	成務朝
長狭国造	ながさ	—			安房国東部	古事記
千葉国造	ちは	—	大私部直	下総国	下総国南部	『日本後紀』延暦24年10月8日
印波国造	いんば	伊都許利命	丈部直		下総国中部	応神朝
下海上国造	しもつうなかみ	久都伎直	他田日奉部直		下総国東部	応神朝
新治国造	にいばり	比奈羅布命	新治直	常陸国	常陸国西部	成務朝
筑波国造	つくば	阿閉色命			常陸国南部	成務朝
茨城国造	いばらき	筑紫刀禰	壬生直		常陸国中部	応神朝
仲国造	なか	建借馬命	壬生直		常陸国東部	成務朝
久自国造	くじ	船瀬足尼			常陸国北中部	成務朝
高国造	たか	彌佐比命	岩城直		常陸国北部	成務朝
道口岐閉国造	みちのくちのきへ	宇佐比刀禰			常陸国北端	応神朝
淡海国造	おうみ	大陀牟夜別		近江国	近江国西部	成務朝
安国造	やす	—	安直		近江国南東部	古事記
額田国造	ぬかた	大直侶宇命			近江国北東部	成務朝

表2-3-10　国造一覧
(筆者作成)

国造名	読み	初代国造	氏族	令制国	支配領域	初代国造の任命時期及び六国史等の記述
三野前国造	みののさき／みののみちのくち	八瓜命	三野直	美濃国	美濃国中西部	開化朝
本巣国造	もとす	―	三野本巣直		美濃国中西部	古事記
牟義都国造	むげつ	―	牟義都君		美濃国北中部	古事記
三野後国造	みののしり	臣賀夫良命	三野後直		美濃国東部	成務朝
斐陀国造	ひだ	大八埼命	斐陀(国造)	飛騨国	飛騨国	成務朝
科野国造	しなの	建五百建命	科野直	信濃国	信濃国	応神朝
上毛野国造	かみつけの	彦狭島命	上毛野君	上野国	上野国	崇神朝
下毛野国造	しもみつけの	奈良別	下毛野君	下野国	下野国(那須除く)	仁徳朝
那須国造	なす	大臣命	那須直		下野国北部	景行朝
道奥菊多国造	みちのおくのきくた	屋主乃禰(屋主刀禰)		陸奥国	陸奥国南部	応神朝
道口岐閉国造	みちのくちのきへ	宇佐比刀禰				応神朝
阿尺国造	あさか	比止禰命	丈部直		陸奥国南部	成務朝
思国造	おもし	志久麻彦			陸奥国北部	成務朝
伊久国造	いく	豊島命			陸奥国中部	成務朝
染羽国造	しめは	足彦命			陸奥国南部	成務朝
浮田国造	うきた	賀我別王			陸奥国南部	応神朝
信夫国造	しのぶ	久麻直			陸奥国南部	成務朝
白河国造	しらかわ	鹽伊乃己自直	のち那須直が郡領		陸奥国南部	成務朝
石背国造	いわせ	建彌依米命			陸奥国南部	成務朝
石城国造	いわき	建許呂命	石城直		陸奥国南部	成務朝
若狭国造	わかさ	荒礪命	膳臣、稚桜部臣	若狭国	若狭国	允恭朝
三国国造	みくに	若長足尼		越前国	越前国北東部	成務朝
角鹿国造	つぬが	建功狭日命	角鹿直		越前国南西部	成務朝
加我国造	かが	大兄彦君		加賀国	加賀国中部	雄略朝
加宜国造	かが	素都乃奈美留命	道君(公)			仁徳朝
江沼国造	えぬま	志波勝足尼	江沼臣		加賀国南部	反正朝
能等国造	のと	彦狭島命	能登臣	能登国	能登国北部	成務朝
羽咋国造	はくい	石城別王	羽咋君(公)		能登国南部	雄略朝
伊彌頭国造	いみづ	大河音足尼	射水臣	越中国	越中国	成務朝
久比岐国造	くびき	御戈命		越後国	越後国西部	崇神朝
高志国造(越国造/古志国造)	こし	市入命	越君		越後国中部	成務朝
高志深江国造	こしのふかえ	素都乃奈美留命			越後国北部	崇神朝
佐渡国造	さど	大荒木直	大荒木直	佐渡国	佐渡国	成務朝
但遅麻国造	たじま	船穂足尼	但馬君(公)	但馬国	但馬国東部	成務朝
二方国造	ふたかた	美尼布命			但馬国西部	成務朝
稲葉国造	いなば	彦多都彦命	因幡(国造)	因幡国	因幡国	成務朝
波伯国造	ははき	大八木足尼	伯岐造	伯耆国	伯耆国	成務朝
出雲国造	いずも	宇迦都久怒命	出雲臣	出雲国	出雲国	出雲大社社家崇神朝
石見国造	いわみ	大屋古命		石見国	石見国	崇神朝
意岐国造	おき	十挨彦命		隠岐国	隠岐国	応神朝
針間国造	はりま	伊許自別命	針間直、佐伯直	播磨国	播磨国北部	成務朝
針間鴨国造	はりまのかも	市入別命			播磨国東部	成務朝
明石国造	あかし	都彌自足尼			播磨国南東部	応神朝
大伯国造	おおく	佐紀足尼		備前国	備前国東部	応神朝
上道国造	かみつみち	多佐臣	上道臣		備前国南東部	応神朝
三野国造	みぬ	弟彦命	三野臣		備前国南西部	応神朝

国造名	読み	初代国造	氏族	令制国	支配領域	初代国造の任命時期及び六国史等の記述
下道国造	しもつみち	兄彦命(稲建別)	下道臣	備中国	備中国中部	応神朝
加夜国造	かや	中彦命	香夜臣		備中国東部	応神朝
笠臣国造	かさのおみ/かさ	笠三枚臣	笠臣		備中国南東部	応神朝
吉備中県国造	きびのなかつあがた	明石彦	三使部直		備中国東部	崇神朝
吉備穴国造	きびあな	八千足尼		備後国	備後国北部	景行朝
吉備品治国造(吉備風治国造)	きびのほむち	大船足尼	品治君		備後国南部	成務朝
阿岐国造	あき	飽速玉命	阿岐凡直	安芸国	安芸国	成務朝
大嶋国造	おおしま	穴委古命		周防国	周防国大島	成務朝
波久岐国造	はくき	豊玉根命			周防国北部	崇神朝
周防国造	すおう	加米乃意美	周防凡直		周防国東部	続紀文武4年10月26日応神朝
都怒国造	つぬ	男嶋足尼	角臣		周防国西部	仁徳朝
穴門国造	あなと	速都鳥命	穴門直	長門国	長門国西部	景行朝
阿武国造	あむ	味波波命	阿牟公		長門国東部	景行朝
紀国造(紀伊国造)	き	天道根命	紀河瀬直	紀伊国	紀伊国西部	神武朝
熊野国造	くまの	大阿斗足尼	熊野直		紀伊国東部	成務朝
淡道国造	あわじ	矢口足尼	淡道凡直	淡路国	淡路国	仁徳朝
粟国造	あわ	千波足尼	粟凡直	阿波国	阿波国北部	応神朝
長国造	なが	韓背足尼	長直		阿波国南部	成務朝
讃岐国造	さぬき	須賣保禮命	讃岐公、佐伯直	讃岐国	讃岐国	応神朝
伊余国造	いよ	速後上命	伊余凡直	伊予国	伊予国南部	成務朝
久味国造	くみ	伊與主命	久米直		伊予国中部	応神朝
小市国造	おち/おいち	子致命	小市直		伊予国東部	応神朝
怒麻国造	ぬま	若彌尾命			伊予国北部	神功皇后朝
風速国造	かぜはや	阿佐利	風早直		伊予国中部	応神朝
都佐国造	とさ	小立足尼	都佐凡直	土佐国	土佐国中部	成務朝
波多国造	はた	天韓襲命	波多君		土佐国西部	崇神朝
筑紫国造	つくし	日道命	筑紫君(公)	筑前国	筑前国・筑後国	継体紀21年9月3日成務朝
筑志米多国造	つくしのめた	都紀女加命	筑紫米多君	肥前国	肥前国東部	成務朝
豊国造	とよ	宇那足尼	豊直	豊前国	豊前国北部	成務朝
宇佐国造	うさ	宇佐都彦命	宇佐公		豊前国東部	神武朝
国前国造	くにさき	牟佐自命	国前臣	豊後国	豊後国北部	成務朝
大分国造	おおいた/おおきだ	—	大分君		豊後国東部	火国造と同祖
比多国造	ひた	止波足尼			豊後国西部	成務朝
火国造	ひ	遅男江命	肥君	肥後国	肥後国中部	崇神朝
松津国造	まつつ	金連		肥前国	肥前国東部か	仁徳朝
末羅国造	まつら	矢田稲吉命			肥前国北部	成務朝
葛津国造(葛津立国造)	ふじつ(ふじつたち)	若彦命			肥前国西部	成務朝
阿蘇国造	あそ	速瓶玉命	阿蘇君	肥後国	肥後国北東部	崇神朝
葦分国造	あしきた	三井根子命	葦北君(阿利斯登)		肥後国南部	敏達紀12年7月1日景行朝
天草国造	あまくさ	建島松命			肥後国天草	成務朝
日向国造	ひゅうが	老男	諸県君	日向国	日向国	応神朝
大隅国造	おおすみ	伏布	大隅直	大隅国	大隅国(種子島除く)	仁徳朝
薩摩国造	さつま	—	阿多君	薩摩国	薩摩国	仁徳朝
壱岐国造(伊吉島造)	いき	上毛布直	壱岐直(島造)	壱岐国	壱岐国	崇神朝
多褹島造	たね	—		大隅国	大隅国(種子島)	

る可能性がある。そして、国造の分布と前方後円墳の分布をみくらべてみると、古墳時代の政治的領域が具体的にみえてくる。弥生時代には集落間の格差が認められず、かつ明確な階層差が認められない、のちに常陸国となる地域を例に挙げてこのことをみていくこととする。

常陸の国造と郡

　のちに常陸国となる地域は、弥生時代には環濠集落や方形周溝墓は認められず、集落も均質的で個々の集団は自立的で、結合は緩やかであったと考えられる。また、弥生時代後期には北部を中心に十王台《じゅうおうだい》式土器が認められる。一方、南部は上稲吉《かみいなよし》式土器の分布圏となっているが、集落密度は低く本格的な開発は古墳時代になってから進められるようである。

「国造本紀」には新治《にいばり》国造、筑波《つくば》国造、茨城《いばらき》国造、仲《なか》国造、久自《くじ》国造、高《たか》国造がみえる。それに対し、律令制による郡は新治郡、筑波郡、茨城郡、那賀《なか》郡、久慈《くじ》郡、多珂《たか》郡、真壁《まかべ》郡、河内《こうち》郡、信太《しのだ》郡、行方《なめかた》郡、鹿島郡がある。『常陸国風土記』によると、このうち、行方郡は白雉四年（六五三）に茨城郡の八里と那賀郡の七里を割き分立され、鹿島郡は大化五年（六四九年）に、下総国海上《うなかみ》国造の領域である軽《かる》野《の》以南の一里と、那賀国造の領域である寒田《さむた》以北の五里を別けて神郡を置いたことにより設置されたとある。信太郡は『釈日本紀《しゃくにほんぎ》』によると白雉四年に茨城郡と筑波郡からそれぞれ七〇〇戸を割いて分立、真壁郡、河内郡は筑波郡から分立されたとある。のちに分立されたと伝えられるこれらの郡を除くと、国造の名前と郡名が完全に一致することになる。このことから、常陸国とはもともと六つの国造の領域からなっていたと推定される。

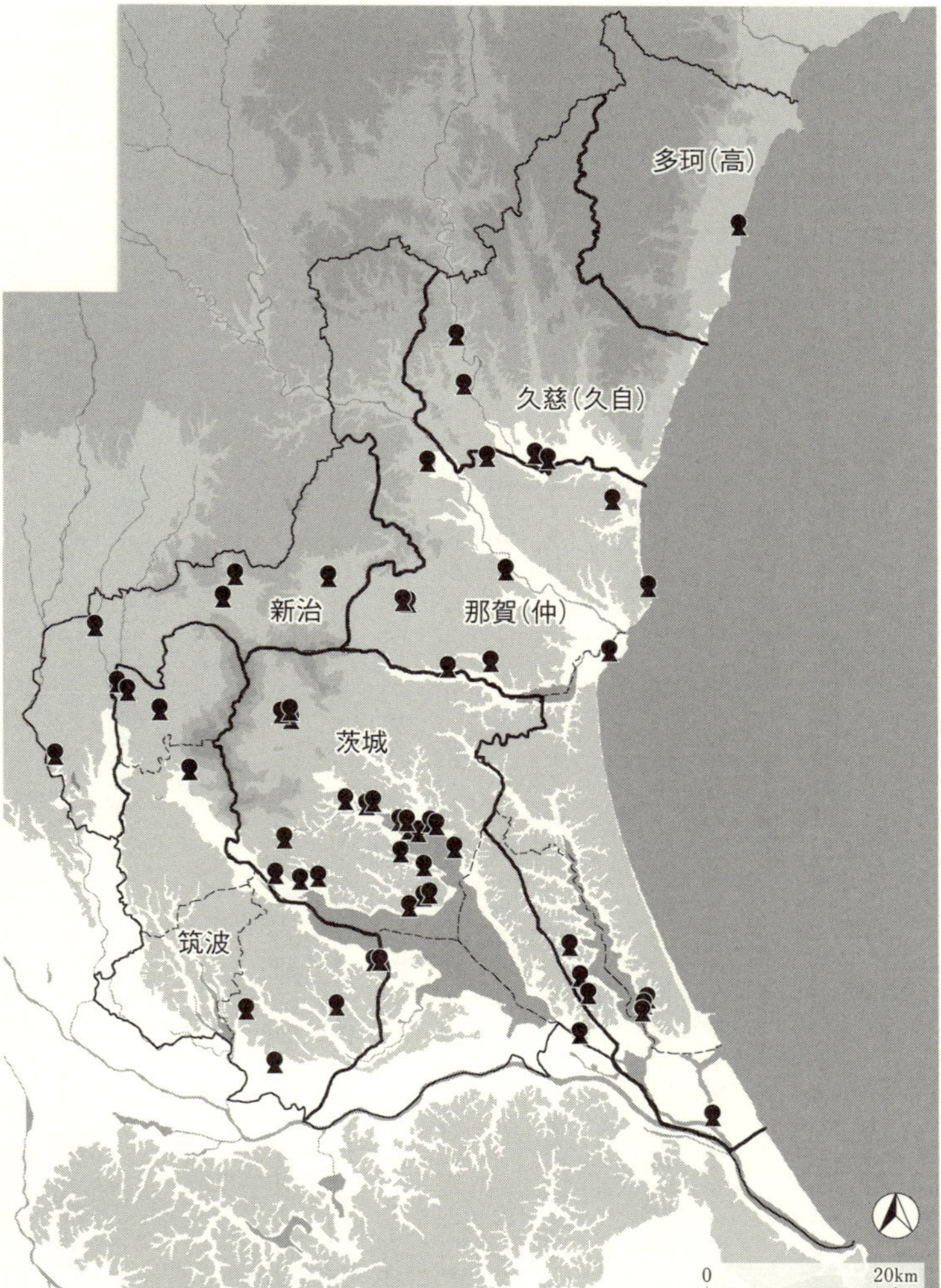

図2-3-11　常陸の古墳の分布と国造の領域
(筆者作成)

また、常陸の前方後円墳は古墳時代前期以降、いくつかのグループに分けられ、のちの時代の国造の勢力範囲の中で、それぞれ展開しているようにみえる。では、それぞれの国造の領域を意識しながら、この地域の前方後円墳の展開についてみていこう（図2-3-11）。

未開の地から交通の要衝へ　茨城国造と筑波国造の領域

令制国常陸を象徴するのは、香取海とよばれた霞ヶ浦である。この湖に注ぎ込む河川は周辺の土地を潤し、湖そのものも太平洋航路の重要な寄港地であった。ところが、霞ヶ浦沿岸地域は弥生時代にはあまり開発が進められていなかったようで弥生時代の集落は少ない。この地域の開発は、古墳時代前期になってからで、そのころから霞ヶ浦に流れ込む河川に沿って集落が形成されるようになる。そして、これらの集落からは東海系の土器の出土が目立つことから、東海からの移住者が開発を主導した可能性がある。古墳の築造は前期中ごろからであり、六〇メートル級の前方後円墳や前方後方墳が盛んに造られるようになる。

これらの古墳は河川流域ごとに分布しており、それは中・小規模の首長が河川の流域単位で存在した可能性を示している。これは先にみた弥生時代の水田開発の動向と同様に、水を得やすい低地ごとに、開発が進められたことを示している。それが中期になると様相が一変する。

恋瀬川流域に全長約一八六メートルの舟塚山《ふなつかやま》古墳（茨城県石岡市）が築造され、それに後続して全長約九七メートルの府中愛宕山古墳（同）が造られる。このことは、河川単位で存在した中・小首長の統合が進められ、そうした集団が一人の大首長を生み出したか、あるいは倭王権から首長が派遣された可能性が考えられる。霞ヶ浦に面するこの地域が水上交通の要衝であることが、こうした大規模な前方後円墳の出現に深く関係していると考えられ、太平洋を利用した海上交通の活発化がこの地域の重要性を高めることになったのだろう。奈良時代以降、鹿島神や香取神が中央からも篤く祀られているが、これも海上交通との関係が考えられる。

巨大化した前方後円墳の被葬者は、六世紀後半の茨城国造につながる人物であった可能性も指摘されているが、断定に至るまでの根拠はない。それというのも、古墳時代後期になるとこの地域の首長墓は規模を次第に縮小し、場所を霞ヶ浦沿岸へ、そして園部川河口付近に移動するからであり、そのあいだに首長の交替が行われた可能性も考えられるからである。ただし、後期にはのちの茨城郡の範囲の中で、前方後円墳が展開しているようであり、そうした点では舟塚山古墳が築造されたころには、茨城郡につながる領域が形成されたとみることができよう。

それに対し、桜川流域では、中流域に前期に桜塚古墳（同つくば市）が出現して以降、山木古墳（同）、土塔山《どとうやま》古墳（同）といった首長墓の系譜を把握することができるが、恋瀬川流域のような巨大化は認められない。これらの古墳はのちの筑波国造の領域に当たるわけであるが、律令制下ではその領域は先にみたように、細かく分割される。

交通の要衝に現れる巨大前方後円墳　新治国造の領域

桜川をさかのぼった新治郡のあたりの古墳は霞ヶ浦沿岸とはまったく様相が異なっている。この地域の弥生時代集落も常陸の他の地域と同様、大規模なものは認められず、方形周溝墓もみられない。そのことからのちの郡域をまとめ上げるような大首長の存在は認め難く、小規模な集団が独自性をもって林立しているような社会だったと考えられる。ところが、古墳時代になると突如として全長約一四〇メートルの前方後円墳である葦間山《あしまやま》古墳（茨城県筑西市）が造られる。それに続くのが全長約一二〇メートルの長辺寺山《ちょうへんじやま》古墳（同桜川市）である。

この地域は、律令制下では下野国に接し、かつ桜川を下れば霞ヶ浦に出るという水陸交通の結節点に当たるが、少なくとも弥生時代にはそうした地理的な価値は発見されておらず、古墳時代になってから、それが発見されたのだろう。そして、それをみいだしたのは、複数の地域をみわたすことができる広い政治的な視野をもった勢力、具体的には倭王権であった可能性が考えられる。新治に限らず、交通の要衝には弥生時代にさしたる勢力が確認できなくとも、大規模な前方後円墳が出現することが各地で認められる。これは、倭王権が国家としての紐帯を強めるために、交通の要衝を重視し、その地域の首長を厚遇あるいは新たな首長を派遣したためと考えられる。二章でみたように、交通上の重要地点とは、外部社会との交流により発見されるものであり、それは時に他地域の人間によりみいだされるのである。

なお、この地域でも古墳時代中期中葉以降は大規模な古墳はみられなくなる。

外部から来た王の墓か―久自国造の領域

のちに久慈郡とよばれる地域には、福島県と栃木県の県境にある八溝山《やみぞさん》から太平洋に注ぎ込む久慈川が流れている。弘仁三年（八一二）には、東海道駅路と東山道駅路の連絡道が造られるなど、交通上、重要な意味をもっていた。しかし弥生時代までは、集落の数は多いものの大規模な集落は認められず、突出した勢力は存在していなかったと考えられる。

そうした場所に関東最大の前期前方後円墳である梵天山《ぼんてんやま》古墳（茨城県常陸太田市）が造られている。久慈川河口から一〇キロの地点にあるこの古墳は、全長約一六〇メートルでその形は奈良県桜井市の箸墓古墳にも類似しており、古墳時代前期でも早い段階の築造と考えられる。また近接して全長一〇〇メートルの星神社古墳もあり、そこに用いられた埴輪は畿内のものとよく似ている。星神社古墳が造られた後に梵天山古墳が造られたと考えられるが、いずれにせよ弥生社会とのあいだには断絶がみられ、二つの古墳に顕著に認められる外来的な要素は、この古墳の被葬者が、よそから来た首長である可能性を想起させる。

ここでも古墳時代中期以降、大規模な古墳が造られなくなる。

仲国造・高国造の領域

那珂川河口部、太平洋に面する場所には全長約一〇三メートルの日下ヶ塚《ひさげつか》古墳（茨城県大洗町）がある。前期後葉の築造で、木棺の中から多数の滑石製模造品が出土したことでも知られる。中期には全長約一三六メートルの愛宕塚古墳（同小美玉市）が那珂川中流域に造られるが、この地域でも後期以降、古墳は衰退している。多珂郡域では顕著な前方後円墳は認められず、六世紀後半に全長約四三メートルの琵琶墓《びわばか》古墳（同高萩市）がみられる程度である。

なお、こうした常陸における前方後円墳の出現は、東北の古墳の展開とも密接に結びついている。先にみたように弥生時代、東北への西の文化の伝播は、もっぱら日本海ルートを通じてなされてきたようだが、古墳時代前期には福島県浜通りや仙台平野など、太平洋に面した地域で古墳時代前期に前方後円墳や前方後方墳が出現し、中期には福島県中通りにも分布するようになる（図2-3-12）。もちろん、日本海ルートも引き続き利用されていた形跡があるのだが、古墳時代における倭王権と東北との交流は常陸

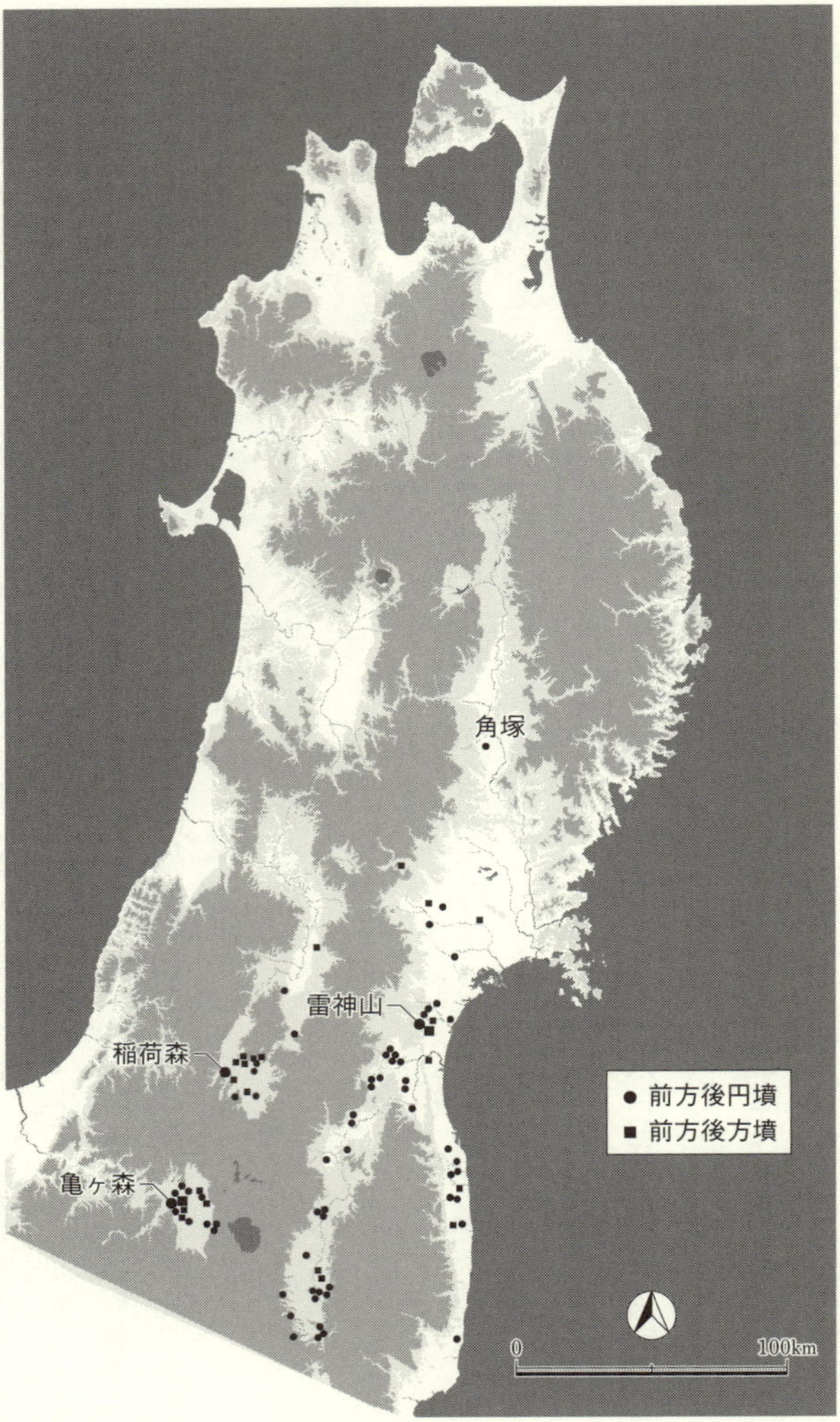

図2-3-12　東北における古墳の分布
（筆者作成）

を経由した太平洋ルートが用いられていたようである。このことは、奈良時代の国家による東北経営にも引き継がれ、古代国家における常陸の政治的な役割にもつながっていく。

国造と前方後円墳

常陸国の古墳は「国造本紀」にみられる国造の勢力範囲内で、古墳の展開が認められ、それはのちの律令制による郡の単位にもつながっていく。弥生時代の開発がさほど行われていなかったと考えられる茨城国造の領域では、中規模の古墳が河川に沿って出現するなど、河川流域単位で首長が生まれ、それが舟塚山古墳の出現をもって、のちの郡につながる地域が確立するようである。こうした小規模集団が分立している中から大きな勢力が現れるという流れは、弥生時代の西日本でみた流れとよく似ている。

それに対し、新治や久慈地域では、前期の段階で突如として大型前方後円墳が出現している。この地域は弥生時代には人びとの営みがあった地域だが、大勢力が現れる素地は認められておらず、大型前方後円墳の被葬者が地域の中から成長してきたとは考えにくい。それにもかかわらず奈良盆地の前方後円墳によく似た巨大前方後円墳が現れているということは、倭王権の強い関与があったと考えられよう。そして、両地域が地域の枠を越えた広域交通網の要衝であることからすると、出現の背景には倭王権による地域編成と交通網の整備が関係していると考えられる。そして、いずれの地域も古墳時代中期以降になると次第に大規模な古墳を造らなくなる。このことは丹後をはじめとする他の地域でも認められるものであり、倭王権の権威の向上により、首長の地位が相対的に低下したためと考えられる。

このように常陸では、弥生社会の中から、いかにのちの郡につながるような単位が生まれたかを、考古学の成果と文献史料の双方から把握することができる。一方は、西日本でもみられたように首長の成長により、段階的に広い領域が形成されたと考えられる茨城郡などの地域、もう一方は、外部社会の強力な後押しにより、突如として大首長が生まれた新治や久慈の地域である。このように、古墳時代の首長の領域形成には、それぞれの地域における内的な要因によるものと、倭王権といった外的な要因によるものの二者があったと考えられる。ただ、ここで一つ問題が残る。それは、後者の場合、国造の支配領域がいかにして決定されたかという点である。均質的な地域社会を形成していた常陸地域に設定された国造の支配領域とは、果たして伝統的な地域コミュニティーの枠組を継承したのか、あるいはそれとは無関係に政治的な意図で設定されたのか。この問題は、有力な勢力が存在するか否かとは関係なしに、境界とは継承されるものなのか、それとも政治により境界は変更されるものなのかを知る上で重要である。この問題については、常陸国という令制国の成立の問題にも関わるので、章を改めて述べる。

三　よそ者を受け入れる

外の世界からやってきた首長

二〇一四年、榛名山の北東約八・五キロの扇状地の先端部分にある群馬県渋川市金井東裏《かないひがしうら》遺跡で甲冑を身にまとった人骨が出土した。六世紀初頭の榛名山の噴火による火山灰層から出土したこの人骨は、

図2-3-13　甲を着た古墳人
（金井東裏遺跡出土、公益財団法人群馬県埋蔵文化財調査事業団提供）

四〇代の男性で身長は一六四センチ。人骨の近くからは、この人物の持ち物と考えられる鉄製の矛やもう一つの甲と約二〇本の鉄鏃などが出土している。また、この人物のほかにも首飾りをした女性と、幼児と乳児の計四体の人骨がみつかった（図2-3-13）。

榛名山に向かい、両膝をつき、うつぶせに崩れ落ちた格好でみつかった甲冑の人物は、噴煙を上げる榛名山の怒りを鎮めるための祈りの最中に、妻と二人の子とともに被災し、命を落としたのではないかという憶測が、発見当初から語られてきた。このことの可否は別にして、この人骨はじつに多くのことを物語っている。

最も多くの注目を集めたのが「この人物は何者なのか」である。発見当初は甲冑を身にまとっていることから武人であるとされていたが、甲冑の形態や持ち物を詳しく調べてみると、相当の身分の人物だったと考えられるに至っている。身にまとった甲は厚さ一ミリほどの短冊状の鉄板を八〇〇から一〇〇〇枚ほど紐で綴った、当時、最先端のものであり、周辺からみつかった鉄矛や鉄鏃には鹿角製の飾りや骨製の丸玉の装飾があり、これらは朝鮮半島の技術に由来する精巧なものであった。こうした遺物は、同時期の全長一〇〇メートルクラスの前方後円墳の副葬品に匹敵することから、この人物はこの地域の首長クラスの人物であることがわかったのである。そして、もう一つの驚きは、この人物がこの地で生まれ育った者ではなく、よそ者であったことである。

出土した頭蓋骨の形状から、この人物は面長で鼻が細い渡来系の形質があったことがわかっていたが、育った地域の地質が反映される歯のエナメル質に含まれるストロンチウム同位体からは、幼少期を現在の長野県伊那谷周辺で過ごした可能性があることがわかった。また首飾りをした女性は、鼻幅が広く顎がしっかりする東日本の在地の形質をもっているが、ストロンチウム同位体からやはり幼少期を伊那谷周辺で過ごした可能性があるという結果が示されたのである。つまり、この地を治めた首長とおぼしき人物は、よそ者であったのである。

金井東裏遺跡の首長と馬と鉄

また、金井東裏遺跡では当時の建物や畑、古墳など集落の一部や人や馬の足跡までそっくりそのまま火山灰にパックされていた。中でも注目されるのが、馬と鉄である。建物の周囲からは無数の馬の足跡、杏葉《ぎょうよう》とよばれる馬具もみつかっている。また、これ以外にも多数の鉄器と、鉄を加工する際に出る小さな鉄片も多量にみつかるなど、この付近で鉄製品が生産されていたことは疑いない。

馬は、四世紀後半ごろに大陸から乗馬の風習とともに本格的にもたらされたと考えられており、倭王権にとっても重要なものであった。そのことは、五世紀以降、畿内の古墳から出土する豪華な馬具類や馬の埴輪からも知られ、また、王権のお膝元である河内でも馬の飼育が行われていたことからも知られる。

古墳時代後期に馬の飼育が最も盛んだったのは伊那谷のある現在の長野県と、この遺跡が所在する群馬県だった可能性が高い。事実、平安時代に記された『延喜式《えんぎしき》』にみえる官営の牧場である御牧《みまき》の数は、信濃国が一六で上野国が九、武蔵国が四、甲斐国が三となっている。また、長野県飯田市では、茶柄山《ちゃからやま》九号墳で八基、宮垣外《みやがいと》遺跡で六基の馬の埋葬土坑がみつかっているのをはじめ、五世紀代の馬の埋葬例が三〇例ほど確認されており、伊那谷の古墳からは多量の馬具が出土することが知られている。

群馬県渋川市では、金井東裏遺跡以外の複数の遺跡でも古墳時代の馬の足跡がみつかっている。とくに白井北中道《しろいきたなかみち》遺跡でみつかった足跡の数は四万個にも及んでおり、古墳時代から大規模な馬の飼育が行われていたことがわかる。鉄器生産も大陸渡来の技術であり、国内における生産が活発化するのは五世紀以降であり、東日本での生産は六世紀で、西日本にやや遅れる。そうした中、金井東裏遺跡付近では五世紀後半には鉄器生産を行っており、当時最先端の技術を有する特別な集落であったことがわかったのである。

馬と鉄を取り扱う重要な集落に君臨したよそ者の首長。彼が、この地で確たる地位を得たのは、この集落そのものが、よそ者の集落であったからかもしれないし、馬と鉄の増産という政治的な意図により、彼と近親者のみが倭王権からこの地に派遣されてきたのかもしれない。金井東裏遺跡の成立は五世紀後半であり、このころに築造された二基の古墳もみつかっている。一方の古墳には、男女が埋葬されており、もう一方には男性が埋葬されていたが、ともに朝鮮半島に起源をもつと考えられる大刀などが副葬されていた。これらの古墳の被葬者と甲冑を着た人物との関係はどうなのかなど、集落の成り立ちを考えるのはなかなか難しい。

しかし、いずれにせよこの地域に最先端の文化や技術をもたらしたのは、よそ者であった。よそ者がもたらしたものにより、地域そのものが豊かになり、集団の安泰も保証されたのである。こうしたことが、よそからの首長を地域が迎え入れる大きな要因となったと考えられる。その一方でよそ者の首長も地域固有の生活文化には溶け込んでいたようである。金井東裏遺跡から出土した大量の土器のほとんどは、この地域に特有のもので、先に紹介した二基の古墳も群馬県内でみつかるものと同じ形態であり、そこには外来の要素は認められない。つまり、よそ者は生活様式を破壊することなく、それに溶け込んでいったようである。どうやら、地域文化とは、在来の文化を保持しながらも外来の文化を柔軟に受け入れ形成されるようなのである。

四　古墳時代の地域文化

広域政治連合と集団

先述したように弥生時代に誕生した首長どうしの政治的結合は、畿内において倭王権という一つの国家を生み出していった。それは、一人の大首長が他を服従させたものではなく、複数の大首長が、大王を推戴するという政治連合であったため、その構成員である各地の首長の支配領域は、首長の交替などの紆余曲折を経ながらも、領域としてはそのまま温存されたと考えられる。大王の大きな役割は、首長間の利害調整と外交にあった。大王がこうした役割を繰り返す中で首長どうしの序列、王権内における地位の固定化がなされた。それと同時にそれぞれの首長の支配領域が固定されるとともに、首長の序列に応じた重層的な境界が生まれた。それがのちの国や郡につながっていく境界の枠組みとなったのである。つまり、旧石器時代以来の「越え難き境界」で分けられた地域で生まれた小集団が、交流や抗争を繰り返すことにより、それらを包括する広域の政治連合が生まれ、そして、広域の政治連合を束ねる倭王権を生み出したのである。そこに、小集団―広域政治連合―国家という重層的な境界が生まれたのであり、その基本構造は、弥生時代と大差ない。変化したのは集団のありかたというより、政治レベルでの諸集団の関係であったり、首長層のありかたであり、それぞれの地域に根づいた集団の単位が解体・再編されることはなかったのである。

しかし、その一方で国家は、領域の安定的な統治のために、巨大な前方後円墳の分布にみえるように交通の要衝にいた首長を優遇したり、金井東裏遺跡のように外から首長を派遣したりして全国規模のネットワークを形成したようである。これは、地域社会に対する大きな政治的な介入であった。国家による地域への介入は地域社会に大きな影響を与えたと考えられる。やがて、社会は、次第に中央集権化への歩みを加速していく。ただし、それも基本的には、地域の枠組みを解体、再編するような動きではなく、首長どうしの結合など地域の政治的な枠組みや首長の勢力バランスをコントロールする方向で進められたと考えられる。

画一化の中の個性

本章は前方後円墳の話で終始してしまい庶民レベルの生活文化についてはほとんど語ることができなかった。もちろん、弥生時代で述べたように土器の形の違いなどの切り口からは、集団の個性の話ができるのだが、そうした違いよりも全国規模でみられる社会の均質化のほうが時代の特性をよく示している。都出比呂志によると古墳時代には、前方後円墳が分布する範囲において、

①石器に代わって鉄が広く流通し農耕具の刃先などにも用いられるようになったこと。
②これまで西と東では違いが認められた竪穴建物の平面形が方形に統一されること。
③カマドが普及すること。
④土器に個人用の器が定着したこと。
⑤農業祭祀などのありかたに共通性が認められるようになること。

といった生活様式の共通性が認められるようになると指摘している。

生活の道具はより便利なものが出現するとそれまでのものは消えていくし、稲作が普及し米が安定的に確保できるようになると食生活も変化し、それにともない器も変化する。つまり、弥生時代から始まった活発な地域間交流は、人びとの生活様式を画一化へと向かわせるのである。そのため、土器や石器などの暮らしの道具の形態には地域による大きな差異は認めにくくなる。

	豊前国仲津郡丁里（人）		筑前国嶋郡川辺里（人）		下総国葛飾郡大嶋郷（人）		御野国加毛郡半布里（戸）	
1	秦部	240	卜部	82	孔王部	546	秦人（部）	22
2	丁勝	50	肥君	78	私部	29	縣主（族）	17
3	狭度勝	44	物部	61	刑部	20	神人	4
4	川辺勝	33	葛野部	42	三枝部	7	縣造	3
5	古溝勝	15	大家部	25	長谷部	2	不破勝族	2
6	大屋勝	9	建部	19	礒部	2	守部	1
7	高屋勝	3	大神部	11	中臣部	1	穂積部	1
8	物部（首）	3	中臣部	11	日奉舎人	1	石部	1
9	車持君	3	搗米部	10	土師部	1	物部	1
10	鴨部	3	額田部	6	石寸部	1	生部	1
11	大神部	2	己西部	5	藤原部	1	敢臣族	1
12	宗形部	2	生君	5	大伴部	1		
13	阿射彌勝	1	許世部	3	壬生部	1		
14	墨田勝	1	宅蘇吉志	2				
15	孫田部勝	1	秦部	2				
16	門勝	1	難波部	2				
17	丁勝	1	宗形部	2				
18	高桑臣	1	出雲部	1				
19	膳臣	1	平群部	1				
20	男生部	1	財部	1				
21	春日部	1	許西部	1				
22	錦織部	1	吉備部	1				
23	莒部	1	宗我部	1				
24	刑部	1	久米部	1				
25	建部	1	娣生部	1				
26	中臣部	1	多米部	1				
27	日奉部	1	宇治部	1				
28	難波部	1						
29	矢作部	1						
30	家部	1						
31	津守	1						
		426		376		613		54

表2-3-14　奈良時代の戸籍にみる姓の内訳
（筆者作成）

しかし、今日においても地域によりさまざまな文化の違いが認められるが、生活道具などには大差はないだろう。このことは一部でも述べたように道具が同じだからといって、生活文化をはじめとする地域の文化が画一化されたことを示すものではない。むしろ、ここまでみてきたように首長の権威が高まるにつれ、それに率いられた集団は、古墳の築造や耕地開発など集団での労働奉仕を繰り返すことによりいっそう強固に結束するようになり、そのことがそれぞれの領域をより明確にしていくのである。こうした集団としての結束と個性の現れは、同族意識という形で現れる。

奈良時代の戸籍をみると特定の二〜三の姓が一つの里において大多数を占めていることがわかる（表2-3-14）。この要因はいくつかあり、集落の構成員が婚姻を繰り返すことにより血縁関係で結ばれていた場合、倭王権から特定の職や役割を与えられ集団として奉仕していたことの名残である場合、血のつながりはなくとも、たとえば共通の祖先伝承をもつことなどを根拠に、社会的に同族であることを認め合った場合（擬制的同族関係とよばれる）などがある。いずれもが、古墳時代以来の長年にわたる集団での行動が同じ姓をもつ者の集住という状況を生み出したのである。言い換えれば、奈良時代の里とは基本的には、古墳時代の集団の枠組みをそのまま踏襲したものであった。

話を地域のことに戻そう。文化領域と政治的領域とは概念はまったく異なるが、弥生時代の政治的領域が文化領域の中から生まれてきたことからすると、それを踏襲した古墳時代の政治的領域も文化領域と強い関係をもっていたと指摘できよう。しかも集団間の交流が弥生時代以上にますます重要になっていることからすれば、先に紹介した喜兵衛島の製塩や上野、伊那谷の馬の飼育などのような、地域の環境に依存した地域の固有の生業が発展し、その地域特有の文化がより顕在化したことが想像される。

コラム　よそ者をあがめる文化

マレビト信仰という言葉をご存じだろうか。「マレビト」とは外部からの来訪者のことであり、国文学や民俗学などさまざまな分野で偉大な足跡を残した折口信夫《おりぐちしのぶ》により提唱された学術用語である。折口によると、日本の各地に見知らぬ来訪者に宿舎や食事を提供して歓待する風習があり、それは異人を異界の悪霊から村を守ってくれる神とする思想に根源をもつものであり、これを「マレビト信仰」とよんでいる。

このマレビト信仰に直接つながるものではないかもしれないが『古事記』『日本書紀』などの史料には、よそ者が地域社会に大きな影響を及ぼしている事例が多く認められる。最も代表的な事例は、記紀が初代の天皇とする神武天皇その人であり、宮が置かれた大和の地からすれば、神武天皇は九州から来たよそ者だった。また、諸国の風土記にも大和から派遣され、地域を支配した人物の話もあれば、各地をさまよう神の話など、さまざまなよそ者が登場する。彼らは、恭しく迎え入れた者には幸福をもたらすが、排除しようとした者には災いを及ぼしている。

その具体的な事例として『常陸国風土記』にみえる話を紹介しよう。

昔、諸国の神々のもとをめぐっていた神が富士山を訪れたとき、富士の神は収穫祭の最中なのでその神の宿泊の頼みを断った。断られた神は、富士の神に年中、霜や雪を降らせ人が登れなくさせるといい残し、その場を去った。その神がのちに筑波の神を訪れたとき、筑波の神は収穫祭の最中であったにもかかわらず、その神を迎え入れ、酒食をもって丁重にもてなした。

それから富士山には雪が降り積もるようになった。そのため人が登ることができなくなりお供えもされなくなってしまった。一方、筑波山は絶えず人が集まり、賑わいが今でも絶えることがない。

こうした話は、各地にたくさん残っており、このような民間伝承から、仏教説話などさまざまな内容のものがあり、そこによそ者を受け入れあがめる文化をみることができる。よそ者は集団に対し、時に大きな利益をもたらすこともあれば、逆に災いをもたらすこともあるからである。しかし、そのいずれであってもよそ者を認識するということ自体が、集団としての結束の裏返しなのであり、そこに地域社会の性質の一端をみることもできる。

コラム　前方後円墳と国家

前方後円墳の出現をどう理解するか

前方後円墳には、さまざまな地域の墓制が取り入れられている。たとえば、その特殊な形態は弥生時代の近畿で認められる円形周溝墓に、周濠が途切れる部分である陸橋がついた形態に起源を求める見方がある。しかし、墳丘に並べられた埴輪の起源は、吉備で生まれた特殊器台《とくしゅきだい》が祖型となっており、葺石は近畿の弥生時代の墓には認められず、徳島や香川県の積石墓、山陰で認められる四隅突出型墳丘墓に認められる積み石や貼石に起源をもつという見方がある（図2-C3-15）。竪穴式石室も阿波などでみられる石囲木槨《いしがこいもっかく》に起源を求める見方があるなど、その起源は単純ではないどころか、さまざまな地域の墳墓の要素を組み合わせ新たに創出したようなのである。

つまり前方後円墳からみえる倭王権とは、弥生時代の諸勢力の中からいずれかの集団が突出した力をもって各地を制圧したのではなく、有力な勢力どうしが政治的に結びつき、その中から一人の王を推戴する連合政権だったのである。そして、巨大前方後円墳が最初に出現する大和の地が、政治連合の中心であったと考えられるのである。

図2-C3-15　特殊器台
（西山遺跡出土、岡山県古代吉備文化財センター提供）

国家の役割と境界

国家の最も大きな役割とはその構成員間の利害の調整と、外部の集団との調整を行うことである。弥生時代（二部二章）でみたように、時代が進むにつれ戦争が盛んに行われた。それは、集団どうしの利害をめぐる争いであり、力による解決を図ったために起こったのである。国家は、そうした事態を招かないよう、それぞれの集団の利害を調整し集団の領域を定めていくことになる。それによって、それまで紛争の種になっていた集団間の境界が政治的に固定化されるのである。

古墳時代の国家は、そうした調整を繰り返すうちに次第に力をつけていき、他の集団を支配していくようになる。首長間の利害の調整をするためには、相応の権威が必要となるし、対外交流により得た富の配分を行う権限を有することは、富を求める者とのあいだに上下関係が生まれるのは必定であった。そうしたことが大王と畿内の有力豪族との連合政権による地方支配へとつながっていくのである。

コラム　古墳時代の交通路と古代の道路網─道による国土の把握

七道駅路

七世紀の終わりごろ、都である飛鳥と全国各地を結ぶ広域道路網が建設された。七道駅路《しちどうえきろ》とよばれることにある。この道路網は、東海道駅路、東山道駅路、北陸道駅路、山陰道駅路、山陽道駅路、南海道駅路、西海道駅路の七路線からなり、総延長は約六三〇〇キロにも及ぶ。また、この道路網の最大の特徴は、道幅が最低でも六メートル、多くは一〇メートル前後と幅広であり、かつ直線を強く指向していることにある。

この道路が造られたころは、中央集権体制が整った時期と考えられ、作道の目的は、中央と地方拠点を最短距離で結ぶことにより、互いの情報伝達をスムーズに行うことや、道路を基準とした土地区画を行ったり、道路の走行方向と長さを測ることによって国土を把握したりするというさまざまな目的があったと考えられる。さらに、道路の沿線にはのちの国府や郡家につながる役所などが配置され、そうした地方行政を担う役所と都とを結ぶ役目も果たしていた。また、正式な使者の休憩所・宿泊所である駅家《うまや》が約一六キロ間隔で置かれていた。

駅路と古墳

西海道駅路が通過する日田盆地をはじめとする九州山間部の盆地には前方後円墳が点在している。それはあたかも西海道駅路沿いに古墳を造ったかのようである。もちろん、古墳が先であり、駅路が後から造られているので、それはありえない。しかし、前方後円墳は、交通の要衝に造られる場合が多く、しかも人びとにみせることを強く意識している。造られたころの前方後円墳は葺石により覆われており、埴輪によって囲まれていた。その姿はみる人に威圧感を与え、亡き首長の権力の大きさをみせつけただろう。そうした意味もあって、築造された場所は人びとが行き交う水陸の交通網を意識

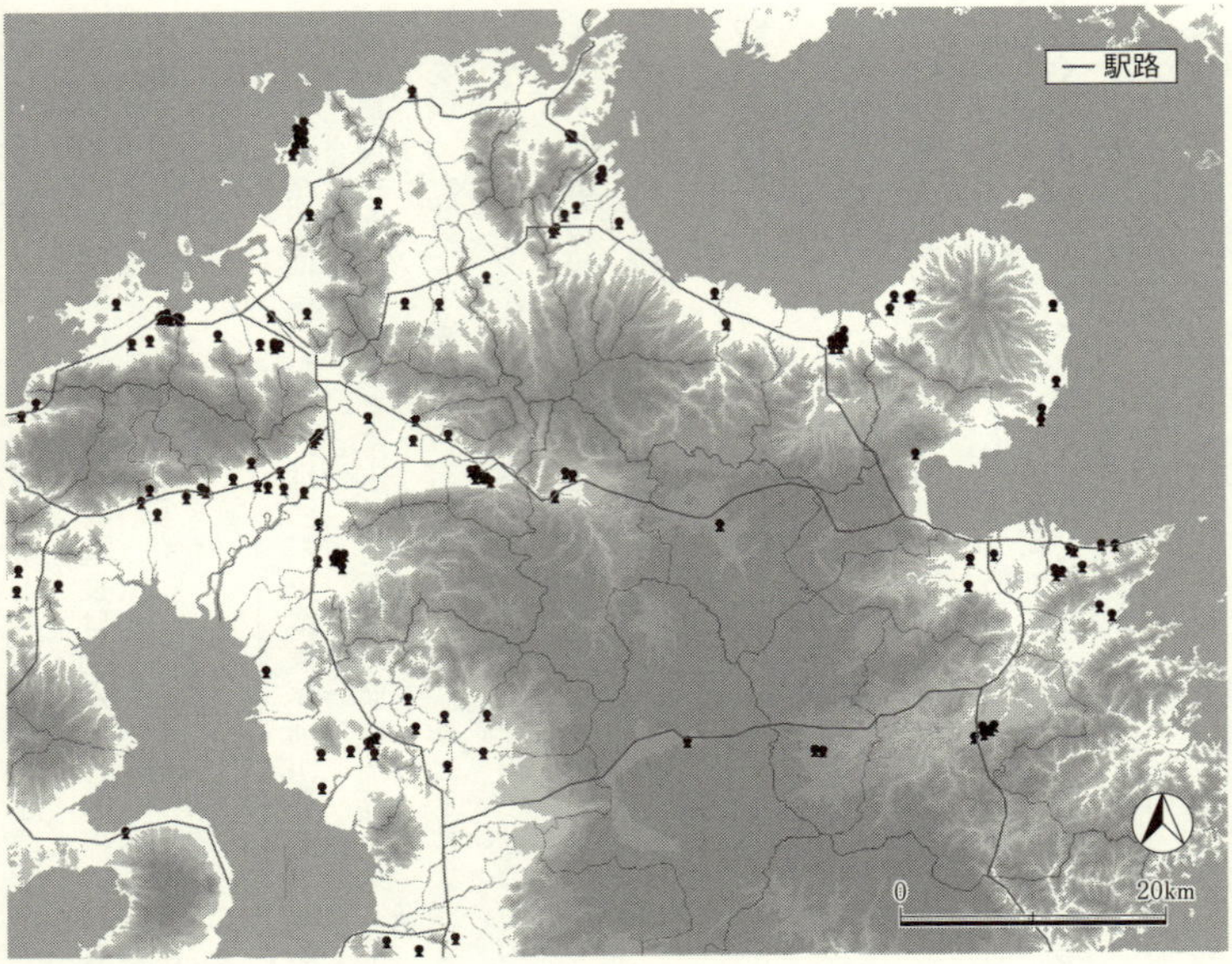

図2−C3−16　九州の古墳と駅路
（筆者作成）

したと思われる（図2–C3–16）。

そうに考えると、七道駅路とは古墳時代の道路網をベースとして、それを直線的に整備し直したものである可能性が浮かび上がる。そして、それは、古墳時代の交通の要衝と古代のそれとは共通することを示している。もちろん、駅路は都と地方拠点とを最短で結んでいるので、古墳時代の首長の本拠地をすべて通過しているわけではない。あくまでも、古墳時代の数ある道路の中から、都との距離が最短となり、かつ複数の地方拠点を合理的に接続することができる路線を選択して、直線的に付け替えたということである。それを実現するためには、古代国家が七道駅路敷設以前に、相当程度、国土すなわち国のかたちを把握していなければならない。そして、ここまでみてきた常陸国の事例、たとえば新治郡や久慈郡に突如として現れる巨大前方後円墳などからすると、国家による国土の把握は古墳時代前期にまでさかのぼる可能性も考えられるのである。

四章　受け継がれた境界——古墳時代から古代へ

一　古代国家と地域社会

かすみゆく地域社会

一章で述べたように、日本列島の地域文化の研究を進める上で、最もそれが読み取りにくくなるのが古代である。研究の主題が古代国家成立に置かれることが多く、また、飛鳥時代以降は『日本書紀』の記述の具体性が高まり、ほぼ史実を語っていると評価されるために、書紀の文脈に従って歴史を理解しようとする傾向が強い。『日本書紀』は、天皇を頂点とし畿内の有力豪族がそれを推戴して政治を行うという七世紀の国家支配の成り立ちを、神話の時代から叙述することによって、書紀編纂時の社会秩序の正当性を示すことに重きを置いている。そのため、記述そのものも中央史観に彩られ、各地域に関する記載も社会がどのような経過を経て倭国の支配に取り込まれたのかという一面的なものになっており、文献から地域文化の継承、変化、他地域との連携をうかがうことは難しい。

また、先述したとおり古墳時代以降の考古学研究の関心も国家形成に集まっており、地域の特色を取り上げ、広い範囲で比較検討するような研究は全般的に低調である。もちろん、支配者層の墓が前方後円墳に統一されるなど、実際に地域の際立った個性が認めにくくなるという事実もある。古代も古墳時代と同様、遺構や遺物は、列島規模で均質化する。

ただ、このことをもってこれまで確認できた豊かな地域文化そのものが滅びたわけではない。そして、この時代になると『万葉集』に掲載された東歌《あずまうた》から古代には方言があったことが知られるように、文献史料のアプローチの仕方により多様な地域の個性が浮かび上がる場合も出てくるのである。

コラム　東歌と方言

東歌とは『万葉集』巻一四と『古今和歌集』巻二〇に収録されている東国の人が詠んだ歌である。その特徴は粗野で大胆、日常生活を題材とするものが多いと指摘されるが、方言の使用もその一つに加えられている。『万葉集』にみえる東国方言のいくつかを紹介しよう。まず三三五一番の常陸国で詠まれた歌は「布」を「尒努《にの》」、三三五九番の駿河国と三三八五番の武蔵国で詠まれた歌は「磯」を「於思《おし》」「於須《おす》」、このほかにも「立ち」を「多思《たし》」（三四〇一番）、「なりぬるを」を「太奈利努乎《だなりのを》」（三三九五番）、「賜らね」を「多婆里尒《たばりに》」（三四四〇番）など多数の方言が認められる。そしてなによりもアズマ（東）の枕詞は「トリガナク」であり、このことは東国人の言葉が都の人間にはわかりにくいことに由来するといわれる。

こうした言葉の違いは当時の人びとからすれば、生活文化の違い以上に、都の人との文化の違いを感じさせただろうし、東国人もそれを自覚していたに違いない。一方、こうした言葉の違いに気づいたとき、言葉を同じくする者どうしの親密さが高まったのだろう。

令制国の成り立ちを考える

国家の成り立ちは、多くは、中央で整備された制度がどのように地方へ浸透したかという視点から研究される。その先にみえてくる歴史とは、中央が地域社会を解体させて服属させていく過程である。しかし、実際には地域の個性は中央集権体制の中でも温存され、次章で述べるように、その解体とともに一気に表に現れる。また、後述するように、この時期に国―郡―里という境界が政治的に固定され、人びとは国家の命による移住を除けば、戸籍で登録された土地に縛られるようになった。それは古墳時代までに形成された地域の枠組みの制度的な固定化であるとともに、そのことにより、地域に新たな個性を生み出すことにもなった。

よって、ここからは、中央の出来事から国家の成り立ちを述べるのではなく、国家権力が確立され、律令制にもとづく日本国の成立に至るまでの歴史を地方からみていく。具体的には、古墳時代に認められた首長の領域が国―郡―里にどのようにつながっていくのか、そして自然環境の影響を強く受けて生まれた「越え難き境界」が制度的にも「越えるべからざる境界」となるまでの過程をみていくこととする。

二　令制国の成り立ちと国造

律令以前の地域区分とその性質

ここでは、六世紀後半に倭王権から任命された地域の首長である国造の支配領域が令制国へとどのようにつながるのかをみるのだが、その前に少し、迂遠になるが古代の地域認識の話をしよう。『古事記』には、国産み神話がある。それによると、のちに日本となる領域は大きく八つに分けられている。産まれた順から列挙すると、淡道之穂之狭別島《あわじのほのさわけのしま》（淡路島）、伊予之二名島《いよのふたなのしま》（四国・胴体が一つで顔が四つあり、それぞれの名は愛比売《えひめ》＝伊予国、飯依比古《いいよりひこ》＝讃岐国、大宜都比売《おおげつひめ》＝阿波国、建依別《たけよりわけ》＝土佐国）、隠伎之三子島《おきのみつごのしま》（隠岐島）、筑紫島（九州・胴体が一つで顔が四つあり、それぞれの名は白日別《しらひわけ》＝筑紫国、豊日別《とよひわけ》＝豊国、建日向日豊久士比泥別《たけひむかひとよくじひねわけ》＝肥国、建日別《たけひわけ》＝熊曽国）、伊伎《いき》島（壱岐島）、津《つ》島（対馬）、佐度島（佐渡島）、大倭《おおやまと》豊秋津《とよあきづ》島《しま》（本州）となっており、八つの島からなることから、日本を大八島国《おおやしまのくに》というとある。

また『日本書紀』では、淡路洲の次に豊明津《とよあきづ》洲《しま》、伊予二名洲、筑紫洲、億岐・佐度洲、越洲《こしのしま》、大洲《おおしま》、吉備子洲《きびのこしま》を産み、それをもって大八洲国というとある。

ここで注目していただきたい点が二つある。一つは筑紫島の四つの顔である。九州は現在七県からなるが律令制ではその名が示すとおり、筑前国、筑後国、肥前国、肥後国、豊前国、豊後国、日向国、薩摩国、大隅国の九つの国からなっていた。これが国産み神話だと四カ国であり、筑紫・豊・肥国がそれぞれ前、後二カ国に分けられ、熊曽国は日向、薩摩、大隅の三つに分けられたことになる。二つめは『日本書紀』には越洲という本州の一地域が別に扱われている点である。越洲は令制国の越前・越中・越後の三カ国であり、後に能登国と加賀国が越前国から分国されている。このように、令制国の中には、前・中・後、上・下などの文字がつく国がセットで認められる例がある。たとえば備前・備中・備後国は吉備国を分割したもので、「国造本紀」によると上野・下野国は毛野国《けぬのくに》を分割したものだという。

この令制国以前の地域区分は、それなりの意味をもっている。たとえば越洲はこれまでみてきたように旧石器時代以来の日本海沿岸地域の文化領域で、筑紫国と豊国の境も縄文時代には認められる「越え難き境界」である。このように律令以前の地域区分は、文化領域の違いをある程度、示しているようである。

では、政治的にはどうだろうか。これにはどうやら二通りがあるようである。たとえば筑紫は筑紫国造の支配領域と重なると考えられ、吉備では上道《かみつみち》国造や下道《しもつみち》国造など複数の国造の名（表2-3-10参照）が知られるものの、古墳時代中期（五世紀前半）に全長約三五〇メートルの岡山市造《つくりやま》山古墳や全長約二八二メートルの岡山県総社市作《つくりやま》山古墳に代表される畿内に匹敵するほどの大型前方後円墳が造られるなど「吉備連合」ともいえる広域の政治連合の存在が想定される。

それに対し、豊前国と豊後国は巨大古墳が認められないばかりか、中・小規模の前方後円墳がのちの郡や郷に相当する単位で継続的に営まれるなど、首長どうしの結合も緩やかだったと考えられる。分割以前の領域を束ねる政治勢力の存在が認められないのは、総国（下総国と上総国）、毛野国（上野国と下野国）も同様である。こうしたことからすると、神話にみえる地域区分は、現在でいう東北地方や北陸地方といった地域名称であり、そうした地域を束ねる大首長や政治連合を必ずしも示すものではないといえよう。このことを確認した上で、次に国造の支配領域と令制国との関係についてみていきたい。

国造の支配領域と令制国

令制国の範囲と国造の名前から推定される支配領域の関係をみると、国造の支配領域がそのまま令制国になったと思われるものと、複数の国造の支配領域をまとめて一国としたと思われるものがある。例外は筑紫国造の支配領域を分割した筑前国と筑後国、丹波国造の支配領域を分割した丹波国と丹後国があるだけである。このうち、筑紫国造として著名な人物には継体二一年（五二七）に、朝鮮半島に出兵しようとした近江毛野《おうみのけぬ》の率いる軍を阻み、翌年、倭王権から派遣された物部麁鹿火《もののべのあらかび》によって滅ぼされた筑紫君磐井《ちくしのきみいわい》がいる。

丹波国造の支配領域の北部には弥生終末期に、ガラス管玉・ガラス勾玉・碧玉《へきぎょく》製管玉を連ねた頭飾りや耳飾りが出土した京都府京丹後市赤坂今井墳丘墓が築造されて以来、古墳時代前期末から中期初頭にかけて全長約一四五メートルの同与謝野町蛭子山《えびすやま》古墳、全長約二〇〇メートルの同京丹後市網野《あみの》銚子山《ちょうしやま》古墳、全長約一九〇メートルの同神明山《しんめいやま》古墳といった巨大な前方後円墳が次々と造られた。これらの古墳には舶載鏡をはじめとする豊富な副葬品が収められるなど、日本海の海上交通によって半島や大陸とも盛んに交易を行っていた巨大な勢力があったと考えられる。

また、複数の国造が認められるものの、それらが連合して巨大な勢力を作り上げていた地域として、備前、備中、備後の三カ国に分割された吉備が挙げられる。『大宝律令』制定以前の木簡に吉備中国がみえることから吉備国の分国は『飛鳥浄御原令』によるものと考えられ、それ以前には吉備《きびの》大宰《おおみこともち》がみえ、分国後にも吉備総領がみえる。これらは筑紫大宰と同じく中央から派遣された官人で、その職務の実態は不明であるが、西日本のとくに重要な地域に限り置かれたようである。吉備の中心は、現在の岡山市周辺であり、弥生時代以降、独特の文化を育んできた。中でも吉備地域で作られた特殊器台とよばれる大型の土器は、埴輪の祖型であることが知られている。墳丘に樹立させる埴輪は前方後円墳の重要な要素である。先述したように前方後円墳とは各地の墓制を取り入れながら倭王権により創作されたものであり、埴輪という要素が吉備を起源としているということは、吉備の勢力が初期の倭王権の有力な構成員であったことを示している。

平安時代初めに、信用できる古伝を参照して編纂されたと考えられる『国造本紀』で多くの国造が畿内の神の系譜を引くと整理されているのに対し、吉備の国造のうち上道国造、三野《みの》国造、下道国造、加《か》夜《や》国造、笠臣《かさのおみ》国造は、古くから地元にいた者を国造に任命したとされる。これらの一族は吉備氏を称する場合もあり、『日本書紀』には雄略朝に吉備下道前津屋《さきつや》、吉備上道田狭《たさ》らがみえる。ちなみに奈良時代に活躍した吉備真備は下道氏の出身であり、天平一八年(七四六)までは下道姓を名乗っていた。

また、これらの国造の名は笠臣を除くと郡名と合致しており、その場所も巨大古墳が分布する現在の岡山市から総社市に相当する。そして注目すべきは、備前国と備中国の境界は、上道郡・御野《みの》郡と下道郡・賀夜《かや》郡の境に設定される。吉備国は、律令制下では、備前、備中、備後の三カ国に分けられ、しかも古くからの信仰の山である吉備中山を分割し、山麓に吉備津彦を祀る神社を設け、平安時代にはそれぞれの国の一宮としている。これらのことは、国家により強大な勢力を誇った「吉備連合」が解体・分断されたことを示している。

筑紫、丹波、吉備という三つの地域に共通する点は、古墳時代に強大な勢力が存在し、またその支配領域が交通の要衝に当たるということである。そして、倭王権はその支配領域もしくは政治連合の単位を国としていたが、令制国の設置にともないその領域を細分しているのである。このことは、律令制にもとづく中央集権体制を整えるため、倭王権が地域の首長間の紐帯を分断し、個別に支配下に組み込んだことを示している。

武蔵の場合

西の巨大勢力である筑紫、吉備、丹波に対し、東の巨大勢力は武蔵と上野である。この二つの地域には五世紀から全長一〇〇メートルを超える前方後円墳が連綿と造られ続けるとともに、互いの支配拠点は近接し、河川によって結ばれていた（図2-4-1）。『日本書紀』安閑元年条にみえる武蔵国造の内紛（武蔵国造である笠原一族内における国造の地位をめぐる争い）のときには、笠原直《かさはらのあたいのおみ》使主を従兄弟である笠原直小杵《おき》が殺害しようとし、その計画に上毛野国造もしくはその一族であったと考えられる上毛野君小熊《かみつけのきみのおくま》が荷担していたことが知られる。この計画は倭王権に助けを求めた使主が武蔵国造に就任することにより決着し、小杵は誅されたのであるが、笠原直氏と上毛野国造である上毛野君氏との関係の深さがか

図2-4-1　関東平野の中・後期古墳と国造の領域
（筆者作成）

いまみえる。ちなみにこの事件を機に、笠原直使主は横渟《よこぬ》・橘花《たちばな》・多氷《おおい》・倉樔《くらす》の四カ所を朝廷に屯倉《みやけ》（倭王権の直轄地）として献上したといい、それぞれの屯倉は現在の埼玉県比企郡吉見町、川崎市、東京都あきるの市、横浜市にあったと想定されている。このことから武蔵国造の支配領域を知ることができる。

武蔵国は无邪志《むさし》国造と胸刺《むさし》国造（无邪志国造と同一とする見方がある）、知々夫《ちちぶ》国造の領域をもって一国としているが、令制国となる直前の七世紀後半に支配拠点の場所を移動させている。武蔵における拠点は、五世紀末から七世紀にかけての首長墓が継続的に営まれた埼玉《さきたま》古墳群のある埼玉県行田市付近に想定されている。この場所は利根川と荒川により太平洋と上毛野につながる水上交通上の要衝であったが、七世紀前半に全長七九メートルの前方後円墳である中の山古墳が造られたのを最後に、古墳の造営が停止している。その後の武蔵の首長墓は、東京都府中市に所在する七世紀中ごろ築造の上円下方墳である武蔵府中熊野神社古墳である。このことは、七世紀中ごろに武蔵国造の支配拠点が府中市付近に移されたことを示しており、のちにこの地に武蔵国府が置かれることとなる。こうした拠点の移動が武蔵国の内部の事情なのか国家的な政策なのかは不明であるが、いずれにせよ上毛野の拠点と距離を置くようになる。

なお、新たな支配拠点となった府中には、七世紀末ごろに上野国新田郡（太田市）で東山道駅路から分岐し武蔵国府方面（道路が造られたときに国府が成立していたかは不明）へと向かう東山道武蔵路《むさしみち》が造られる。また、武蔵国府の南側に東京湾岸を環状にめぐる東海道駅路の支路が通過し、それによって相模国府や下総国府と連結するなど、拠点の移動の後、さほど時を置かずして道路網の整備が行われている。なお、東山道武蔵路は幅一二メートルの直線道路であるとともに、これまで確認されている限りでは全路線を通じて側溝の形状が共通するなど、他の駅路が地点ごとに工法を変えているのとは対照的である。このことは、この道路が工区を分割して施工したのではなく、一方向から延伸して施工された可能性を示している。

先にみた西日本の巨大勢力が政治的に分割された可能性が認められるのに対し、東日本についてはそのようなことは行われていないが、武蔵と上毛野といった巨大な勢力の拠点を引き離すかのように、武蔵の拠点が移動している。また、先の武蔵国造の内紛でみたように、東西問わず巨大な地域勢力がいた場所には王権の直轄地である屯倉が複数置かれている。

一方、武蔵国の拠点が移動しても武蔵北部と上毛野のつながりはその後も維持されたようである。七世紀後半以降、各地に寺院が造られるようになり、関東でも一郡に一寺の割合で寺院が造営されている。こうした寺院の屋根には瓦が葺かれていたが、これは笵《はん》という木型に粘土を詰めて文様がつけられている。そのため詳しく観察すると同じ笵で作られた瓦がわかり、そうした瓦を同笵瓦とよんでいる。そして、異なる寺から同笵瓦が出土する場合には、それらの寺の造営氏族になんらかのつながりがあったと推定されている。

武蔵北部と上毛野南部の寺院とのあいだにはそうした同笵瓦の分布が濃密に認められ、それは関東の他の地域と比べてもその差は一目瞭然である（図2-4-2）。このことは古墳時代における両地域の密接な関係が七世紀後半にも生き続けていたことを示していると考えられる。

北陸の独自性と服従

これらと並ぶ巨大な地方勢力として二章で紹介した日本海地域が挙げられる。特に現在の新潟県から石川県にかけての地域は越《こし》（高志《こし》）とよばれこの地域は、旧石器時代以来、独自の地域文化が認められた地域でもあり、弥生時代以降は大陸や半島と独自の交易ルートを有していたことが知られる。また、日本海ルートにより東北や出雲とも密接な関係をもち日本海文化圏を形成していたことは、先に紹介したとおりである。

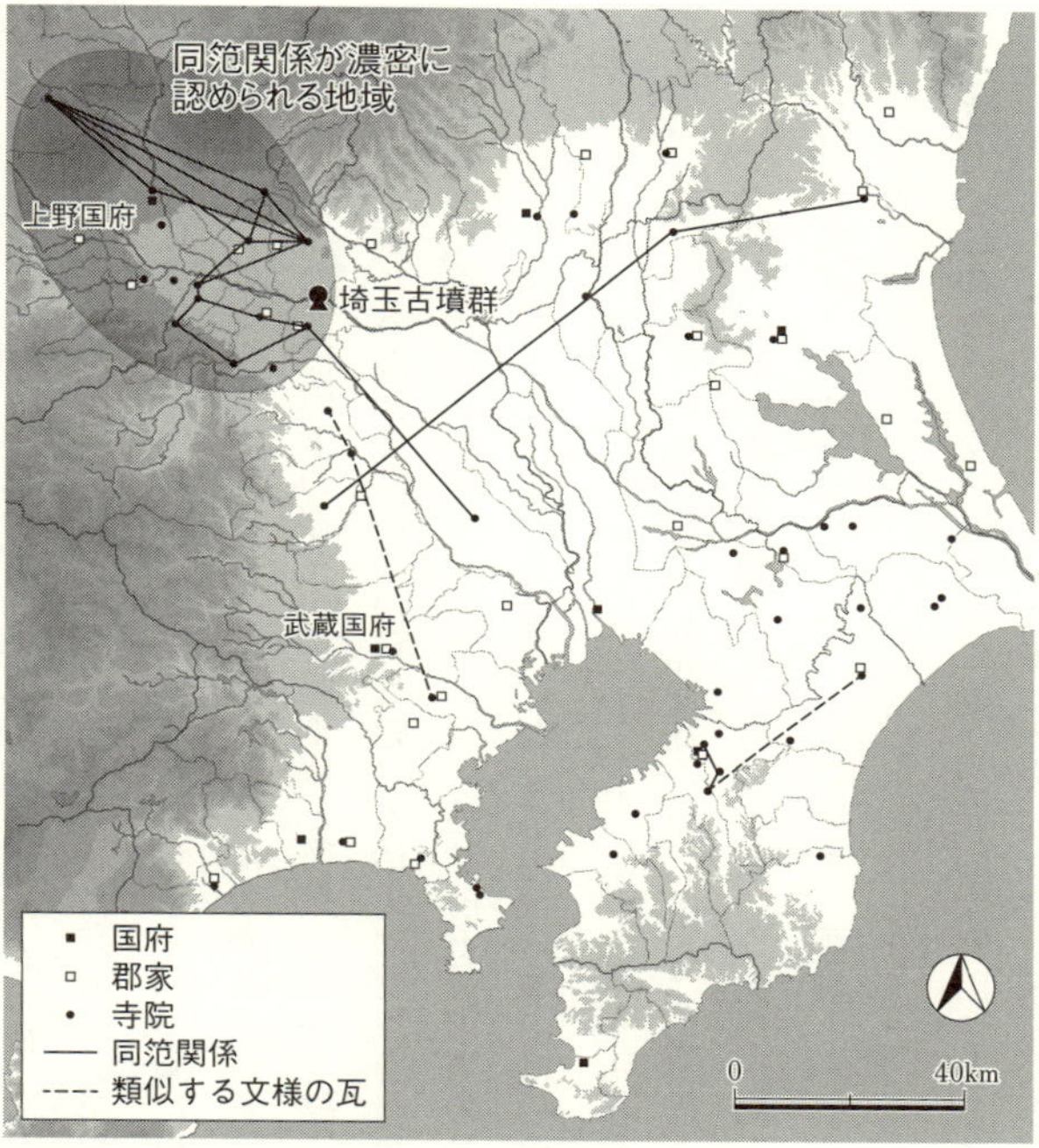

図2-4-2　関東平野の寺院と瓦の同笵関係
（筆者作成）

『古事記』神話の中には出雲の大国主命が高志の沼河姫《ぬなかわ》に求婚した話があること、ヤマタノオロチが「高志之八俣遠呂智《こしのやまたのおろち》」と表現されていること、『出雲国風土記』神門郡《かんど》の条にみえる古志郷《こし》はもともと越国からの移住者の村であると伝えていること、意宇郡《おう》の条に出雲の大穴持命《おおなもち》が、高志の八口《やくち》を平定したことなど、文献史料にも両地域の関係を語る記事がみられる。日本海沿岸地域と交流して物資を入手しつつ、巨大な前方後円墳の存在から倭王権と密接な関係を結んでいたと考えられる丹後地域と、文献史料から倭王権とも関係を結びながらも越とも活発な交流を行ったと考えられる出雲、倭王権と距離を置いた越というイメージが成り立つようだ。越は前方後円墳の分布が少なく部民《べみん》とよばれる王族や王権内の有力豪族の私有民の分布が希薄で、とくに越後地域ではその傾向が顕著である（図2-4-3）。

　そうした越の地域も、六世紀後半には倭王権に服属しているようである。『日本書紀』欽明三一年（五七〇）には、越国の道君《みちのきみ》氏が高句麗使に対し自分が天皇であると偽って交易をしようとし、そのことを同じ越国の江沼臣《えぬまのおみ》氏が欽明大王に告げたという記事がある。この記事のポイントとなる点は、高句麗の正使は倭国の大王と交渉しようとしたのを、副使と道君氏が結託して、道君氏を天皇であると偽ったことにある。

　つまり、このころ外交権は、倭王権が一元的な窓口になることが国内外に認められていたのにもかかわらず、道君氏は秘かに、私的な外交を試みたのである。ここまでみてきたように、日本海側の勢力は古くから大陸や半島と独自に交易を行ってきたが、倭王権の勢力の伸張は、こうした伝統的な交流までも管理下に置くほどに強大化し、国家としての体裁を十分に整えていたのである。道君氏の行動は越の勢力の過去の栄光を追い求めたものだったかもしれない。

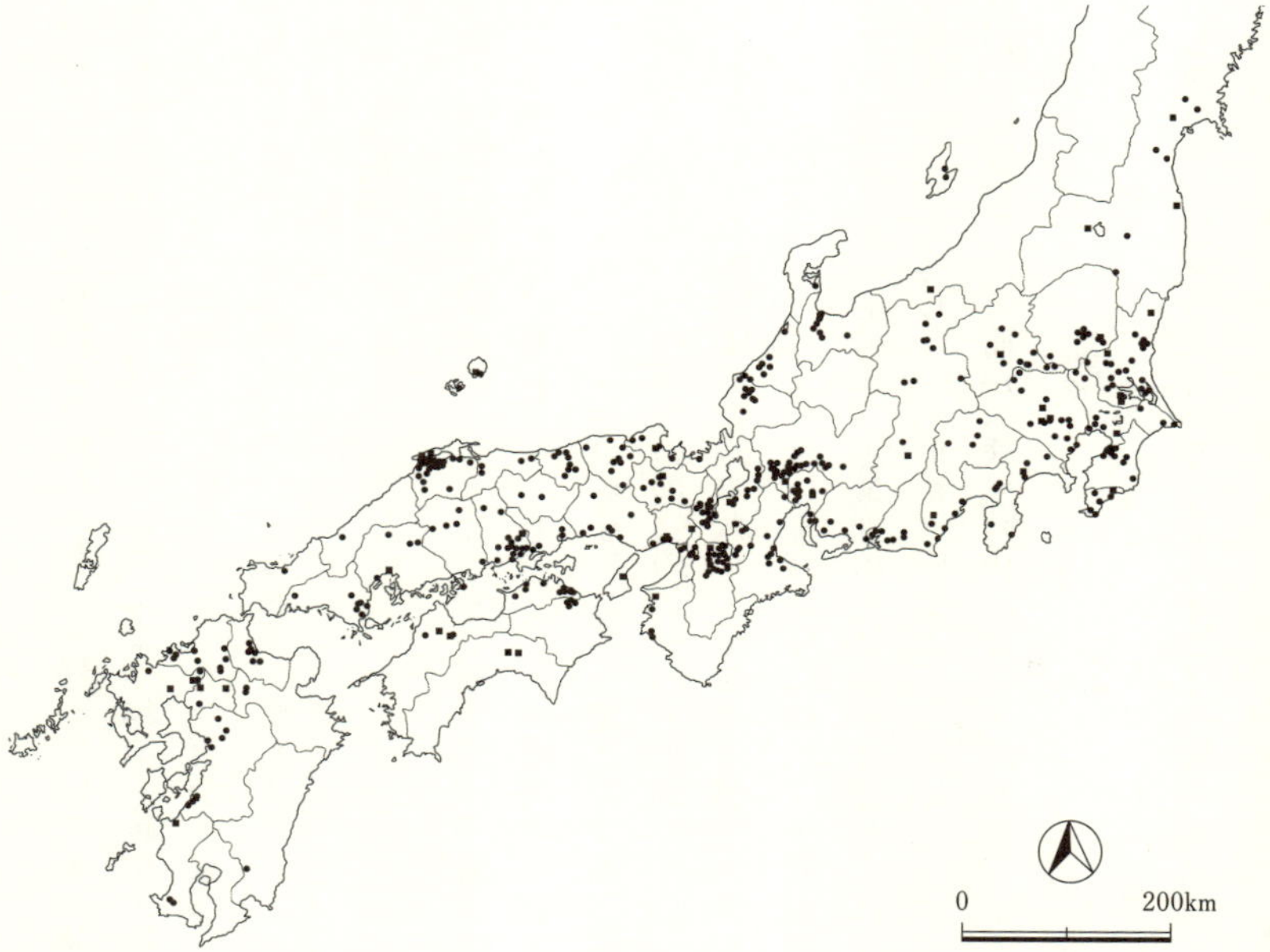

図2-4-3　部民の分布
（竹内理三ほか1982をもとに筆者作成）

いずれにせよ、交易により独自の勢力を保っていた越の諸勢力も、六世紀後半には倭王権の中の一地域という地位に転落し、律令制の施行により越前・越中・越後国の三カ国に分割されたのである。ただ、この地域からは中世以降、木曽義仲に従い北陸道から京へ攻め込んだ軍の中心を担った有力な地域勢力が現れることになる。それについては終章で触れよう。

房総半島と常陸国

北陸と同様に海上交通により栄え、かつ複数の中小規模の勢力が存在した房総半島には、上総・下総国の二カ国が置かれ、養老二年（七一八）に上総国から安房国が分国される。『古語拾遺《こごしゅうい》』によると、この二カ国はもともと、よき麻の生いたる土地といい総《ふさ》（捄）国と称したとされている。ただし、古墳の分布からみると、それぞれの国造の領域内で首長墓が造られており、その規模や副葬品の豊かさからして、それぞれの集団は自立的であり、それぞれが倭王権と強く結びついていたと考えられる。

土器などに現れる生活文化という点から印旛沼、手賀沼周辺とそれ以外の地域とでは相違が認められるという指摘があるものの、地域間の差はあまり認められない。文化的に近似する者たちが、それぞれ首長を推戴し、割拠していた地域といえよう。

ただ、古墳時代終末期から飛鳥時代になると印旛沼、手賀沼周辺の首長の力が突出するようになり、七世紀前半にはこの時期のものとしては、全国で最大の規模を誇る方墳、千葉県栄町龍角寺岩屋古墳（一辺七八メートル、高さ一三・二メートル）が造られる。また、七世紀中ごろには関東でも最古級の寺院である龍角寺が造営されている。龍角寺岩屋古墳の横穴式石室の形態は畿内のものと類似し、龍角寺の瓦は奈良県桜井市山田寺跡から出土するものと酷似するなど、畿内の勢力とのつながりが強かったことがわかっている。この勢力がのちに下総国の代表的な勢力となり、房総が上総と下総の二カ国とされたのは、こうした地域勢力の動向を考慮した政治的意図での境界設定と考えられる。

なお、房総の古代寺院では武蔵北部と上毛野南部のような同笵関係はほとんど認められないが、瓦の文様が大和の寺院と酷似するものが特定の寺院に限って出土する傾向がある。このことは、寺院を建立した郡司の中に畿内の政権と強いつながりをもっていた者がいた可能性を示している。同時に、同じ文様の瓦が周辺寺院には拡散しないことからすると、古墳時代の首長にみられた、個々が独立的であるという特徴が、七世紀後半にも受け継がれていたことを示している。

一方、常陸国であるが、この地域の国造の系譜は多様であり首長どうしが連携していた様子もみられない。ただ弥生時代にまでさかのぼってみると常陸国の領域は、大規模集落や突出した規模をもつ首長墓が認められないことから、大首長が存在しない均質的な社会であったと考えられる。そして弥生時代後期には十王台式とよばれるこの地域独特の形や文様をもった土器が分布することから、一つの生活文化圏を形成していたと推定される。令制国常陸の範囲は古墳時代以前の生活文化圏をベースにしていたと考えられる。このことは、令制国の枠組みを決定するに当たり、首長勢力の動向だけでなく地域の伝統的な社会の枠組みが考慮されたか、地域に関する意識が地元にも中央にも定着していたため、半ば必然的に伝統的な領域がそのまま令制国の範囲とされた可能性がある。その一方で郡以下の境界は基本的に古墳時代に政治的な意図により設定されたと考えられる。それは、郡レベルの行政が古墳時代の首長の系譜につながる郡司に委ねられていることからも想定される。

ここまでみてきたように、令制国の成り立ちには、いくつかのパターンがある。そこには、倭王権の政治的な意図と弥生時代以来の伝統的な地域勢力の動向が影響を及ぼしているのであるが、国と郡、いずれのレベルかは別として、伝統的な生活文化圏が境界として生き続けていることがわかる。そのことは改めて一部図1-3-8をはじめとする本書で掲げた図と、令制国の図を比較していただければおわかりになるだろう。（コラム「境界を定める天皇」参照）

三　律令制の中の地域性

律令制度の矛盾

一つの法により国家を統治しようとすれば、その内容が精緻であるほど、社会は均質化へと向かう。また奈良時代前半までの国家は、中国の律令を手本に自らが定めた法を愚直なまでに遵守させようとしたために、さまざまな社会矛盾を生んだ。たとえば、西日本の交通は瀬戸内海の海運が重要な役割を果たしており、日本海沿岸、太平洋沿岸の航路もこれまでみてきたように活発な利用が行われていた。しかし、律令の規定はそれに反して、税の運搬は、陸路を利用することを基本としていた。それは次の詔からもわかる。

『続日本紀』霊亀元年（七一五）五月一四日条

また、海路《うみじ》に庸を漕《ふねこ》ぐこと、輙《たやす》く惷民《とうみん》（おろかな民）に委《ゆだ》ぬ。或は已に漂失《ひょうしつ》し、或は多く湿損《しゅうそん》す。是れ国司の先の制に順《したが》はぬ由りて致せり。今より以後、悛い改めぬ者は、節級《せちきゅう》して罪科《おわ》せよ。損はるる物は、即ち国司に徴《はた》らむ。

これは、庸の運搬を水運業者に委託することを戒めたもので、先の制とは未詳であるが、海運の利用を原則禁止し、漂流や海水に濡れることによる品質の低下はすべて国司の責任で弁償することとされている。すでに発達した航海技術と航路をもっていた沿岸地域に住む人びとからすると、これはなんとも無茶で非合理的な法である。これは八世紀中ごろには改められるのであるが、その際、法改正でなく、詔によって実情を許容するという手続きによっている。このように、律令は非合理的な内容を含んでおり、建前の話と実態とが乖離していた場合も多かった。そのため、制度上は均質的な社会のようにみえても、その運用において地域の実情がそれなりに反映された場合もある。それは、律令の修正・補足のための法令である格《きゃく》や施工細則である式《しき》にも現れている。

律令国家は国を面積や生産性から大・上・中・下の四等級に区分した。そして、国司の人数をはじめ令制国内の財源としての正税《しょうぜい》や、公廨稲《くがいとう》（貸し付け用の稲）の量も決められていた。公廨稲の量については延暦二二年（八〇三）の『延暦交替式《えんりゃくこうたいしき》』に、大国四〇万束《そく》、上国三〇万束、中国二〇万束（薩摩・大隅国は四万束）、下国は一〇万束（飛驒・隠岐・淡路国は三万束、志摩国・壱岐島は一万束）とある。そのことを前提に表2-4-4をみていただきたい。これは、『和名類聚抄』にみえる諸国の郡・郷数と水田面

正税（束）	公廨稲（束）	計（束）	郷あたり（束）	水田面積（町）あたり（束）
200,000	200,000	400,000	4,494.4	22.3
149,477	149,477	298,954	3,736.9	26.4
400,000	400,000	800,000	8,510.6	44.2
400,000	400,000	800,000	6,779.7	22.5
400,000	400,000	800,000	10,526.3	35.0
400,000	400,000	800,000	8,791.2	30.3
500,000	500,000	1,000,000	6,535.9	20.4
400,000	400,000	800,000	8,602.2	24.0
400,000	400,000	800,000	7,843.1	25.9
603,000	803,715	1,406,715	7,482.5	27.3
400,000	400,000	800,000	14,545.5	66.3
440,000	440,000	880,000	8,979.6	41.1
200,000	200,000	400,000	8,000.0	31.3
185,000	185,000	370,000	4,743.6	29.5
150,000	150,000	300,000	3,846.2	33.5
200,000	200,000	400,000	5,797.1	58.7
200,000	200,000	400,000	5,797.1	58.7
280,000	280,000	560,000	5,833.3	41.1
230,000	250,000	480,000	8,135.6	53.0
240,000	240,000	480,000	15,483.9	39.2
300,000	300,000	600,000	8,955.2	53.4
300,000	300,000	600,000	4,580.2	40.5
350,000	350,000	700,000	10,447.8	22.6
300,000	300,000	600,000	8,571.4	29.8
250,000	440,000	690,000	9,718.3	26.4
300,000	300,000	600,000	20,000.0	43.6
300,000	300,000	600,000	14,285.7	33.5
330,000	330,000	660,000	19,411.8	44.0
230,000	250,000	480,000	7,058.8	45.0
340,000	340,000	680,000	11,525.4	90.0
300,000	300,000	600,000	12,000.0	75.8
250,000	250,000	500,000	10,416.7	61.3
260,000	300,000	560,000	7,179.5	59.4
300,000	300,000	600,000	9,375.0	54.4
381,150	381,150	762,300	14,947.1	57.8
300,000	300,000	600,000	8,333.3	58.7
240,000	240,000	480,000	7,384.6	51.6
230,000	228,100	458,100	7,271.4	62.3
210,000	210,000	420,000	9,333.3	53.6
175,000	175,000	350,000	6,363.6	49.3
200,000	200,000	400,000	8,695.7	117.2
350,000	350,000	700,000	7,777.8	37.5
300,000	300,000	600,000	8,333.3	44.4
200,000	200,000	400,000	3,921.6	21.6

	区分	郡の数	郷の数	推定人口（人）	和名抄の水田面積（単位町、カッコ内はha）	推定収穫量（kg）	収穫量/人口（kg）
大和	大国	15	89	89,000	17,905（21,272.9）	2,954,325	33.2
河内		14	80	80,000	11,338（13,470.7）	1,870,770	23.4
伊勢		13	94	94,000	18,120（21,528.4）	2,989,800	31.8
武蔵		21	118	118,000	35,574（42,265.5）	5,869,710	49.7
上総		11	76	76,000	22,846（27,143.3）	3,769,590	49.6
下総		11	91	91,000	26,432（31,403.9）	4,361,280	47.9
常陸		11	153	153,000	49,012（58,231.2）	8,086,980	52.9
近江		12	93	93,000	33,402（39,684.9）	5,511,330	59.3
上野		14	102	102,000	30,937（36,756.2）	5,104,605	50.0
陸奥		36	188	188,000	51,440（61,115.9）	8,487,600	45.1
越前		6	55	55,000	12,066（14,335.6）	1,990,890	36.2
播磨		12	98	98,000	21,414（25,442.0）	3,533,310	36.1
筑後		10	50	50,000	12,800（15,207.7）	2,112,000	42.2
摂津	上国	13	78	78,000	12,525（14,881.0）	2,066,625	26.5
山城		8	78	78,000	8,961（10,646.6）	1,478,565	19.0
尾張		8	69	69,000	6,820（8,102.8）	1,125,300	16.3
参河		8	69	69,000	6,820（8,102.8）	1,125,300	16.3
遠江		13	96	96,000	13,611（16,171.2）	2,245,815	23.4
駿河		7	59	59,000	9,063（10,767.8）	1,495,395	25.3
甲斐		4	31	31,000	12,249（14,553.0）	2,021,085	65.2
相模		8	67	67,000	11,236（13,349.5）	1,853,940	27.7
美濃		18	131	131,000	14,823（17,611.2）	2,445,795	18.7
信濃		10	67	67,000	30,908（36,721.8）	5,099,820	76.1
下野		9	70	70,000	20,155（23,946.2）	3,325,575	47.5
出羽		11	71	71,000	26,109（31,020.1）	4,307,985	60.7
加賀		4	30	30,000	13,766（16,355.4）	2,271,390	75.7
越中		4	42	42,000	17,909（21,277.7）	2,954,985	70.4
越後		7	34	34,000	14,997（17,817.9）	2,474,505	72.8
丹波		6	68	68,000	10,666（12,672.3）	1,759,890	25.9
但馬		8	59	59,000	7,555（8,976.1）	1,246,575	21.1
因幡		7	50	50,000	7,914（9,402.6）	1,305,810	26.1
伯耆		6	48	48,000	8,161（9,696.1）	1,346,565	28.1
出雲		10	78	78,000	9,435（11,209.7）	1,556,775	20.0
美作		7	64	64,000	11,021（13,094.1）	1,818,465	28.4
備前		8	51	51,000	13,185（15,665.1）	2,175,525	42.7
備中		9	72	72,000	10,217（12,138.8）	1,685,805	23.4
備後		14	65	65,000	9,301（11,050.5）	1,534,665	23.6
安芸		8	63	63,000	7,357（8,740.9）	1,213,905	19.3
周防		6	45	45,000	7,834（9,307.6）	1,292,610	28.7
紀伊		7	55	55,000	7,098（8,433.1）	1,171,170	21.3
阿波		9	46	46,000	3,414（4,056.2）	563,310	12.2
讃岐		11	90	90,000	18,647（22,154.5）	3,076,755	34.2
伊予		14	72	72,000	13,501（16,040.5）	2,227,665	30.9
筑前		15	102	102,000	18,500（21,979.9）	3,052,500	29.9

表2-4-4　『和名類聚抄』にみえる諸国の郡・郷数と水田面積、生産高、『延喜式』にみえる諸国の正税、公廨稲の分量から算出した生産高（筆者作成）

正税(束)	公廨稲(束)	計(束)	郷あたり(束)	水田面積(町)あたり(束)
200,000	200,000	400,000	9,090.9	28.8
400,000	400,000	800,000	8,888.9	34.0
200,000	200,000	400,000	9,302.3	30.3
200,000	200,000	400,000	8,510.6	53.3
150,000	150,000	300,000	9,375.0	69.2
90,000	90,000	180,000	8,571.4	58.5
150,000	150,000	300,000	11,538.5	36.6
38,000	80,000	118,000	5,363.6	29.8
170,000	170,000	340,000	9,714.3	71.5
155,000	155,000	310,000	8,378.4	63.5
110,000	110,000	220,000	5,500.0	47.8
200,000	200,000	400,000	9,302.3	62.0
150,000	150,000	300,000	10,714.3	62.5
86,040	85,000	171,040	4,622.7	35.6
85,000	85,000	170,000	4,857.1	35.4
135,000	135,000	270,000	15,000.0	66.7
12,000	0	12,000	857.1	96.8
65,000	65,000	130,000	6,190.5	61.6
40,000	40,000	80,000	6,153.8	12.1
20,000	40,000	60,000	5,000.0	102.6
35,000	45,000	80,000	4,705.9	30.2
80,000	80,000	160,000	6,666.7	35.0
15,000	50,000	65,000	5,909.1	104.8
3,920		3,920	435.6	9.2
576,960	625,000	1,201,960	5,696.5	38.3
8,235,587	8,353,727	16,589,314	7,666.0	42.7
7,628,000	8,068,715	15,696,715	8,430.0	35.4
15,863,587	16,422,442	32,286,029	8,019.4	38.8

	区分	郡の数	郷の数	推定人口（人）	和名抄の水田面積（単位町、カッコ内はha）	推定収穫量（kg）	収穫量/人口（kg）
肥前	上国	11	44	44,000	13,900（16,514.6）	2,293,500	52.1
肥後		14	90	90,000	23,500（27,920.4）	3,877,500	43.1
豊前		8	43	43,000	13,200（15,682.9）	2,178,000	50.7
豊後		8	47	47,000	7,500（8,910.8）	1,237,500	26.3
安房	中国	4	32	32,000	4,335（5,150.4）	715,275	22.4
若狭		3	21	21,000	3,077（3,655.8）	507,705	24.2
能登		4	26	26,000	8,205（9,748.4）	1,353,825	52.1
佐渡		3	22	22,000	3,960（4,704.9）	653,400	29.7
丹後		5	35	35,000	4,756（5,650.6）	784,740	22.4
石見		6	37	37,000	4,884（5,802.7）	805,860	21.8
長門		5	40	40,000	4,603（5,468.8）	759,495	19.0
土佐		7	43	43,000	6,451（7,664.4）	1,064,415	24.8
日向		5	28	28,000	4,800（5,702.9）	792,000	28.3
大隅		8	37	37,000	4,800（5,702.9）	792,000	21.4
薩摩		13	35	35,000	4,800（5,702.9）	792,000	22.6
伊賀	下国	4	18	18,000	4,051（4,813.0）	668,415	37.1
志摩		2	14	14,000	124（147.3）	20,460	1.5
伊豆		3	21	21,000	2,110（2,506.9）	348,150	16.6
飛騨		3	13	13,000	6,615（7,859.3）	1,091,475	84.0
隠岐		4	12	12,000	585（695.0）	96,525	8.0
淡路		2	17	17,000	2,650（3,148.5）	437,250	25.7
和泉		3	24	24,000	4,569（5,428.4）	753,885	31.4
壱岐		2	11	11,000	620（736.6）	102,300	9.3
対馬		2	9	9,000	428（508.5）	70,620	7.8
西海道		46	211	211,000	31,352（37,249.3）	5,173,080	24.5
西国		336	2,164	2,164,000	388,248（461,277.4）	64,060,920.0	29.6
東国		256	1,862	1,862,000	443,319（526,707.3）	73,147,635.0	39.3
計		584	4,026	4,026,000	861,567（1,001,367.8）	142,158,555.0	34.1

人口＝郷数×50戸×20人
収穫量＝1町あたり500束（165kg）
正税　令制国内にある正倉に蓄えられた稲穀・穎稲
公廨稲　諸国に置かれた貸し付け用の稲

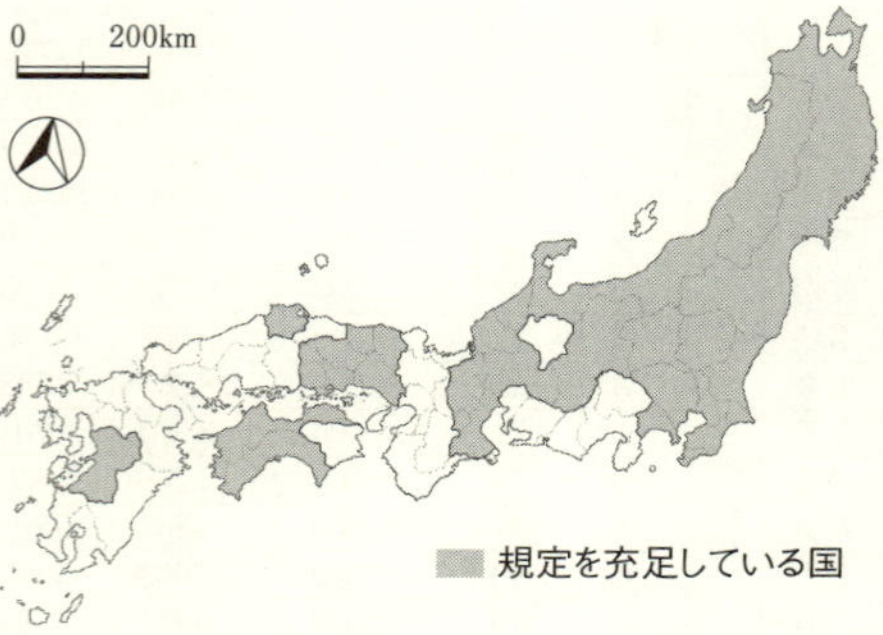

図2-4-5　律令の規定どおりの稲を満たしている国（筆者作成）

積、それから算出した生産高などに『延喜式』にみえる諸国の正税と公廨稲の量を一覧表としたものである。水田面積には、一部の地域で水田以外に麦などの米以外の穀物を栽培する陸田も含まれている。

稲作に向かない南九州や平野部が極端に少ない国では式の規定の段階から、公廨稲の量が少量にとどめられているが、それ以外の国でも格差が認められる。公廨稲三〇万束と規定されていた上国をみると、それに満たない国は三五カ国中、半数の一八カ国、その内訳は畿内二カ国、東海道六カ国中五カ国、山陰道五カ国中二カ国、山陽道六カ国中三カ国、南海道四カ国中二カ国、西海道五カ国中四カ国であり、東山道四カ国と北陸道三カ国は規定を満たしている。

公廨稲の規定に満たない上国のうち畿内と筑紫を除く国の水田面積の平均は、約九一〇〇町で、規定を満たす国の平均値（約一万五五〇〇町）の六割程度となっている。その半面、正税と公廨稲の実際の量を水田面積で割ると、規定に満たない国のほうが、規定を満たす国よりも多いという傾向がみられる。この数は規定を満たさない国のほうが生産性が高いことを示すのではなく、むしろ規定を満たす国のほうが生産性が低いがゆえに、生産量に対する税の占める割合が大きいことを示していると考えられる。そして、規定を満たす国と満たさない国を地図上で示すと、地域による偏りをみせていることもわかる

（図2−4−5）。いかに国家が米に経済の基軸を置き、一律の基準をもって公民に口分田を与えたとしても、自然環境による水稲生産の向き不向きは解消できなかったことを示すと同時に、規定を満たさない国であっても、それを許容しているところに制度の運用に柔軟性が認められる。

一方、庸として米を納めることを義務づけられた国をみると、地域の事情と乖離した政策が行われていたことがわかる。米の納入が義務づけられている国は、畿内周辺と大宰府周辺、多賀城をはじめとする蝦夷《えみし》計略の拠点が置かれた東北となっている。先の図と比較すれば明らかなように、正税と公廨稲が

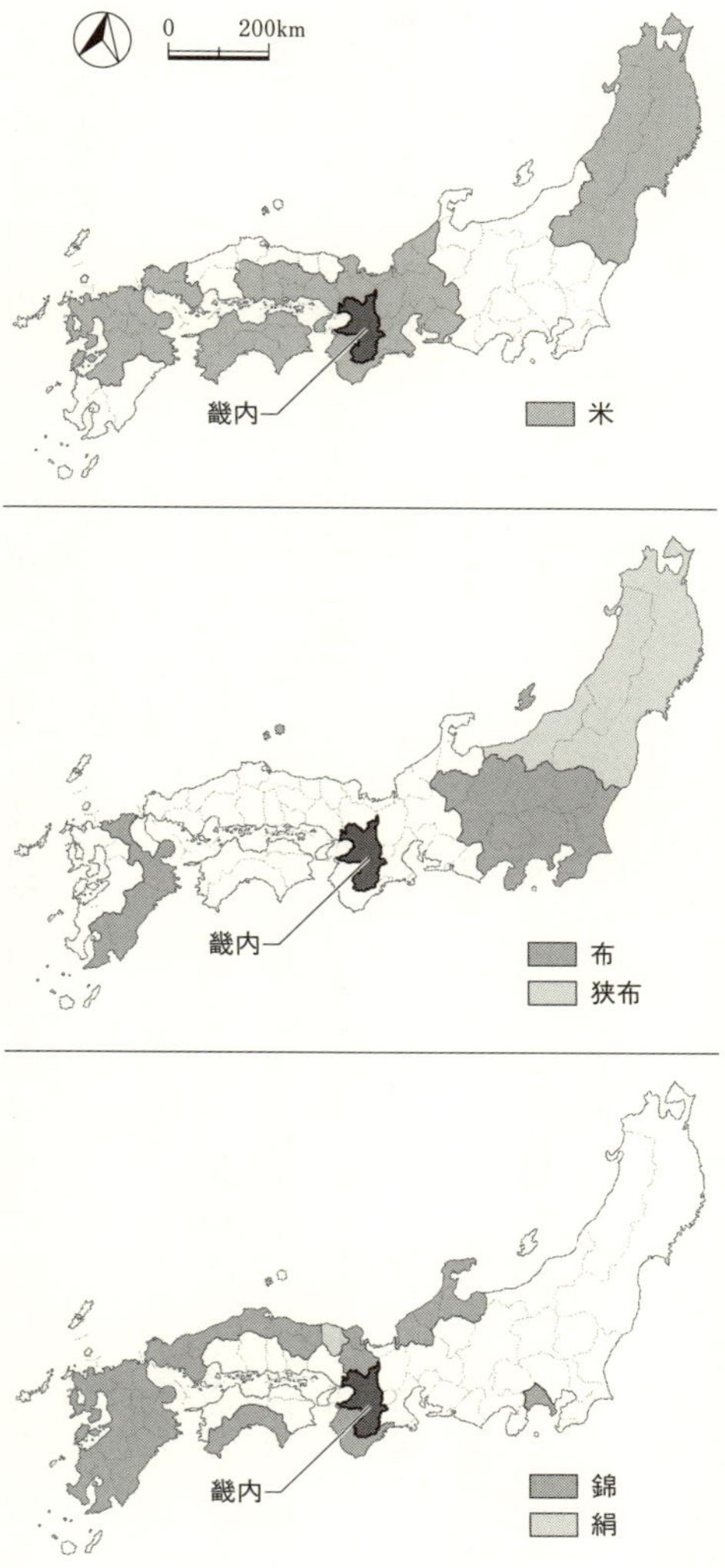

図2−4−6　庸の品目
上段は米、中段は布と狭布、下段は錦と絹（筆者作成）

規定に満たない畿内と周辺諸国、尾張、三河、北部九州の国々も、米を納めることとされているなど、地域の実態よりも、政治的な要求が重視されている。

律令国家は、政治的な都合を重視するあまり、時には自然環境の違いを無視した一律的な扱いを諸国に対して行っていた。それは伝統的に育まれてきた地域の個性の否定にもつながるものであったが、それが現実に達成されていたか否かは先に示した公廨稲の量からしても疑わしい。史料に残された理想と現実とのあいだには、やはり少なからぬギャップがあったのだろう。その一方で律令国家は、地域の伝統を重んじた政策を行っている場合も認められる。庸として布を納めるとされていた地域は坂東周辺諸国と東北であるが、とくに坂東から南東北地域では弥生時代後期ごろから土製紡錘車（織物の繊維を紡ぐために用いられた道具）の出土が目立つなど、古くから織物の生産が盛んに行われていた地域であり、それを税とするのは、理にかなった政策といえる。そしてこうした例はほかにもいくつか認められている（図2-4-6）。

海民の国、志摩国

『古事記』の国産み神話は、大八洲の誕生に続けて、次の島々を産んだとある。吉備児島（児島半島）、小豆島、大島（周防大島）、女島《ひめじま》（姫島）、知訶島《ちかのしま》（五島列島）、両児島《ふたご》（男女群島）がそれである。こうした島々の名が伝えられるのは、海民の存在との関係が考えられる。海民は、漁労をおもな生業とするとともに、海を行き来して東西文化の交流の担い手にもなっていた。彼らが運んだ文化や風習は、さまざまな形で沿岸各地に残されている。たとえば、胎盤を浜の砂に埋めて海に流す風習が、肥前や安芸、芸予諸島、出雲、熊野、志摩、伊豆などの古い海村にみられ、海女の文化もやはり古い海村に点々と残ることなどは、こうした海民集団の活動の痕跡と考えられる。

海を活動の舞台とした集団の領域を編成し一国としたものもある。志摩国がその代表であり、ほかにも若狭国や安房国、能登国がそれに当たる。『延喜式』によると志摩国から都へ送られる品々のすべては真珠を含む海産物であった。海産物を貢納する国は多いが、すべてがそれというのは志摩国が唯一である。一方、志摩国は律令制度の中で独立した国とするには経済基盤が脆弱であった。この国の公民（律令制で統治対象とされた戸籍に登録された人びと）には伊勢国や尾張国で口分田《くぶんでん》が与えられた。面積が狭小なのに加え平野が乏しいため国内で十分な口分田を確保できなかったためである。また、国府や国分寺の造営費用は伊勢国・尾張国・三河国が負担した。さらに潜女《かずきめ》とよばれた海女の食料や衣服も伊勢国や尾張国の税でまかなわれていた。このように志摩国は、国家の施策を実現するためには、他国の力を借りねばならないほど、経済基盤は脆弱であった。

『古事記』に「嶋速贄《はやにえ》」、『万葉集』に「御食《みけ》つ国志麻」とみえる。御食国とは、飛鳥時代以降から平安時代ごろまで、天皇に贄として海産物を中心とした副食物を貢ぐことを義務づけられた国と考えられる。贄とは、そもそも被征服者が征服者に海や山の産物などを供出し、献上することにより服属を誓う儀式に起源をもつようで、征服者は、山野河海の産物を食べることで、領有権を確認した。つまり、天皇が贄を食することは国家の領有権を確認する行為でもあったのであり、志摩国以外にも、下総国や長門国、常陸国、阿波国など全国各地から貢納されていたことが、『延喜式』や出土木簡から知られている。それらの国の中でも、志摩国は一〇日ごとに、鮮鰒（なまのあわび）、栄螺《さざえ》、蒸鰒（むしあわび）など、頻繁な貢納が義務づけられていた。志摩国が規模が小さく、かつ生産力に乏しいにもかかわらず一国とされたのは、都に近くかつ豊富な水産資源に恵まれていたため、こうした特殊な義務を負わされていたからだと考えられる。

このように、志摩国は贄の貢納という朝廷の都合で一国とされたわけであるが、もちろん、その背景には、古くから志摩に根づいていた海民の文化があった。志摩国内で最も古い古墳は五世紀後半のおじょか古墳（三重県志摩市）で、その横穴式石室は北部九州のものとよく似ている。続いて、五世紀後半から六世紀前半に小型の前方後円墳である泊古墳（同、全長約三一メートル）が、七世紀前半には塚穴古墳（同、直径約二〇メートル）が造られ、その石室（全長約八メートル、幅約二メートル、高さ約二・五メートル）は三河地域の横穴式石室とよく似ている。これらは、いずれも志摩国の歴代首長墓と考えられるが、規模は小さく、古墳ごとに異なる地域の影響が濃厚にみられる一方、副葬品はきわめて豪華であり、塚穴古墳からは複数の金銅製品などが出土している。このことは、志摩の首長が海上交通を利用し、九州をはじめとする幅広い地域と交流し、各地の文物を入手していたことを物語る。こうした地域の伝統があったからこそ、律令制下においても、贄の貢納という役割が与えられ、小さいながらも一国として扱われたと考えられる。

日本海の海の民

能登国は、養老二年（七一八）に越前国から四郡を割いて分立、天平一三年（七四一）には越中国に併合されたが、天平宝字元年（七五七）に再び分立する。この地域の人びとは、弥生時代から古墳時代にかけて日本海の海上交通を利用し、活発な交流や移動を行っていることはすでにみた。飛鳥時代にもその伝統は息づいており、とくに石川県七尾市にある七世紀中ごろの方墳である須曽蝦夷穴《すそえぞあな》古墳は横穴式石室が二つあること、石室が横長であること、石室の天井部がドーム状になっていることなどの特徴があり、高句麗の古墳の影響を受けているといわれる（石川史書刊行会『石川県の文化財』一九八五）。国家から志摩国のような特別な扱いを受けた形跡は認められないが、延暦二三年（八〇四）に渤海使《ぼっかいし》が頻繁に能登に漂着するため能登客院が造られている。このことは、能登が日本海交通の要衝で、大陸との交流の窓口になっていたことを物語る。

奈良〜平安時代には、能登ではこれといった地域の個性が史料には現れないが、古くからの海民の文化はしっかりと生き続けていた。律令制が崩壊したのちの平安時代後半から鎌倉時代にかけて、能登半島の珠洲《すず》で焼かれた珠洲焼は、日本海ルートを用いて遠く函館まで運ばれており、この時期日本海側に流通する甕などの大型の土器をほぼ独占するようになる。その後も能登は日本海交易により繁栄する。近世には、多数の廻船商人の拠点となっていたことが知られ、漆器職人などの職人や大商人がこの地にいたことが知られている。これに象徴されるように律令制が解体すると能登に限らず、各地域の個性が再び顕在化するのであるが、このことは章を改めて記そう。

国家に酷使された山の民

海の話に続き山の話もしておこう。飛驒国は志摩国と並び律令制の中で特別な扱いを受けた国である。労働に関する規定である賦役令《ふえきりょう》には、飛驒国に限った規定がある。庸調を免除するかわりに、里単位で匠《しょう》丁《てい》一〇名を出すことである。この匠丁が飛驒工《ひだのたくみ》とよばれる、都で宮殿や寺院の建設に従事した集団である。山国である飛驒国は、古くから、森林を資源としていたようで、『万葉集』に「飛驒人の真木《まき》流すとふ丹生《にう》の川言《こと》は通へど船そ通はぬ」（一一七三番）、「かにかくに物は思はじ飛驒人の打つ墨縄のただ一道《ひとみち》に」（二六四八番）という歌があるように、飛驒工は奈良時代には木材の運搬技術や加工、建設に関する優れた技術者集団として知られていた。彼らは建築や材木採取などを司る木工寮《もくりょう》に配置され、甲賀宮や石山寺、平安宮など当時の国営事業のことごとくに携わったが、その業務は過酷であり、『日本後紀』延暦一五年（七九六）一一月二一日条以降、何度か飛驒工の逃亡記事が認められる。

飛驒工の起源はよくわからないが、山林地帯という飛驒の自然がこうした技術者を生み出し、中央から求められたことは間違いあるまい。農業生産力に乏しい飛驒国が独立した一国とされたのも、森林資源に恵まれ、かつ林業に携わる伝統的な集団が居住する地域であったためと考えられる。つまり、飛驒国にせよ、志摩国にせよ、自然環境と密接に結びついた特殊な集団が住む地域は、たとえその範囲が小さくとも、国家から地域や集団の伝統に応じた役割が課せられ、独立した一国とされたのである。

律令制と地域社会

律令制は地域の個性を否定し、全国を一律に扱うことを原則としていた。古墳時代中期ごろから外交や地域勢力間の利害関係の調整を繰り返すことにより、突出した勢力をもつようになった倭王権は、それぞれの地域の有力首長を従え、地域の政治連合を解体することにより、令制国という新たな地域の枠組みを作り上げた。

しかし、それはこれまでの伝統的な地域を根こそぎ刷新するものではなかった。たとえば「吉備連合」は備前、備中、備後に分割され、さらにそこから美作《みまさか》が分割されるのであるが、解体されたのは「吉備連合」であり、その構成員である上道国造、三野国造、下道国造、加夜国造の領域は、律令制下においても郡という行政単位として、そのまま温存された。また、武蔵国北部と上野国の寺院の瓦でみたように、伝統的な地域間の紐帯も、そのまま生き残ったようである。一方、国家による画一的な地方政策が進められたためか、遺跡や遺物には地域の個性が認められにくくなるのも事実である。ただこうした個性も能登の例でみたように、律令制の崩壊とともに再び表面化することからすると、地域の中で生き続けていたと考えられる。

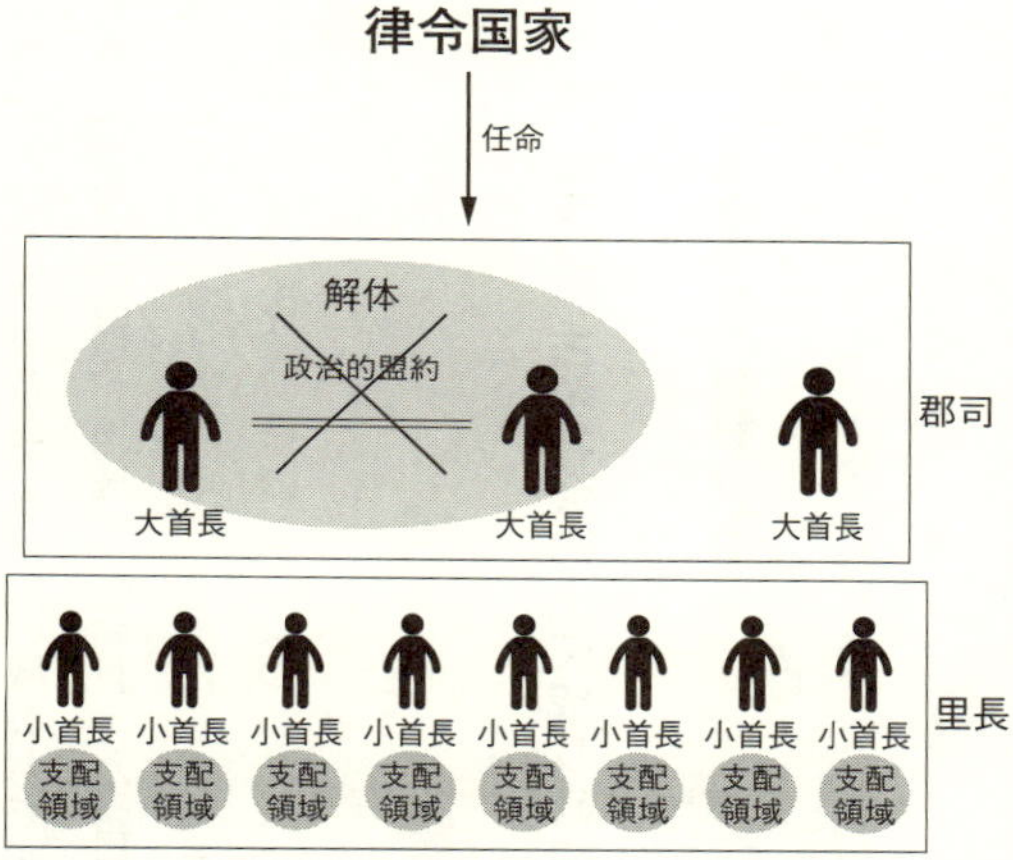

図2-4-7　古墳時代の地域勢力と律令国家の地方支配体制との関係
（筆者作成）

このように天皇を頂点とした中央集権体制をめざした国家政策とは関わりなく、地域の伝統はそのまま温存され、次の時代に継承されたのである。

また、律令制そのものも伝統的な地域の枠組みに依存して成り立っていたことも忘れてはならない。中央集権体制は、国土と国民を中央で一元的に支配することにより成り立つものであるが、国土・国民の把握という根本的な役割を担ったのは、古墳時代の首長の系譜を引く地域勢力であった。彼らは、郡司や里長の地位を与えられ、地方官人としてそれ以前と同様、地域支配を行った（図2-4-7）。そのため必然的に、彼らの支配領域もそのまま温存されることになった。そのことは、すなわち古墳時代の境界が、律令制によって、固定化されたことを示している。次に、そのことについてみていこう。

コラム　古墳社会の上に成り立っていた古代の社会

律令国家の税制の起源

三、四章で述べたとおり、律令制による郡や郷は、弥生時代から古墳時代にかけて形作られた首長の支配領域と重なるようである。そうした点からすれば、時代が変わっても社会の枠組みは変わらなかったといえる。事実、律令制の根幹をなす税の規定の中にも、これまでの慣習を制度化したものが多い。

たとえば、律令の税制は租・庸・調・雑徭からなっている。租の税率は田一段につき二束二把であった。これは収穫量の三パーセント程度と低率であり、中央には運ばれず、地方に留め置かれた。これは、租が農業共同体で行われていた収穫物の一部を神への感謝のために捧げる初穂《はつほ》儀礼を起源とするものであり、神への捧げ物を神の代理人である首長へ納める慣例を税という制度に改めたものであるからと考えられている。調も初穂儀礼に由来するもので、本来は神への捧げ物であった。一方、庸や雑徭は支配者への労働奉仕や収穫物の貢納などの服属儀礼を制度化したものと考えられている（坂上康俊　二〇〇九）。律令制では、庸と調が国家の基本財源となったが、貢ぎ物といった性格上、奈良時代前半までは諸国の公民が旅費を自弁し、都まで運ぶこととされていた。

地方官人の系譜と戸籍

また、本文でも述べたように律令制では公民を戸籍に登録し人別に税を課しており、戸籍の作成作業には地域の有力者の力を必要とした。そのため律令国家は、古墳時代以来の地域の有力豪族、すなわち前方後円墳に葬られた首長の末裔を郡司や里長に任命し、戸籍の作成や徴税などの行政実務を担当させた。彼らは中央から派遣される国司が任期制であったのに対し、建前上は終身官とされた。これは、国家が地方支配を行うために、地方の伝統的な権威を必要としたからにほかならない。

律令制による公民支配の実態を正倉院に残る「御野国《みののくに》山方郡《やまがたぐん》三井田里《みいだのさと》大宝二年戸籍」からみてみよう。冒頭には、三井田里の戸数を種別ごとに列挙し、その後に総人口とその内訳が続き、以降に戸ごとに名前と、年齢、性別、健康状態などが記されている。律令国家は戸に記載された区分ごとに個人の税負担を決定する人頭税方式を取っていた。つまり戸籍とは課税台帳でもあった。

戸ごとに作成された名簿は里長によって里単位で戸籍として取りまとめられ、それを郡司が郡で一巻にまとめ、国司に提出。そして国司が中央政府に提出するという方法が取られていた。戸籍の内容に不正や誤りがないのかを確認するのは里長と郡司の仕事であり、そうした点において公民を把握するための実務は、里長と郡司が担っていたのである。つまり律令制の根幹を支えていたのは、伝統的な地域勢力であり、そうした点では中央集権体制とは、律令制が施行された当時の地域社会に制度という網をかけたものであり、地域社会の枠組みをそのまま取り込んだものといえるのである。

四　列島の東と西

境界の固定化

律令制が導入されると国が定めた労役・軍役、納税のために、多くの人びとが都をはじめさまざまな地域に強制的に赴かされることになった。中央集権体制は庶民レベルの往来を活発化させたという側面がある。ただし、その場合も交通は厳しく管理されていた。

律令国家は公民が国外へ出ることを許可制とし、関により通行を管理した。管理の実態は、過所木簡という通行手形が発掘調査で出土していることや『出雲国風土記』の記述により、国境に戍《まもり》とよばれる通行を管理する役所が置かれていたことからもわかる（図2-4-8）。こうした交通の自由を束縛する政策と里（郷）ごとに把握された戸籍による公民の管理により、国―郡―里という地域が固定化されたのである。国家が定めた境界では、国家による徹底した交通規制がなされ、制度上「越えるべからざる境界」とされたのである。

東と西を分ける三つの関

さて、ここで現在の日本人にも強く意識されている西日本と東日本の境界について述べよう。一部でみたように、旧石器時代から西日本と東日本とでは生活文化の差が認められた。縄文時代には土器様式において明確な境界が認められ（図1-3-8）、稲作が伝わると、スムーズにそれを受容した西日本と約百年にわたってその受容を拒んだ東日本という差が認められた。

古墳時代になって前方後円墳が造られるようになると、東日本でも地域差こそあるものの、古墳時代前期には古墳文化を受け入れており、東西の違いはかすんでくる。ただし、これは倭王権という政治連合に参加した首長レベルの話であり、生活文化というレベルでは、たとえば掘立柱建物が早くから普及する西日本と竪穴建物を奈良時代ごろまで残す東日本という明瞭な違いが認められている。考古学の方法では、当時の人びとが西日本と東日本の違いをどれほど

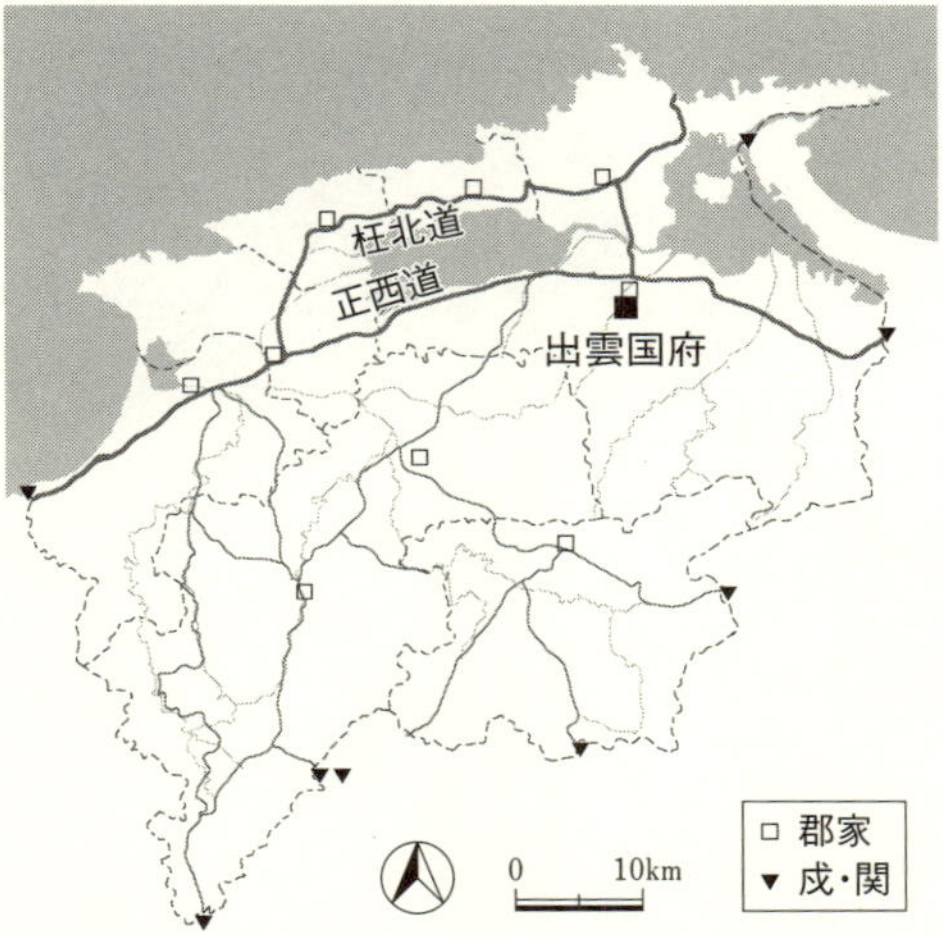

図2-4-8　出雲国風土記の記載から復元される古代出雲国の交通路と官衙
（筆者作成）

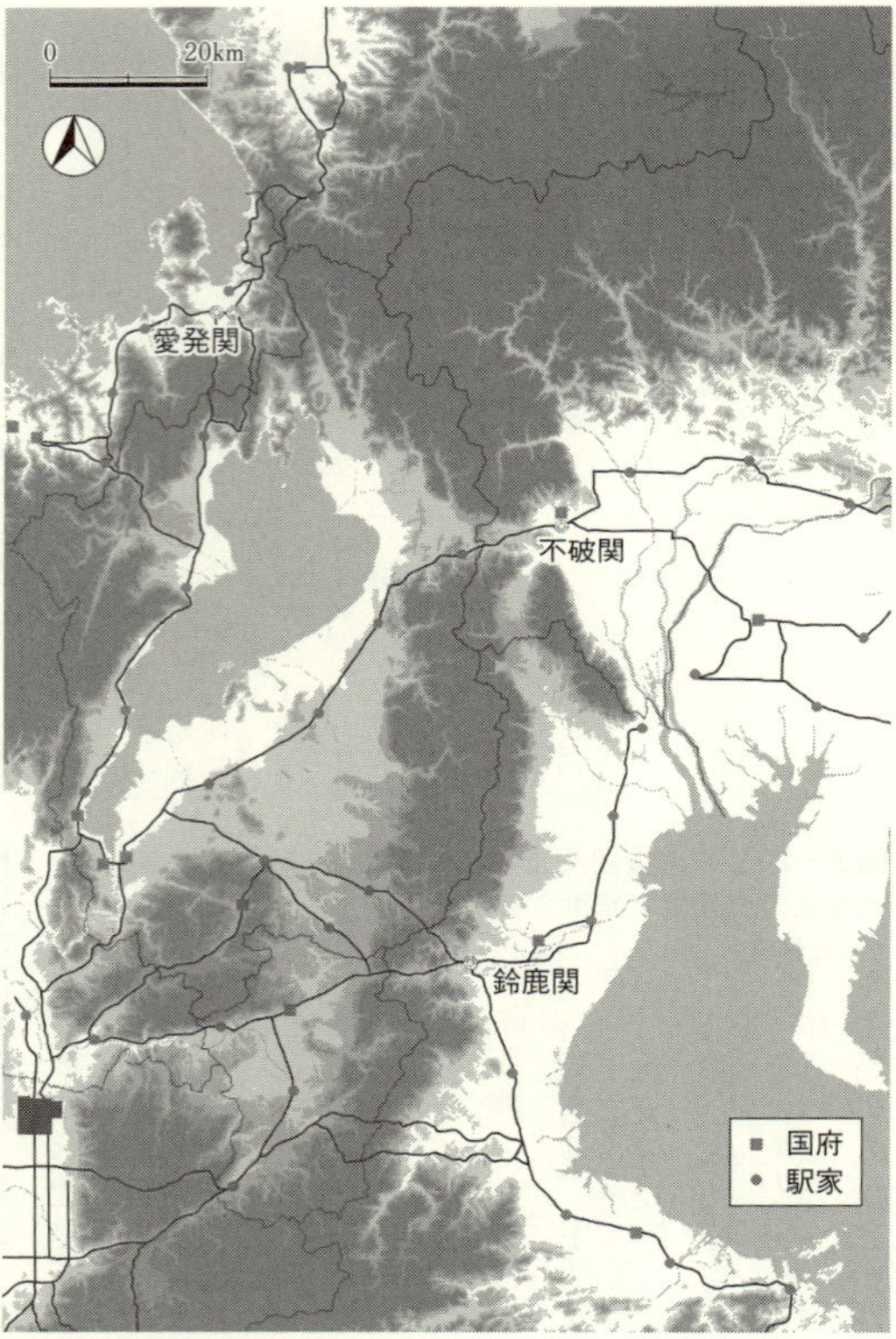

図2-4-9　三関と交通路
（筆者作成）

意識していたかの追究は困難であるが、七世紀後半になると東西を分ける明確な境界が設けられ、東と西が強く意識されるようになる。その境界が、鈴鹿《すずか》、不破《ふわ》、愛発《あらち》の三関《さんげん》である（図2-4-9）。

先にみたように古代国家は交通を管理するために諸国の国境に複数の関や戍を置いたが、この三つの関は特別であった。通常の関は国司が管理するのに対し、この三関には中央から城主以下の四等官が派遣され、武器も常備された。また、天皇の崩御やクーデターなど都で事件があったり、政治的混乱が予測されたりした場合には、都からこの三つの関に使者が派遣され、関が閉鎖された。これを固関《こげん》といい養老五年（七二一）の元明太上天皇の崩御のときに行われて以来、延暦八年（七八九）に三関が廃止された後も天皇崩御の折に、儀式的に固関が命じられることもあった。

鈴鹿関跡は、現在の三重県亀山市に所在する。東海道駅路が伊賀国と伊勢国を画す山地を越え、平野に降りてきたあたり、鈴鹿川と北側の山地とのあいだに長大な土塁と築地塀を築き、交通を遮断している。築地塀は奈良時代後半には瓦葺きになったようで、堅牢かつ荘厳な施設であった。残念ながら、建物などはみつかっていないが、中央から国司クラスの役人が派遣されているところからすると、おそらく国府に相当するような施設があったと考えられる。

一方、都から西ではこうした関は設けられることはなかった。外交や国防という点からいえば、大宰府から都に至るルートこそが重要視されるのだが、実際にはそうでなく、当時の国家は西よりも東との境を重視していたのである。それはなぜか。

続いて古代の東国についてみてみよう。

古代の東国

『日本書紀』には東国という言葉が頻出する。最も古い記事は「巻二神代下第九段」にみえる葦原中国《あしはらのなかつくに》の平定神話で、葦原中国の平定前に経津主神《ふつぬし》と武甕槌神《たけみかづち》が天にいる悪神を殺害したときに、悪神と戦った神が現在（この記事が書かれたときに）東国の香取に鎮座しているというものである。その後も『日本書紀』だけで二四回も「東国」という記述がみえる。それに対し、西国はわずか二回にとどまり、六国《りっこく》史《し》を通じても三回にとどまる（東国は四〇回）。また、東国とは、単に地域をさしていたのではなく、そこに住む人びとも含めた意味をもっており、西とは違った社会であると認識されていた。代表的な記事を二つ紹介しよう。

まずは、『続日本紀』神護景雲三年（七六九）一〇月一日条である。

朕《あ》が東人《あずまびと》に刀《たち》を授《さず》けて侍《さむら》はしむる事は、汝《みまし》の近き護りとして、護らしめよと念ひてなもある。是の東人は常に云はく、額《ひたい》には箭《や》は立つとも背は箭は立たじと云ひて、君を一つ心を以ちて護るものぞ。

これは聖武太上天皇が孝謙天皇（重祚《ちょうそ》前の称徳天皇）に語った言葉で、東国の兵は勇敢で天皇に対する忠誠心も強いため、決して敵に背を向けることがないとある。もう一つの記事は、『日本書紀』崇峻五年（五九二）条である。そこには、蘇我馬子が崇峻大王暗殺を謀ったとき、東国の調を貢納する日であることを告げたとある。この東国の調とは東国の倭王権への服属を示す貢ぎ物と考えられ、この時代の「調」は律令制の税目とは異なり、三韓の調や任那《みまな》の調といった具合に、王権に服属する異国からの貢ぎ物のことをさしている。そうしたことから、中央政府は東国のことを自分たちとは異なる者が住む世界と認識していたことがわかる。

東国の意識の深層

『古事記』『日本書紀』には倭王権が列島の諸勢力を従えていく様子が描かれている。九州をはじめとする西日本への進出は、景行天皇やヤマトタケルの遠征により、熊襲が服属するという物語に仮託されている。一方、東日本への進出はヤマトタケルに仮託され、『古事記』では常陸あたり、『日本書紀』では陸奥の中部付近まで従えたと記されている。西も東も大王もしくは大王家の一員である英雄が遠征することによって、国家の支配領域に組み込まれたと伝えている。

また、前方後円墳の出現時期も関東と九州南部で違いはなく、畿内からの文物の受容において東西の違いは考古学的にはほとんど認められない。しいていえば、王権の先祖が高千穂に降臨し、そこから大和へ向かうとする倭王権そのものの起源は西にあるとする点、また中央から異民族とされた隼人は『日本書紀』では神代紀から現れ、のちに集団として王権の側近くに仕えて皇宮の守護や歌舞教習などの任務を得たのに対し、蝦夷は同書景行二七年二月一二日条にはじめて現れるが、隼人のような役割はついに与えられることはなかったことである。

ではなぜ、東国が律令制施行以降も異なる社会と認識されていたのであろうか。その一つは、先にみた東国の国造にある。東国の国造の名前をみていくと王名や宮名を負った伴造氏族であることがわかる。伴造氏族とは傘下の民を率いて、その名につながる大王や宮に人的、物的に奉仕していた集団である。

茨城国造の姓は壬生連《みぶのむらじ》であるが、壬生とは「乳部《みぶ》」の意で、特定の大王や王子らの宮を支える経済的基盤に奉仕する集団として設定されたものである。もともとは、刑部《おさかべ》（忍坂宮）のように宮ごとに設定されていたものが、七世紀初めごろに壬生部として一括された。同様に千葉国造の大私部直《おおきさきべのあたい》氏であるが、「キサキ」とは「后」、つまり后妃の私有民であることを示しており、そこに王権に服属する東国の首長の姿がみて取れる。

また稲荷山古墳出土の鉄剣銘が示すとおり、五世紀には東国の首長が子弟を王権のもとに派遣していた可能性が指摘されている。飛鳥時代以降、東国の人びとにはおもに軍事力としての期待が寄せられ、『日本書紀』皇極三年（六四四）一一月条には、蘇我蝦夷が常に東国の兵五〇名に身を守らせていたとある。こうした要請を反映するように、律令制下、東国からは有力豪族の子弟が舎人《とねり》として、娘は采女《うねめ》として天皇や皇族のそば近くに仕える規定がある。畿内を中心とした倭王権はおもに西の連合政権であった。それに対し、東国はヤマトタケル伝承に象徴されるように、倭王権に服属した地域であり、王権への奉仕が義務づけられた地域であったことが東西それぞれの社会の違いにつながったと考えられる。そして、東国の服属性と軍事力が古代社会の転換につながった事件が起こる。

壬申の乱がそれで、東国の兵を率いた大海人王子が時の朝廷を打倒したときの主力が、王子に従った東国の兵だった。これは東国の兵の優秀さを印象づけることにもなったが、半面、その力に驚異を感じたと考えられる。どちらにつけば得かという打算もなく、自らが従う者に忠実であり、現政権を根こそぎ倒してしまう凄まじい軍事力をもった集団は、敵に回したくないどころか政権中枢で起こる問題に関与してほしくないというのが為政者の本音だろう。

三関を設けて、有事の際には東西交通を遮断する政策を取ったのも、中央政府の東国に対する恐れを示している。その結果、東と西の境界が制度的にも固定化されたわけであるが、それ以上に人びとの意識の中に、この境界の向こう側には異質な集団の領域が広がっているという意識を強く植えつけたのである。

関東と坂東

『続日本紀』天平一二年（七四〇）一〇月二六日条に、はじめて関東という言葉が現れる。九州で起こった藤原広嗣《ひろつぐ》の乱を受けて、聖武天皇が行幸することを告げた記事で、行幸ルートからしてこのときの関東とは鈴鹿関、不破関の東側の地域をさしていることがわかる。また、天平宝字元年（七五七）一二月九日条には、尾張宿禰大隅《おわりのすくねおおすみ》の壬申の乱での功績に、天武天皇を関東に脱出させたことを挙げるが、ここでも鈴鹿関以東をさしているのは明らかである。関東とは三関の東をさす言葉として現れるのである。

ちなみに、関西は『吾妻鏡《あずまかがみ》』が初出である。源頼朝が伊豆で挙兵した治承四年（一一八〇）の記事などにみえ、やはり三関よりも西の地域をさしている。

では、現在でいう関東、つまり東京都、神奈川県、千葉県、埼玉県、群馬県、栃木県、茨城県という地域の単位はいつごろ、どんな理由で生まれたのだろうか。関東平野は、縄文時代以来いくつかの生活文化圏に分かれていることがうかがわれた。それがある程度まとまりをもった地域として扱われるのは、王権側からの視点によるものである。『常陸国風土記』に、足柄峠よりも東の地域をアズマの国とよんだとあり、その起源はヤマトタケル東征伝説に求められる。もっともこのアズマの国とは現在の東北も含んでいる。

現在の関東につながる地域は『続日本紀』に坂東《ばんどう》という地域名称で現れる。坂とは、足柄峠と碓井峠をさし、峠という自然地形を境とした地域名称であり、やはり中央からみた地理的な範囲のことである。同書神亀元年（七二四）条には坂東九国とみえ、武蔵、相模、安房、上総、下総、上野、下野、常陸の八カ国に陸奥国を含んでいるが、天平宝字三年（七五九）以降は陸奥国が抜け、現在の関東につながる八国が坂東諸国と称され、これが江戸時代まで用いられている。注目したいのは、この坂東という地域名称が軍事力とセットで現れることである。少なくとも六国史の「坂東」は、すべて蝦夷との戦いに関する記録の中で用いられている。

奈良時代の終わりごろになると国家戦略として蝦夷戦争が繰り返し行われた。兵士の徴集から兵糧や軍備も坂東とその周辺諸国に課せられた。のちに坂東武者という言葉が現れるように、坂東と軍事力は切っても切り離せない関係にあった。つまり、坂東は峠の東という地理的区分とは別に、蝦夷戦争という政治的な事情によって共通の義務を負わされた国の集合体として、律令国家が政治的に設けた地域区分なのである。

坂東の交通網

坂東という地域が成立した背景には、国家によるインフラ整備も強く影響しているようである。先にみたように駅路をはじめ、古代国家は全国的な幹線道路網を整備したが、坂東諸国ではとくに手厚い整備がなされた。広大な平野部をもつという地理的な要因もあるが、駅路に加え、古くからの海上交通の重要な拠点である東京湾岸を環状にめぐる道路や、武蔵国が当初、東山道に属したこともあって、上野国から南下し武蔵国府を経由し東海道駅路にも接続する道路、さらに常陸国と下野国とを結ぶ道路など、さまざまな道路が設けられ、それによって坂東全域が幹線道路網によって結ばれることになった。

これらの道路網は、蝦夷戦争の際の兵や兵糧などの効果的な輸送を視野に入れて設置されたものと考

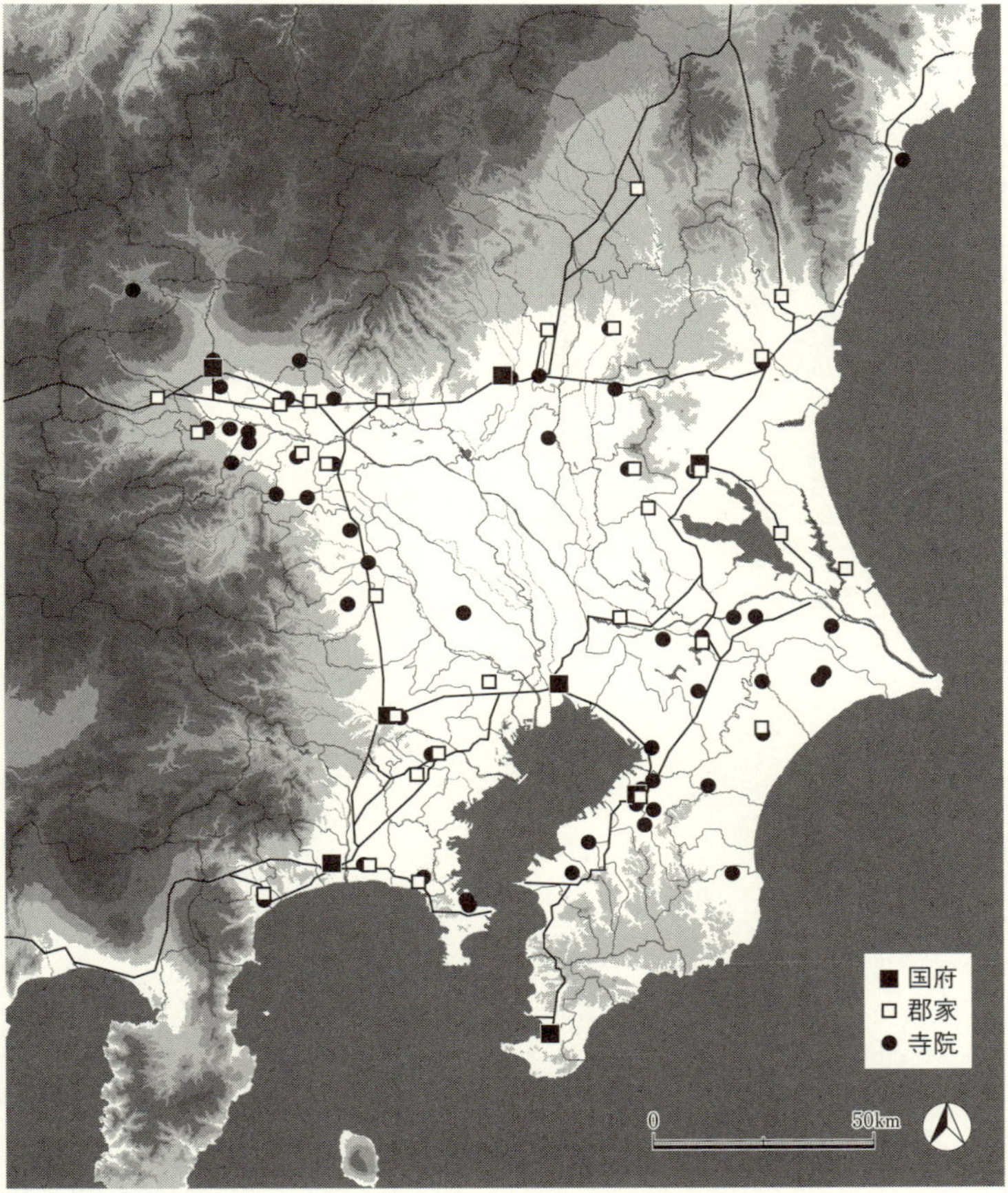

図2-4-10　坂東の交通網
（筆者作成）

えられる。こうした社会基盤と地域全体からの兵力や武器、兵糧の供給が繰り返されたことにより、坂東という政治色の強い地域の枠組みが人びとにも強く意識されるようになったと考えられる(図2-4-10)。

時代はやや下るが天慶二年(九三九)の平将門の乱では、わずか二カ月あまりのあいだに坂東諸国と伊豆国が制圧された。このような短期間の制圧を可能とした要因の一つとして、私は坂東諸国に設けられた道路網の存在が大きかったと考えている。また、将門は新皇を名乗ったとあるが、その支配領域として都に提示したのは、坂東諸国と伊豆国であった。こうした領域意識の形成にも古代国家の対蝦夷政策が強く影響していると考えられる。

コラム　律令国家の支配領域

坂東の北の社会

古代国家は東日本を強く意識していた。それは優秀な軍事力と高い生産力にあったわけだが、一方で彼らが国家に反抗した場合には、手に負えないものであり、そうならないように、国家は東国に対しさまざまな負担を課し服属を確認した。その負担の矛先が、現在の東北の地である。古墳文化は現在の福島県、宮城県太平洋岸、山形県南部まで浸透し、定着しており、これらの地域は比較的早くに国家の枠組みに入ることになったが、それより北では西の文化の受容はスムーズにいかなかったどころか、騒乱の種になったようである。

単純に前方後円墳の分布からみると、岩手県奥州市の角塚《つのづか》古墳（六世紀前半、全長約四五メートル）が北限となるが、これは一代限りのものであり、しかも周辺に展開しないなど、この地域の首長が倭王権に一時的に参加しただけだと思われる。また、宮城県栗原市入《いり》の沢《さわ》遺跡（図2-C4-11）は四世紀前半の集落遺跡であり、竪穴建物から銅鏡や近畿の土器とよく似た土器が出土するなど、西の文化が確実にもたらされていたことがわかるが、これを受容した集団は他の集団から排斥された可能性がある。入の沢遺跡は丘陵上に営まれ、周囲を堀で囲むなど防御性が強い集落であるが、そこでみつかった竪穴建物は火災により焼失していた。これは、この集団に敵がいたことを示しており、その敵により集落が滅ぼされた可能性が考えられるのである。つまり、古墳時代の東北地方北部には、西の文化を受容した集団とそれを排斥した集団が存在したことがわかるのである。

図2-C4-11　入の沢遺跡の焼失住居
（東北歴史博物館提供）

古代の東北

七世紀中ごろ以降、国家は東北に住む人びとを蝦夷《えみし》とよび、異民族であるとした。そして、その征討のためにしばしば派兵している。こうした派兵を繰り返すことにより、次第に国家の支配領域が北上していく。

その様子は『日本書紀』や『続日本紀』の記載だけでなく、国家が置いた城柵とよばれる支配拠点が北上していく様子からもうかがわれる。とくに、光仁天皇の時代から桓武天皇の時代（七八一～八〇六年）にかけては、大がかりな戦争が繰り返し行われ、そのつど、坂東の兵や財産が惜しげもなく投入され、蝦夷も坂東の人びとも疲弊することとなる。

また、国家は新たな支配領域には郡を置き、そして東山道駅路を延長させた。それとともに、おも

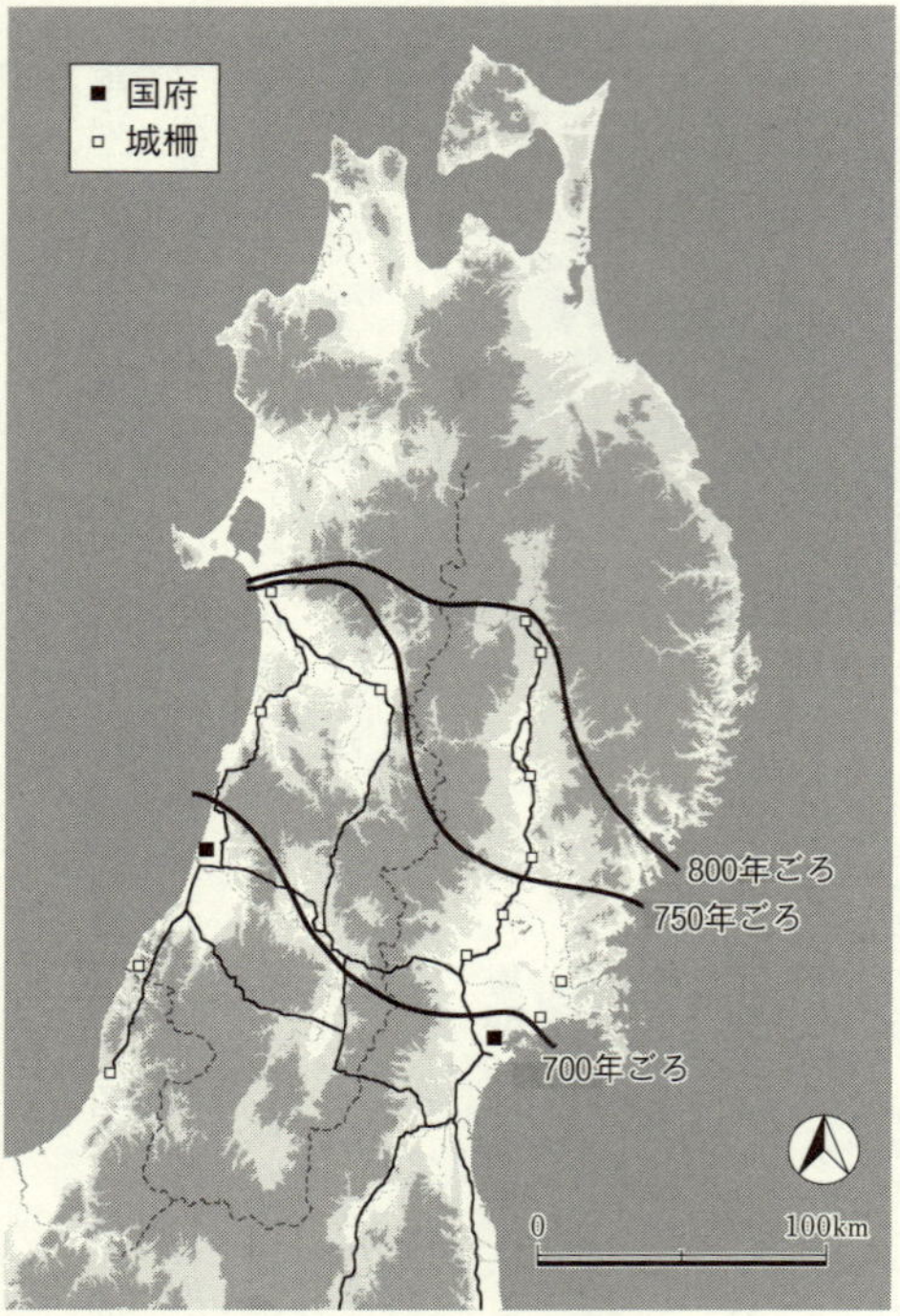

図2-C4-12　律令国家の勢力範囲の北上
（筆者作成）

に坂東から彼の地に人びとを移住させ、逆に降伏した蝦夷をよその国に移住させるなどした。このように、古代国家は、東北に対し強硬な手段を用いて境界を破壊し、その文化を塗り替えようとしたのである。その結果、平安時代の初めには、現在の盛岡市から秋田市にかけての範囲が、国家の支配領域となったのである（図2-C4-12）。

古墳時代以降、国家の基本スタンスは地域勢力に対し最大限の配慮を行いながらも、次第に中央権力を浸透させるという方針であったが、異民族として位置づけられた人びとにとっては容赦がなかった。

ただ、こうした虐げられた土地が、のちに始まる武士の世の幕開けの舞台となるのである。このことは、終章で詳しく述べる。

五　中央集権体制の崩壊と境界

中央集権体制の崩壊

奈良時代後半になると律令制による中央集権体制のほころびが明確になった。中央集権とはすべての土地と民は天皇のものという理念により成り立っており、当時の国家、地域社会の上に制度という網をかぶせることでそれを実現した。

しかし、中央集権体制は古い社会の仕組みを含んでいたため、先述したように発足当初からさまざまな矛盾を抱えていた。たとえば、税である調と労役はそれ以前の貢ぎ物と奉仕を制度化したものであるため、律令の規定もそれを前提とし、税の運搬に要する費用は納税者の自己負担とされていた。そのため納税や労役のため都へ向かった人びとが帰り道で餓死しているという記事が『日本書紀』『続日本紀』に頻出している。

八世紀中ごろから税の運搬に要する費用負担などの制度上の矛盾は次第に解消されるが、その過程で税の運搬を請け負う業者が出現して富を蓄えるようになる。また、国が命じる労働はいずれも雑徭《ぞうよう》（税の一種）と位置づけられ、規定を超える労役が課せられた場合は、租以外の税を減免する措置が取られていた。ただし、国家が求める雑徭は次第に拡大し、税の免除だけではしのげないほど人びとは疲弊した。負担に耐えられなくなった人びとは、土地を捨て逃散したのだが、同時にそうした者を受け入れる先も次第に広がっていった。

また、奈良時代には生産力増大のため、民間による耕地拡大政策が取られた。三世一身法《さんぜいっしんのほう》（養老七年〈七二三〉）や墾田永年私財法（天平一五年〈七四三〉）は、新たな耕地開発による生産力増強政策でもあった。墾田開発を行う者は、当然のことながら労働力を求め、逃散した者の格好の受け入れ先になった。そして均質であるはずの公民の中からも、多くの耕地と民をもつ、新興勢力が生まれ、やがて彼らの中から里長や郡司といった伝統的な地域勢力を凌ぐほどの実力をもつ者も現れるようになった。それによって、律令の柱の一つである国家による公民の把握が次第に崩れ、税の未納が相次ぎ、国家財源となる徴税が困難になった。

そうした現実に対応するために、国家は、九世紀末から一〇世紀初頭にかけて予算の確保を目的として国司に一定の税の納入を義務づけるとともに、その見返りとして国司の権限を大幅に拡大する政策を打ち出した。こうした徴税請負人としての国司を受領《ずりよう》という。

国司に大幅な裁量権を与えるということは、今でいうならば地方分権を認めることにつながる。それはつまり、中央集権体制の崩壊を意味していた。そして、地域は再び独自の展開をみせることになる。

こうした大きな流れは見方を変えれば発達した社会に対応するための現実的な政策であり、制度から解放された地方は、その個性を明確に示すようになる。律令制以前から、地域の実質的な支配者であった郡司は、主要な業務である戸籍による民の把握が不要となり、また徴税も国司が率いる郎党らにより行われることになったため、その役割を失った。そして、社会変化にうまく対応した新興勢力が新田開発や民への稲の貸し付けによる利子によって蓄えた財力によって台頭し、それを元手に中央の有力貴族や寺社、国司らに土地や財物を寄進することにより接近し、その庇護のもと有力な地域勢力となっていった。

地域社会の変動と地域差

こうした社会の変動は、集落遺跡からも読み取ることができる。千葉県の東京湾沿岸地域ではたくさんの古代の集落遺跡が、ほぼまるごと発掘調査されているが、その多くは一〇世紀になると衰退し姿を消している。これらの集落は竪穴建物と掘立柱建物からなっているが、竪穴建物の規模は均質的で大きな階層差は認められない。律令制による均質的な社会のありかたが遺跡にも現れているのである。そして、そうした集落の廃絶とほぼ時を同じくして、複数の掘立柱建物からなる館跡が認められるようになる。このような変化は、同時期に関東一円で広く認められているようで、新たに現れる館は富を得た富豪層のものと考えられる。時代の変化は集落のありかたも大きく変えたのである。

このような変化は、九州では関東よりも百年ほど早く認められるようである。九州北部では、古代の集落が九世紀初頭に廃絶し、また水田もその時期に放棄されている。畿内では六世紀末から七世紀初頭の間に古墳時代の集落が廃絶し、新たな集落が場所を変えて出現するが、九世紀前半にそれらが廃絶している。

こうした東西の差は中央の有力者の地域への関与の差によるものであった。それというのも、八世紀末ごろから西日本では、正税を支払えなくなった農民が寺社などに土地を売却する事例が認められている。有力貴族や寺社による土地の積極的な取得が西日本では九世紀前半から始まったのである。その結果、中央の有力者のもとに西日本の土地が個々に集積されることになり、有力者による土地の直接支配がなされるようになった。それに対し、東日本では九世紀後半ごろまでは、律令制による社会が維持されながらもそれぞれの地域で実力を蓄えた新興勢力が稲の私的な貸し付けなどを行い、その利子として公民の土地を集積し、それを国司などをとおして、中央の有力者のもとに寄進するなどした。そのため有力貴族や寺社への土地の集積は地域勢力を介した間接的な形で進められた。その違いがもたらした影響については、終章で述べる。

一方、律令制の崩壊という大きな社会変動の中でも、律令国家が定めた境界はほぼそのまま維持された。引き続き国単位で国司が派遣され、かつそれが行政体として機能し続け、耕地の把握も郡や郷を基本として把握され続けた。耕地は当然、そこを耕す人とセットの関係にあるので地域集団の枠組みも合わせて継承された。

律令制は崩壊しても、一度固定化された社会の枠組みはその枠組みに慣れた人びとの意識とあいまって、そのままのちの時代にも受け継がれていくのである。それどころか、地域の主体性が許容されるようになると、地域の個性はより明確化するのである。

人びとの意識に定着した境界

再び天慶二年（九三九）の平将門の乱について記そう。常陸国府を陥落させた将門は、その後、下野国府、上野国府を落とし、あっという間に坂東一円を支配する。常陸国府襲撃は偶発的な事件で、その後、下野国府の襲撃は、武蔵国権守《ごんのかみ》である興世王《おきよおう》の「一国を奪った罪は重いので、どうせなら坂東一円を奪えばよい」という言葉を受けてのことと伝えられる。上野国府を陥落させた将門は主君、摂政太政大臣藤原忠平に書簡を送るが、そこには坂東諸国を横領するに至った経緯について弁解しつつも、自分は桓武天皇の血を引いているので、日本の半分を領有しても問題ないことや、史書にも武力をもって天下を取った人も記されていると述べ、自己の行為を正当化している。

この書状で興味深いのは、将門は国家転覆を謀ったのではなく坂東に独立した政権を樹立させると宣言していることである。この書簡を送ったのも坂東の征服を終え、国司の任命や皇居の建設を決定したタイミングであり、その後は本拠に戻り、常陸北部の残敵を掃討するものの、坂東の外へと戦線を拡大しようとした形跡が認められない。もっとも将門の命運はそのころにはもう尽きかけていたのであるが、将門のみならず坂東支配を勧めた興世王らの意識の中には坂東という領域が強く植えつけられていたと考えられる。

どうやら長年にわたり植えつけられてきた領域意識は、人びとの思考に強い制約を与えるようである。境界はそうして人びとの意識の中でも固定化していったのである。

国司のその後

将門の乱の後も、土地の所有をめぐるさまざまな争いがあった。新たな耕地を開墾し、それによって経済力を得た開発領主は、その土地の所有を確実にするために、国司に土地を寄進し、自らは土地の管理者という立場でその実質的な支配を行い、国司には収穫物の一部を差し出した。また、国司は、蓄積した土地を中央の有力貴族に寄進した。

しかし、国司の権威は任国の中だけで通用するもので、都に帰れば一介の中級貴族であり、発言権も乏しければ、中央政界ではさしたる出世も見込めない。そして任期は四年。国司は任期終了後も新たな赴任先を求めることとなる。国司の任命権は天皇にあり、公卿の推挙を受けて決定された。その際、大きな発言力をもっていたのは摂関家などの有力貴族であった。一〇世紀初めには、院（譲位した天皇）や宮家（宮号を賜った皇族一家）に特定の国の国司となる人物を推薦させ、そこから納められた税を推薦者である院や宮家が収納できるという院宮分国制《いんぐうぶんこく》が設けられた。これはもともと皇族の財政基盤を確保するための制度であったが、一一世紀には国司任命権が摂関家にも実質的に与えられるようになり、国司は権限をもつ院や宮家、摂関家などの有力貴族への土地の寄進を加速化させたのである。

こうして中央の有力者層と中・下級貴族のあいだに明確な主従関係が形成され、地方では国司とそれぞれの地域の有力者層とのあいだに同じく主従関係ができた。それと同時に、国司の中には任期終了後も任国に土着し、中央とのつながりを保ちながら、実質的な地域支配を行う者も現れる。彼らは、地方の有力者と婚姻関係を結び、着実に地域に根を下ろしていく。

このように、律令制崩壊後の地域社会は、中央の有力者と国司、国司と地域勢力、地域勢力と中央の有力者それぞれのあいだに、お互いの権益を守り拡大することを目的とした複雑な人間関係が生まれた。石井進は、こうした関係をたとえて「人間の鎖」とよんだ（石井進 二〇〇二）。彼らを結びつけた富は、各地の特産品や珍しい品々であったが、基本的な財産は農作物であった。当然ながら、多くの農作物を得ようとすればたくさんの土地と人、安定した水の供給が最低限、必要となる。そして、それを多くの人が追求しようとすれば、そこには弥生時代さながらの土地争いが起こる。そうした争いをできるだけ有利な立場で終結させようとすると、どのクラスの中央権力とつながりを有しているかが重要となる。律令制が有名無実化し、制度による調整機能が低下した時代の利害調整は「人間の鎖」に委ねられることになる。そして同時に、集団と集団の境界は緊張感をもつようになる。

コラム　境界を定める天皇

再び『常陸国風土記』について

二章のコラム「首長と神」で紹介した『常陸国風土記』の続きをあげよう。

その後、難波の長柄《ながら》の豊前《とよさき》の大宮に天の下をお治めになられた天皇（孝徳大王）の時代になって、壬生連麿《みぶのむらじまろ》が初めてその谷を占有して、池の堤を築造させた。そのとき、夜刀の神が池のほとりの椎の木に昇り集まって、いつまでたっても去らなかった。そこで麿が大声を出して叫んでいうには「この池を修理するのは人びとを活かすためなのだ。それなのに一体どこのどういう神が大君の教化に従わないのか」といって、すぐさま工事に当たっていた人夫たちに命じて「目にみえるかぎりのすべてのものは、魚でも虫でも、恐れることはないから、一切撃ち殺せ」といった。その言葉が終わるやいなや、たちまちに神蛇は避けて隠れてしまった。（訳　秋本吉徳）

壬生連麿は茨城国造で、行方郡の建郡に携わった人物である。麿は箭括氏が定めた神の領域である谷に池を造ろうとした。谷を堰き止め、ため池を造り、下流の耕地を潤そうというねらいがあった。『日本書紀』にも推古朝ごろまで、しばしばため池築造の記事がみられる。自らの領域を侵され抗議する夜刀の神々を、麿は叱責し、ため池造りの役夫に対し、「撃ち殺せ」と命じたために神が退散したとある。

箭括氏が神との境界を定めるために、自らの一族が未来永劫、夜刀の神を祀ることを誓うという対価を払ったのに対し、麿は力づくで神の棲む土地を奪い、なんの代価も支払っていないことが、この二つの話の大きな違いである。

天皇と境界

この二つの出来事の違いは、前者が地域集団による土地開発伝承であるのに対し、後者は、国策による土地開発であったところにある。麿は「何の神《あまつかみ》、誰の祇《いずれくにつかみ》ぞ、風化《おもむけ》に従はざる」と叫んでいるが、「風化」とは「王化」すなわち、天皇を戴く国家の施政としてこの事業を行っていることを神に宣言しているのである。つまり、後者は、次のことを伝えているといえよう。

①国の施策すなわち天皇の命は、なによりも優先され、神であってもそれに従うべきとされていた。
②天皇には境界を定める権限があった。

もちろん、『日本書紀』の記事をみる限り、麿のように暴力的な手段で神を追い払うことが、すべての場合になされたとは限らない。しかし、推古朝から孝徳朝に至るあいだに天皇の力が強まり、境界を決定できる存在となったことは事実と考えられる。国―郡―里という行政の枠組みは、天皇の命により部分的に改編されたことはあるものの、基本的には明治政府発足まで維持され、天皇以外のいかなる権力者であっても、この枠組みそのものを改編することはできなかった。
先述したように、国家のもつ重要な機能は国内外の利害調整である。境界の決定は重要な利害調整であった。中央集権体制が整うことによって天皇が国土と国民の支配者と位置づけられたことは、境界の唯一の決定権者となったことと同じ意味をもっており、この伝承はその一端を示しているのである。

コラム　閉鎖的な地域社会

よそ者を排除する文化

『日本書紀』大化二年（六四六）三月二二日条に次のような話がある。

復、役《つか》はるる辺畔《ほとりのくに》の民《おおみたから》有り、事了《ことおわ》りて郷《くに》に還る日に、忽然《にわか》に得疾《やまい》して、路頭《みちのほとり》に臥死《し》ぬ。是に、路頭の家、乃ち謂《かた》りて曰く『何の故か人をして余路《あがあたり》に死なしむる』といひて、因りて死にたる者の友伴《ともがき》を留めて、強《あながち》に祓除《はらえ》せしむ。是に由りて、兄《このかみ》路に臥死ぬと雖《いうと》も其弟収めざる者多し。

大化二年といえば、蘇我本宗家が滅ぼされた乙巳《いっし》の変の翌年。孝徳大王が飛鳥を離れ難波の地の新たな都で、中央集権体制へ向けての国家方針を示した「改新の詔」を発した年である。この年には難波における新たな都づくりのために諸国から多くの人びとが、工事にかり出されていた。ここに紹介した話は、そうした地方から都へかり出された人びとの故郷への帰路での出来事である。

労役を終えた人びとの中には、帰り道に病で亡くなる者もいた。付近の住民は、その死を悼むどころか、なぜ自分の住む土地で死者を出したのかと同伴者を責め、強引に死の穢れを祓うための費用を要求した。そのため、たとえ兄が死んでも、弟は遺体を放置して立ち去ってしまうという。

この話はなおも続く。たとえば川で溺死者が出た場合、溺死者をみた者は同伴者に対し、溺死者をみせたことをなじり、やはり祓いの費用を求めるとか、よそ者が自分の家の前で炊飯をしていると、家の者がそれを責め、祓いの費用を求めたり、家の者から借りた炊飯具が倒れたりした場合には、それに対しても祓いの費用を求めるというのである。

こうした例は、当時の人びとが穢れに対し現代人のわれわれが思う以上に敏感だったことを示すだけでなく、穢れをもち込む者としてよそ者を強く警戒していたことを示している。この当時の地域社会がきわめて閉鎖的であったことがわかる記事である。

嫌われるよそ者と慕われるよそ者

奈良時代の儀式に道饗祭《みちあえのまつり》がある。『続日本紀』には天平七年（七三五）に西国で流行した疫病の蔓延を食い止めるために、道饗祭を行うよう天皇が命じたと記されている。この祭りそのものは、道路から進入してくる疫神を、酒食で接待してお引き取り願おうとするものであり、『延喜式』によると、毎年六月と一二月に都の四至の道路の交差点で行うこととされていた。道路が交わる場所（衢《ちまた》）は境界として扱われており、臨時に道饗祭が命じられた天平七年は、都で唐からもち込まれた天然痘が大流行し、たくさんの死者が出た年である。当時の人びとは、外からもたらされる死につながる穢れを祭りによって追い払おうとしたのである。

ただし、これはあくまでも穢れに対する恐怖であり、よそ者そのものに対する排斥ではなかった。奈良時代の僧、行基はたくさんの弟子を従え畿内各地を渡り歩いて、布教や社会貢献事業を行い、万を超える信者を得たようである。こうしたよそ者は地域にとってもありがたい存在として、歓迎されたのである。

終章　環境と境界

一　武士の世へ

弥生時代の境界が古墳時代・古代へと継承され、律令制による国―郡―里の母胎となり、さらにその枠組みが律令制解体後も継承されることを確認した。二部で最初に掲げたテーマはひととおり、終了したことになる。しかし、現在につながる地域文化の成り立ちを知るために、もう少し時代を下ってみたい。

武士の登場で地域はどうなったか

平将門の乱を鎮圧した藤原秀郷と平貞盛（～九八九）は、のちに武門の名流となるが、とくに貞盛の四男維衡《これひら》は伊勢平氏の祖となり、この家系から平清盛（一一一八～一一八一）が生まれる。戦乱はのちの武門の名流を生み出していった。

その代表格が平氏と源氏である。やがて彼らは、圧倒的な武力をもって「人間の鎖」の中で重要な位置を占めるようになり、それをもって政治的な権力を握り、新しい時代の担い手となる。つまり、複雑な「人間の鎖」は、武士の頭領により統合され、新たな秩序を生み出していくのである。

前九年・後三年合戦

武士による領域の統治は、どうやら奥州の地で始まったようである。それは、前九年合戦の記録から読み取ることができる。一二年もの長きにわたって続いたこの戦乱は、永承六年（一〇五一）、奥六郡《おくろくぐん》（胆沢《いさわ》郡、江刺《えさし》郡、和賀《わが》郡、紫波《しわ》郡、稗貫《ひえぬき》郡、岩手《いわて》郡）において強大な勢力を誇っていた安倍氏が朝廷へ税の納入を怠る状態になったため、陸奥守藤原登任《なりとう》が安倍氏懲罰のために軍を起こしたことにより始まる。安倍氏の支配領域は国家の支配領域の北辺からその外側に当たり、そこは都の有力者がこぞって求めた砂金や良馬の産地であった。また北方交易により、鷹の羽根やアザラシの皮などの北方の珍しい品々も入手していたようで、安倍氏はそうした品々を都へと送っていたようである。この合戦について記した『陸奥話記《むつわき》』には、官職を得ていないものの、陸奥国府（多賀城）によって地域の実質支配が認められていた勢力としての安倍氏の姿がみえてくる。

『陸奥話記』によると、安倍氏の当主である安倍頼良《よりよし》は、陸奥大掾《だいじょう》安倍忠良《ただよし》の子とされる。これが事実だとすると、国司の三等官の子ということになるが、頼良自身は俘囚長《ふしゅうちょう》（朝廷に服属する蝦夷の代表者）を称し、奥六郡の実質支配を行う代わりに、陸奥の物産を国府へ納める役割を果たしていたという。つまり、頼良は国司や郡司のように国家から制度的な権限を認められてはいないが、辺境の地の実質支配を少なくとも中央への確実な納税の義務を負わされていた陸奥国の国司により認められていた。つまり安倍氏の権限は、国司に代わり徴税を行うことにより成り立っていたのである。

この戦いは出羽国の豪族清原氏の参加を得た源頼義軍に安倍氏が敗れることにより終結するが、清原氏も安倍氏と同様、仙北三郡の実質支配を認められていたと考えられる。このころは、源氏や平氏といった中央の軍事貴族は荘園制にもとづき土地を獲得したり、国司に任命されることによって地域支配が正当化されていた。軍事力によって支配権を朝廷に承認させるようになるのは、平清盛が権勢を振るったころからであり、そこから武士の時代が始まるとされる。しかし、奥州の地ではその一〇〇年前の安倍氏の時代にその萌芽がみられるのである。

安倍氏滅亡後に起こった清原氏の内紛に陸奥守源義家の援助を受けて勝利した清原（藤原）清衡《きよひら》は、奥州藤原氏の初代となる。寛治五年（一〇九一）、清衡は関白藤原（九条）師実《もろざね》に馬を贈って接近し、以後、京の藤原氏との関係も保ちながら奥州の覇者となり、基衡《もとひら》、秀衡《ひでひら》、泰衡《やすひら》の四代にわたってこの地に君臨することになる。清衡の政治は、陸奥守源義家という中央の権力と結び、異父弟、家衡《いえひら》ら、敵を排除しながらも、もう一方で関白師実と結びつくことにより、合戦終結後の義家の政治的、軍事的介入を阻止し、奥州の地に独立王国ともいえる政権を築いた。その後も豊富な富を中央の有力貴族らに献上することで奥州全土の実質的な支配者として君臨し、実力により中央の介入を排除し続けた。これは、朝廷と対等の関係を築き上げた最初の軍事政権ということができ、こうした地方政権の存在は義家の玄孫の源頼朝が開いた鎌倉幕府の成立にも少なからぬ影響を及ぼしたと考えられる。

奥州藤原氏の支配領域は、藤原氏と源頼朝とのあいだで行われた奥州合戦（文治五年〈一一八九〉）の記事や、藤原氏滅亡後の幕府御家人の奥州への配置からすると、南は福島県白河市付近、北は津軽半島に及んでいたと考えられる。これは、陸奥・出羽国に相当している。平将門が坂東という領域を意識していたのと同様、藤原氏も奥州という領域を意識していたようである。そして、奇《く》しくもその支配領域は、縄文時代や弥生時代後期に顕在化する東北という生活文化圏に合致するのである。

鎌倉幕府の成立

平清盛による平氏政権とは、西国の国家であった。平氏はおもに畿内から九州までの武士団を配下に収め、瀬戸内海の海上交通を掌握し中国の宋と積極的に交易を行うなど、その関心は常に西に向いていた。途中で頓挫はするものの、福原への遷都はまさに対外交易を基盤とする国家を意識したものであったと考えられる。中国や朝鮮半島からの文物は、いつの時代も都の人の心を捉え、倭王権も律令国家もその独占を図った。こうした文物の経路である西国の政権が平氏政権といえよう。

一方、源頼朝は坂東を拠点とし、坂東の農業生産に基盤を置く軍事集団により推戴された政権であった。おのずと平氏とは理想とする国家像も異なっていたのだろうし、西の勢力に推戴された平氏と、東に推戴された頼朝による源平合戦は、東西諸勢力の価値観の対立という様相を呈していたのである。この源平合戦を列島規模でみると、もう二つの勢力があったことに気づく。一つは先に紹介した奥州藤原氏であり、もう一つが中部から北陸に基盤を置く木曽義仲の勢力である。西日本と関東、中部・北陸、東北が対峙するという図式は、歴史上、何度も現れていた生活文化の違いに起源をもつ領域どうしの対決でもあったといえる。こうした地域の枠組みが顕在化すること自体が、伝統的な地域文化が、根強く生き続けていたことを示しているという見方もできよう。

この戦いは、まず北陸の勢力が西の勢力を圧迫する（寿永二年〈一一八三〉）が、それを坂東の勢力が打倒し（寿永三年）、さらに西の勢力を壊滅（寿永四年）させた後に、東北の勢力を打倒（文治五年〈一一八九〉）するという流れをたどる。最終的な勝利者となった源頼朝は、日本からの独立という道は選択せず、元号も行政区画もそのまま温存し、表面的に朝廷の臣下という立場を取った。つまり、律令制で定められた日本国の枠組みの中に身を置きながらも、全国に守護や地頭を置くなど、各地に勢力を浸透させていったのである。

しかし、鎌倉幕府の影響力は西と東ではだいぶ異なっていたようである。まず、諸国の国境をめぐる紛争が起こった場合は、東日本では幕府が裁定するが、西日本では朝廷が裁定することとされていた。また、関所を作ったり交通を管理したりする権限をもつ機関も同様に東西に分けられていた。鎌倉幕府の成立は、東の政府の誕生という性質をもっており、これによって列島の西と東は政治的にも二分されることになったのである。

コラム　幅をもった境界

現在の都道府県界はある線をまたげば隣の県となるといった具合に、線で定められている。しかし、近世以前の人びとの意識にある境界とは、一定の幅をもった面と認識されていた。『常陸国風土記』

でみたように人が住む世界の外側には神の領域があった。また、『万葉集』などには、地方に向かう役人を見送る歌や出迎えの歌がいくつかみられるが、そのほとんどは川のほとりや山地への入り口すなわち、人と神の領域の境で詠まれている。また、通行が盛んな峠には祭祀遺跡が認められる場合が多いが、その立地は神木坂《みさか》峠（岐阜・長野の県境）に代表されるように峠の頂部で認められるものと、青谷《あおや》横木《よこぎ》遺跡（鳥取市）のように山麓部で認められるものとがある。麓の遺跡は人と神との境界を祀るもので、峠の頂部は神を祀る遺跡と考えられ、それは、古代の人びとの境界意識を反映している。

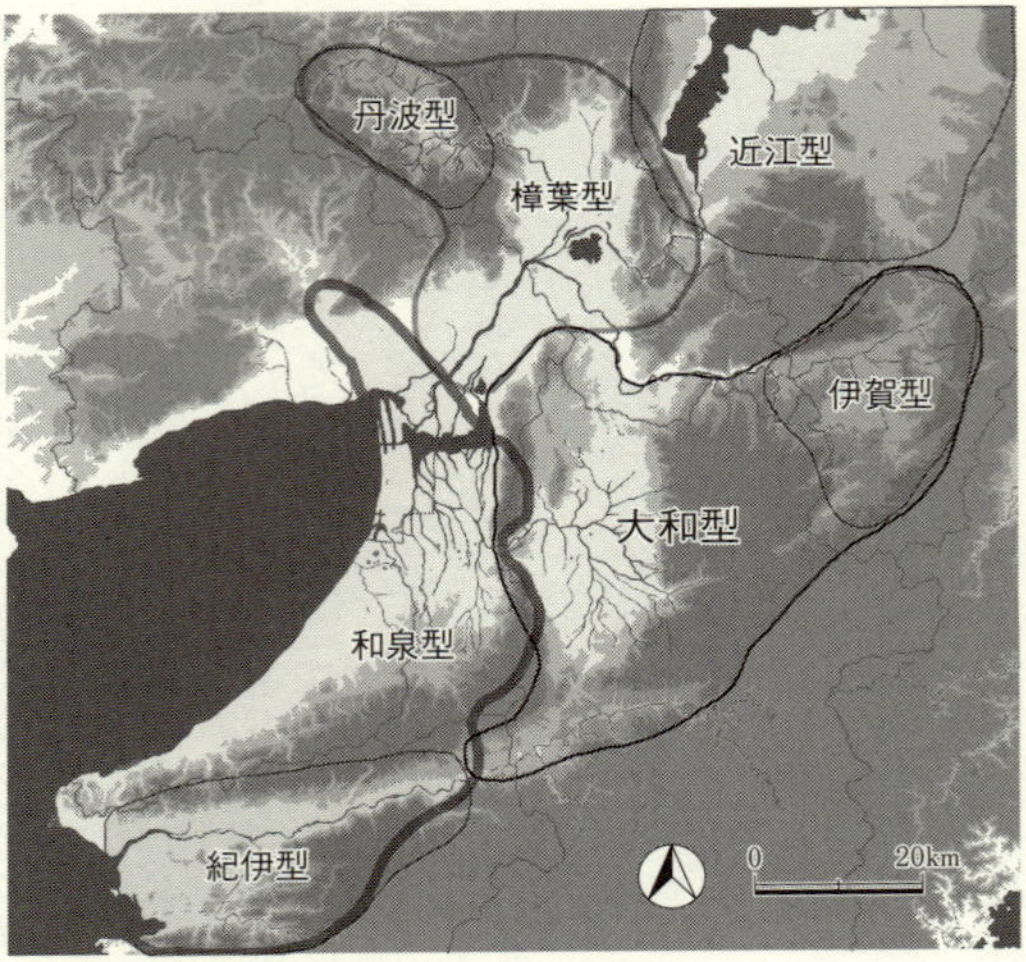

図2-C5-1　近畿における瓦器椀の分布
（筆者作成）

　このように古代の境界は祭祀遺跡などから推定することができるが、このほかにも、遺物の分布から復元できる場合もある。一一世紀後半から一四世紀中ごろにかけて近畿では、瓦器《がき》椀という黒色の土器が出土する。この土器は作られた地域による差が顕著であり、奈良盆地には大和型とよばれるものが、河内平野には和泉型とよばれるものがほぼ独占的に分布している。これは、瓦器椀を作り販売した組織が、それぞれの地域における独占的な販売権をもっていたためと考えられる。しかし、奈良盆地と河内平野を隔てる生駒山地から出土する瓦器椀は大和型と和泉型とが半々の割合で出土するのである。このことは、この山地はいずれの販売圏にも属さない空間、つまり二つの地域の境界であったことを示すと考えられる（図2-C5-1）。

河内平野側への大和型瓦器の分布は生駒山西麓に沿って南北に走る東高野街道を境に基本的には認められなくなる。このように出土遺物からも、境界と当時の人びとの境界に対する意識を読み取ることができるのである。

顕在化する西日本と東日本の違い

東日本と西日本の違いは一〇世紀後半ごろから著しく顕在化する。先にみたように鎌倉幕府の成立は西の政府と東の政府を生み出すことになったが、東の政府が生まれる土壌は平安時代後半にはできあがっていた。この違いは、東と西の集団の個性に起因するところが大きく、それは、それぞれの地域が歩んできた歴史的背景によるところが大きい。

坂東の地域勢力は、一族の惣領を中心とした縦社会によって形成されていた。具体的には、惣領は自らの子弟に領内の荘園を管理させ、子孫たちは郎党や下人《げにん》を従えて百姓たちを支配した。こうした一族の団結力の強さが坂東社会の特徴といえる。それは奈良時代から平安時代にかけての度重なる東北遠征に象徴されるように、集団の軍事的組織化が古くから否応なく進められたことや、前章で述べたように、律令制が崩壊へと向かう中、地域勢力がある程度、成長するまでのあいだ、中央の貴族や寺社などの有力者による土地への直接的な介入の度合いが西日本よりも少なかったことにも起因していると考えられる。さらにさかのぼれば、古墳時代に倭王権に集団で奉仕してきたという伝統も、そうした集団を生み出す背景にあった。

それに対し西日本では、上下関係の意識よりも、対等の力をもった勢力が横のつながりを結ぶという傾向が強い。権門・寺社が荘園の拡大を積極的に進めた西日本では、それらに従い荘園の管理を行う地域勢力が新たに誕生した。彼らは中央の有力者と主従関係を結び、同じ主君をもつ者どうしで横のつながりをもった。しかし、横のつながりは緩やかなものであった。平安時代中ごろから鎌倉時代の紀州の湯浅党《ゆあさとう》などはその典型であり、湯浅氏を惣領とし、得田《とくだ》、糸我《いとが》、保田《やすだ》、石垣、阿弖河《あてがわ》などの庶流各氏に加え、姻族の崎山氏、藤並氏らが党の構成員であったが、党としての結合は比較的緩やかであり、惣領の地位も東日本の豪族に比べて弱く、鎌倉後期には解体されていくことになる。

こうした集団のありかたは、農民も同じで関東では家父長的な性格が強い主従関係が基礎となっているが、西日本では小さなイエが横に結びついたムラ的な社会であったとされる。こうした意識の違いは制度にも現れており、鎌倉幕府による『御成敗式目』では、夫婦別財を原則とし、女子に所領を譲った親がこれを取り返す権利を認めるなど、親権がきわめて強い性質が認められるのに対し、公家法である『法曹至要抄《ほうそうしようしよう》』(一二世紀に法曹官僚の坂上氏により記された法律書)では夫婦同財を原則とするなど、イエを重視した規定となっている。

そして、西と東の集団のありかたの違いは、それぞれの地域の人びとの気質の形成にも影響を及ぼし、その伝統が今なお生き続けているのである。

コラム　源頼朝の国家意識

妙本寺本『曽我物語』（室町時代前期の成立か）には、安達盛長《あだちもりなが》の夢に現れた源頼朝が左足で外《そと》ヶ浜《はま》（津軽半島）、右足で喜界島（奄美群島）を踏んでいたとある。鎌倉幕府は、この南北の境界を北条得宗家領とし、代官を派遣して治めさせている。

南の境界、喜界島に城久《ぐすく》遺跡（鹿児島県喜界町）がある。この遺跡は、九世紀から一五世紀に至る集落遺跡で、四五〇棟を超える掘立柱建物や火葬墓、土葬墓、製鉄・鍛冶を行ったと考えられる炉跡、石敷遺構など、これまで奄美・沖縄地域で確認されていなかった重要な遺構がみつかっている。また、土師器・須恵器・白磁・越州窯系青磁など古代の遺物や、白磁玉縁碗・滑石製石鍋・カムィヤキ壺などの中世前半の遺物がまとまって出土し、その量、内容ともに同時期の奄美・沖縄地域の遺跡の中では突出している。『日本紀略』長徳四年（九九八）九月一五日条には大宰府が貴駕島（喜界島）に対し、暴れ回っている南蛮（奄美大島のことか）を捕らえるよう命じたとあり、翌年の長保元年八月一九日条には大宰府が朝廷に南蛮制圧に成功したことを伝えている。これらの記事から一〇世紀後半の喜界島には、大宰府の命を受けて、南島の治安を維持する機関が置かれていた可能性があり、その機関が対中国の交易拠点としても機能していたと想定されるのである。

そして、『吾妻鏡《あずまかがみ》』には文治四年（一一八八）二月二一日に源頼朝が、天野藤内遠景《あまのとうないとうかげ》に貴海嶋追討を命じているが、この時期は城久遺跡の集落の全盛期の終焉に相当しており、遺跡の衰退をこうした政治情勢に求める見方がある。

一方、外ヶ浜はおそらく奥州藤原氏の支配地の北限であったと考えられる。平安時代の国家による支配領域は秋田市と盛岡市を結ぶラインであったが、その後、安倍氏や清原氏、そして藤原氏らが北方の勢力を硬軟合わせたさまざまな手段を用いて傘下に組み込み、その支配領域を北上させたと考えられる。

以上から安達盛長の夢の中の頼朝が踏む外ヶ浜、喜界島の範囲は当時、日本と認識されていたことがわかるのである。

二　人と境界

地域に根ざした集団の個性

日本列島の豊かな自然環境は、個性豊かな地域文化を生み出した。それは、気候や環境に適応し、それと共存するための人間の知恵の結晶ともいえるものであった。そして人びととの活発な交流により、地域の個性と地域の価値がみいだされた。海辺に住む人は海の幸を欲する山の民と出会い、山の民は建築材や燃料を欲する海の民と出会った。人びとは交流を繰り返しながら、次第に大きな集団を作り上げていくが、そうした中で相反する二つの考えが生じる。

一つは、自らが所属する集団を他の集団から守るため、また他の集団よりも優位に立つために集団としての結束力とそれを率いる強いリーダーを求めるという、集団としての自立性、排他性である。弥生時代から認められる戦争は、そうした部分が顕在化したものであり、古代における行政区画の固定化と民の土地への固定化はそうした集団のもつ排他的な意識の延長上にある。

もう一つは、豊かさをめざした活発な交流である。生活に必要なさまざまな道具をすべて自給することは、困難であった。石器一つを取ってみても、使用目的に最もみあった性質をもつ石材を産出する土地は限られていた。石材産地付近に住む人びとにとって、石材は大事な資源であり、それを多量に確保し他地域の集団と交換することにより自分たちが必要なものを得ることができた。

交流とは、自らの住む土地の特性を理解し、他の集団が求めるものがなにかを知ることにもつながった。そして、特定の資源の確保や特定の生業への専従または、地理的な条件を生かした交流の担い手としての役割の発見など、地域の自然環境や地理的な特質を認識することにより、そこに住む集団の個性が強まり顕在化していった。環境に適応するために生まれた生活文化の一部は、こうして集団を生かすための生業の一部となった。

先述したように飛驒国は森林資源に恵まれた国であったが、そこに住む人びとは長年にわたる木との関わりから、優れた木材加工技術と運搬技術を手に入れ、それが奈良時代になると飛驒工という特殊な建築・木工集団を生み出し、その伝統は今なお生き続けている。志摩や能登の人びとは、海民の文化を長きにわたって保ち続け、律令制下においてもその伝統は途絶えることはなかった。

このように集団と集団との交流の活発化は社会を均質化させるものではなく、地域文化を際立たせるという側面をもっていたのである。律令国家が定め、現在の行政界のもとにもなった境界は、必ずしも政治的事情のみによって新たに定められたものではなく、旧石器時代以来の人間のさまざまな活動の中で形作られたものを踏襲し設定されたのであった。

国家意識と境界

集団同士の交流と対立とが人為的な境界を生み出し、さらに交流により生まれた広域に及ぶ社会ネットワークの中で、突出した力をもつリーダー的な集団がシステムやルールを頒布することによって国家が誕生し、その調整機能により境界が固定化されていった。しかし、国家という存在そのものが外国とのあいだに境界を設定することにより成り立つ、政治的な領域で重層的な領域の一つにすぎず、その成立や展開も一つの境界の歴史にすぎないという見方もできる。

また国家に求められるのは内外の諸勢力間の利害調整を行うことである。国家の施策とは、いわば利害調整のための手段であり、国家の歴史を知るには、外交や中央と地方との関係だけでなく、調整される側であるそれぞれの地域の集団の動向に注目する必要がある。つまり、それまでの地域社会のありかた、地域の歴史を知ることが、日本史を知る上で重要な意味をもつのである。列島最初の国家を築いた倭王権は、東アジアでの関係から中国の律令制というルールを取り入れ、日本に律令国家という中央集権を生じさせた。国家が担う地域間の利害調整は、律令制というルールに則って行われ、社会は画一化へと向かう一方、境界は律令制度により固定化されるに至った。しかし、律令制というルール自体に矛盾が生じ形骸化すると、中央の有力者を頂点とする「人間の鎖」が実質的な調整機能を担うようになる。以後、鎌倉幕府、室町幕府などといった武士政権が新たなルールのもと、それを受け継ぐようになる。ただ、政権が緊張感を失ったり、システムやルールが働かなくなって衰えるような事態に陥ると、再び、「人間の鎖」が権力の内側に現れ、境界の争奪戦が繰り広げられる。そして、国家の調整機能が衰え不安定な社会になると、集団は力をつけるために自らの地域の特性を生かし、新たな産業を生み出したり、伝統的な産業や技術を向上させたりするなど積極的に自立のための取り組みを行うようになる。たとえば、源平の争乱など社会が不安定になる平安時代の後半以降には、西日本を中心に二毛作が行われるようになり、荏胡麻《えごま》などの商品作物の生産も活発化するなど生産力の向上が図られている。また、このころからは商品経済が活発化するようで、珠洲焼や東播《とうばん》系須恵器など地域の枠を越え広域に流通する焼き物も現れる。これらのことは、それぞれの地域の集団が地域の自然環境や伝統的な技術を生かして経済力を強化したことを示していると考えられる。集団は外に向かうとき、まず内をみなおし、内の力を最大限に発揮するため、地域の個性を強化する。その結果、地域固有の姿が浮かび上がり、境界も明確化するのである。

ここまでみてきたように、境界は時代による政治形態の違いにより、顕在化したり潜在化したりしてきたが、確実に踏襲されてきた。国家が誕生へと向かい、地域への支配力を強めると、地域集団の個性は潜在化する反面、国家が支配単位を設定することで境界は政治的に明確化される。逆に国家の地域への支配力が弱まると地域集団の個性が顕在化し、境界をめぐる争いが起こる。こうした繰り返しの中でも、旧石器時代から形作られてきた境界は基本的には踏襲されてきた。それは旧石器時代から現代につながる境界が、日本列島の風土に適応した人間の営みの歴史によって成立したからである。豊かな自然環境に恵まれた日本列島に認められる境界、すなわち地域の枠組みは長年にわたって無意識のうちに受け継がれてきたものであり、そこには、それぞれの地域固有の豊かな歴史・文化がある。

おわりに

仕事柄、全国各地に赴く機会に恵まれている。いつも感じることは、狭い日本とはいえ、同じ景色がみられる場所は二つとなく、どこも個性に満ちあふれているということである。当然のことながら気候も違えば、食べ物も違う。言葉や人びとの気質も違う。よくよく考えてみると同じ国とはいえ、なぜこんなにも違いがあるのか不思議な気がする。

この国の中心となった地域の歴史を知れば、なんとなく日本の歴史をわかったような気になるのだが、全国各地のさまざまな遺跡をみると、どうやら単純なものではないらしいことに気づく。北海道千歳市のキウス周堤墓群を訪れたときは、その巨大さに圧倒されたし、北部九州の弥生時代の遺跡からの出土品の豊富さと豪華さには驚かされる。それぞれの地域の歩みの中で培われた歴史・文化はじつに多様であり面白い。また全国に前方後円墳とよばれる、似たような形の古墳が造られるようになってからも、京都府京丹後市の網野銚子山古墳から眺めた日本海の景色にはこの地に君臨した王の力の根源をみたような気がした。古代国家によって全国至るところに同じ目的で置かれた郡衙でも個性を感じる。古代道路の分岐点に所在する巨大な郡衙である群馬県太田市の上野国新田郡家跡、太平洋に臨む高台に位置する福島県いわき市の根岸官衙遺跡群など、地方行政を行う役所跡の割には、その立地や規模はさまざまなありかたを示している。こうした遺跡は中央の政策を示すものでありながらも、見方を変えれば、それに応えた地域勢力の勢力基盤の多様さや、中央がそれぞれの地域にどんな役割を期待していたかの違いなど、そこには、豊かな個性がある。

交通網が発達した現在においても、地域によりさまざまな違いが認められるのだから、遺跡がこうした多様性をもつのも当たり前といえば当たり前かもしれない。しかし、こうした違いが認められるのは日本列島というじつに多様な地形や気象、風土をもっている土地だからこそ、なのである。人間は環境に適応しながら生き、そこでの暮らしの中でさまざまな文化を生み出した。

日本列島にみられるこうした多様な歴史・文化は「日本国家の歴史」という一面的な見方だけでは、とうてい理解できるものではない。それぞれの地域が歩んできた歴史や、人びとの営みを知ることにより、はじめて理解可能となるものであって、国家の中の地域という見方とは違った切り口でアプローチすることが重要である。

昨今、地域の個性豊かな文化財を地域の活性化のために生かそうという施策が進められつつある。この取り組みを進める上でも、地域の成り立ちと歩みを、環境や文化などを含めた多角的な視点で捉え、そこから地域史へアプローチすることが必要であると考える。文化財の価値は地域により優劣があるものでは決してない。

文化財とは、自然と人とが一体となって育んできた地域文化の一端を示し、その真の価値を知るためには、地域を知り、歴史を知り、そこで暮らす人を知ることが必要だと思う。広い視野で地域をみる目が大事なのではないかと思う。その価値を単に最古、最大とか、珍しいといった即物的な評価に終わらせることも間違いである。その本質的な価値を追求するためには、自らが住む地域を多角的な目でみた上で、人間がそこでどのように生きてきたのかというところまで突き詰めて考える必要があるのではないだろうか。本書は、「中央史観」「進歩史観」から離れ、国家の歴史ではなく日本列島の歴史を境界という切り口から叙述しようとしたものである。その試みがどの程度成功したかは、はなはだ心もとないが、本書を通じて、自分が住む地域の歴史に関心を抱いてくれる方がいれば、この上ない喜びである。

（近江俊秀）

参考文献

（部・章ごと、五十音順）

はじめに

網野善彦『東と西の語る日本の歴史』講談社学術文庫　一九九八年

網野善彦『日本の歴史00「日本」とは何か』講談社　二〇〇〇年

石川日出志『シリーズ日本古代史一　農耕社会の成立』岩波新書　二〇一〇年

竹沢尚一郎『人類学的思考の歴史』世界思想社　二〇〇七年

藤本強『UP考古学選書　もう二つの日本文化――北海道と南東の文化』東京大学出版会　一九八八年

藤本強『市民の考古学七　日本列島の三つの文化――北の文化・中の文化・南の文化』同成社　二〇〇九年

バートン、ブルース「『境界』とは何か――理論的考察の試み」『境界の日本史』山川出版社　一九九七年

Lee, R. and DeVore, I. (eds.), Kalahari Hunter-Gatherers: Studies of the !Kung San and Their Neighbors. Harvard University Press, Cambridge, 1976.

一部一章

安斎正人『無文字社会の考古学』六興出版　一九九〇年

江上波夫『騎馬民族国家――日本古代史へのアプローチ』中公新書　一九六七年

大河内直彦『チェンジングブルー――気候変動の謎に迫る』岩波書店　二〇〇八年

大林太良『東と西　海と山――日本の文化領域』小学館ライブラリー　一九九六年
岡正雄「日本文化の基礎構造」『日本民俗学大系』二　平凡社　一九五八年a
岡正雄「日本文化成立の諸条件」『日本民俗学大系』二　平凡社　一九五八年b
佐々木高明『日本の歴史一　日本史誕生』集英社　一九九一年
佐々木高明／大林太良編『日本文化の源流――北からの道・南からの道』小学館　一九九一年
佐原眞『大系日本の歴史一　日本人の誕生』小学館　一九八七年
佐原真『佐原真の仕事一　考古学への案内』岩波書店　二〇〇五年
高橋龍三郎「縄文中期の社会構造」『縄紋時代の社会考古学』同成社　二〇〇七年
都出比呂志「日本文化起源論と歴史学」『歴史科学』一〇七　大阪歴史学協議会　一九八六年
中川毅『ブルーバックス　人類と気候の一〇万年史――過去に何が起きたのか、これから何が起こるのか』講談社　二〇一七年
山田康弘『つくられた縄文時代――日本文化の原像を探る』新潮選書　二〇一五年
吉田邦夫編『アルケオメトリア（Archaeometria）――考古遺物と美術工芸品を科学の眼で透かし見る』東京大学総合研究博物館　二〇一二年
ギャンブル、クライヴ（田村隆訳）『入門現代考古学』同成社　二〇〇四年
チャイルド、ヴィア・ゴードン（近藤義郎訳）『考古学の方法　改訂新版』河出書房新社　一九八一年

一部二章

海部陽介『ＮＨＫブックス　人類がたどってきた道――〝文化の多様化〟の起源を探る』日本放送出版協会　二〇〇五年
片桐千亜紀／徳嶺里江／河野礼子／土肥直美「更新世の墓域は語る」『科学』八七（六）　岩波書店　二〇一七年
加藤晋平『人類史叢書　シベリアの先史文化と日本』六興出版　一九八五年
佐藤宏之『北方狩猟民の民族考古学』北方新書　二〇〇〇年
佐藤宏之編『ゼミナール旧石器考古学』同成社　二〇〇七年
篠田謙一『ＤＮＡで語る日本人起源論』岩波現代全書　二〇一五年
高橋啓一『琵琶湖博物館ポピュラーサイエンスシリーズ　化石は語る――ゾウ化石でたどる日本の動物相』八坂書房　二〇〇八年
西秋良宏／宇田川洋編『東京大学コレクション　北の異界――古代オホーツクと氷民文化』東京大学総合研究博物館　二〇〇二年
日本旧石器学会編『日本列島の旧石器時代遺跡――日本旧石器（先土器・岩宿）時代遺跡のデータベース』日本旧石器学会　二〇一〇年
町田洋／新井房夫『新編火山灰アトラス――日本列島とその周辺』東京大学出版会　二〇〇三年
森先一貴『旧石器社会の構造的変化と地域適応』六一書房　二〇一〇年
森先一貴「東北地方後期旧石器社会の技術構造と居住形態」『旧石器研究』九　日本旧石器学会　二〇一三年

山崎真治／藤田祐樹「世界最古の釣針——沖縄県サキタリ洞遺跡の最新成果」『科学』八七（六） 岩波書店 二〇一七年
オズワルト、ウェンデル・H（加藤晋平／禿仁志訳）『りぶらりあ選書 食料獲得の技術誌』法政大学出版局 一九八三年
ストリンガー、クリス／アンドリュース、ピーター（馬場悠男／道方しのぶ訳）『人類進化大全——進化の実像と発掘・分析のすべて ビジュアル版』悠書館 二〇〇八年
ライク、デイヴィッド（日向やよい訳）『交雑する人類——古代DNAが解き明かす新サピエンス史』NHK出版、二〇一八年
Gamble, C. *The Palaeolithic Settlement of Europe*. Cambridge University Press, Cambridge, 1986.
Kaifu, Y., Izuho, M., Goebel, T., Sato, H., Ono, A. (eds.), *Emergence and Diversity of Modern Human Behavior in Palaeolithic Asia*. Texas A&M University Press, Texas, 2015.
Morisaki, K., Izuho, M., Terry, K., Sato, H. Lithics and climate: technological responses to landscape change in Upper Palaeolithic northern Japan. *Antiquity*, 89-345, 2015.
Morisaki, K., Sano, K., Izuho, M. Early Upper Paleolithic blade technology in the Japanese Archipelago. *Archaeological Research in Asia*, 2018. (https://doi.org/10.1016/j.ara.2018.03.001)
Sato, H. Late Pleistocene trap-pit hunting in the Japanese Archipelago. *Quaternary International*, 248, 2012.

安斎正人「『神子柴・長者久保文化』の大陸渡来説批判——伝播系統論から形成過程論へ」『物質文化』七二　物質文化研究会　二〇〇二年
今村啓爾『歴史文化ライブラリー　縄文の実像を求めて』吉川弘文館　一九九九年
岡村道雄『縄文の列島文化』山川出版社　二〇一八年
小林達雄『縄文人の世界』朝日選書　一九九六年
小林達雄編『総覧縄文土器——小林達雄先生古稀記念企画』アム・プロモーション　二〇〇八年
佐々木由香「水場遺構」『縄文時代の考古学五　なりわい——食糧生産の技術』同成社　二〇〇七年
佐藤宏之編『縄文化の構造変動』六一書房　二〇〇八年
佐藤宏之／山田哲／出穂雅実編『晩氷期の人類社会——北方先史狩猟採集民の適応行動と居住形態』六一書房　二〇一六年
鈴木克彦／鈴木保彦編『シリーズ縄文集落の多様性一　集落の変遷と地域性』雄山閣　二〇〇九年
谷口康浩「縄文時代の生活空間」『縄文時代の考古学八　生活空間——集落と遺跡群』同成社　二〇〇九年
谷口康浩『縄文文化起源論の再構築』同成社　二〇一一年
前山精明「石器組成と生業」『縄文時代の考古学五　なりわい——食糧生産の技術』同成社　二〇〇七年
ダイアモンド、ジャレド（倉骨彰訳）『昨日までの世界——文明の源流と人類の未来』上・下　日経ビジネス人文庫　二〇一七年
Gamble, C. *The Palaeolithic Settlement of Europe*. Cambridge University Press, Cambridge, 1986.
Sato, H., Morisaki, K. (eds.) Emergence of the world's oldest pottery. *Quaternary International*, 441, 2017.

二部全体にかかるもの
青木和夫／稲岡耕二／笹山晴生／白藤禮幸校注『新日本古典文学大系　続日本紀』一～五　岩波書店　一九八九～一九九八年
足利建亮『地図から読む歴史』講談社学術文庫　二〇一二年
網野善彦／斉藤利男／山口啓二／鬼頭清明／保立道久／丹羽邦男／藤木久志／高橋昌明／宮地正人『日本の社会史二　境界領域と交通』岩波書店　一九八七年
網野善彦『日本の歴史00「日本」とは何か』講談社　二〇〇〇年
井上光貞／関晃／土田直鎮／青木和夫校注『日本思想大系三　律令』岩波書店　一九七六年
大野晋／宮本常一ほか『MC新書　東日本と西日本――列島社会の多様な歴史世界』洋泉社　二〇〇六年
坂本太郎／家永三郎／井上光貞／大野晋校注『日本書紀』一～五　岩波文庫　一九九四～一九九五年
島方洸一企画・編集統括『地図でみる西日本の古代――律令制下の陸海交通・条里・史跡』平凡社　二〇〇九年
島方洸一企画・編集統括『地図でみる東日本の古代――律令制下の陸海交通・条里・史跡』平凡社　二〇一二年
竹内理三ほか編『日本歴史地図　原始・古代編』上・下　柏書房　一九八二年
竹田和夫編『古代・中世の境界意識と文化交流』勉誠出版　二〇一一年
坪井清足／平野邦雄監修『新版古代の日本』一～一〇　角川書店一九九一～一九九三年

村井章介『日本史リブレット　境界をまたぐ人びと』山川出版社　二〇〇六年
村井章介／佐藤信／吉田伸之編『境界の日本史』山川出版社　一九九七年

二部一章

森浩一編『日本の古代二　列島の地域文化』中央公論社　一九八六年
吉田孝『日本の誕生』岩波新書　一九九七年

二部二章

秋本吉徳『常陸国風土記――全訳注』講談社学術文庫　二〇〇一年
石川日出志「弥生時代中期関東の四地域の併存」『駿台史學』一〇二　駿台史学会　一九九八年
石川日出志『シリーズ日本古代史一　農耕社会の成立』岩波新書　二〇一〇年
金関恕／佐原眞編『弥生文化の研究』三・四　雄山閣出版　一九八六・一九八七年
都出比呂志『日本農耕社会の成立過程』岩波書店　一九八九年
寺沢薫『日本の歴史二　王権誕生』講談社　二〇〇〇年
寺沢薫「大和弥生社会の展開とその特質（再論）」『纒向学研究』四　桜井市纒向学研究センター　二〇一六年
藤堂明保／竹田晃／影山輝國『倭国伝――全訳注　中国正史に描かれた日本』講談社学術文庫　二〇一〇年
鳥取県埋蔵文化財センター『四隅突出型墳丘墓』二〇〇三年

藤尾慎一郎／今村峯雄／西本豊弘「弥生時代の開始年代――AMS炭素一四年代測定による高精度年代体系の構築」『総研大文化科学研究』一　総合研究大学院大学文化科学研究科　二〇〇五年
藤原哲「弥生時代の戦闘戦術」『日本考古学』一八　日本考古学協会　二〇〇四年
若狭徹『古代の東国一　前方後円墳と東国社会――古墳時代』吉川弘文館　二〇一七年

二部三章

石野博信／岩崎卓也／河上邦彦／白石太一郎編『古墳時代の研究』一〇・一一　雄山閣出版　一九九〇年
出田和久「九州地方における前方後円墳の分布論的検討――墳丘の規模と内部構造・副葬品の時期別分布を中心に」『奈良女子大学地理学・地域環境学研究報告』七　奈良女子大学文学部地理学・地域環境学研究報告編集委員会　二〇一〇年
近藤義郎編『前方後円墳集成』山川出版社　一九九一～二〇〇〇年
坂上康俊『日本の歴史五　律令国家の転換と「日本」』講談社学術文庫　二〇〇九年
都出比呂志「前方後円墳体制と民族形成」『待兼山論叢』二七史学篇　大阪大学大学院文学研究科　一九九三年
都出比呂志『古代国家はいつ成立したか』岩波新書　二〇一一年
広瀬和雄『前方後円墳国家』角川選書　二〇〇三年
広瀬和雄『前方後円墳の世界』岩波新書　二〇一〇年
松原弘宣編『古代王権と交流六　瀬戸内海地域における交流の展開』名著出版　一九九五年

森浩一『日本の深層文化』ちくま新書　二〇〇九年

二部四章

網野善彦『日本の歴史をよみなおす』正・続　ちくまプリマーブックス　一九九一・一九九六年
荒井秀規『古代の東国三　覚醒する〈関東〉――平安時代』吉川弘文館　二〇一七年
荒木敏夫編『古代王権と交流五　ヤマト王権と交流の諸相』名著出版　一九九四年
石井進『日本の中世一　中世のかたち』中央公論新社　二〇〇二年
沖森卓也／佐藤信／矢嶋泉編著『出雲国風土記』山川出版社　二〇〇五年
川尻秋生『古代の東国二　坂東の成立――飛鳥・奈良時代』吉川弘文館　二〇一七年
熊谷公男『日本の歴史三　大王から天皇へ』講談社　二〇〇一年
小松正夫編著『北方世界の考古学』すいれん舎　二〇一〇年
佐藤信編『古代東国の地方官衙と寺院』山川出版社　二〇一七年
中田祝夫解説『勉誠社文庫　倭名類聚抄――元和三年古活字版・二十巻本』勉誠社　一九七八年
中西進『万葉集――全訳注原文付』一～四　講談社文庫　一九七八～一九八三年
森田悌『日本後紀――全現代語訳』上・中・下　講談社学術文庫　二〇〇六～二〇〇七年
森田悌『続日本後紀――全現代語訳』上・下　講談社学術文庫　二〇一〇年
柳瀬喜代志ほか校注・訳『新編日本古典文学全集四一　将門記／陸奥話記／保元物語／平治物語』小学館　二〇〇二年

吉村武彦／山路直充編『房総と古代王権――東国と文字の世界』高志書院　二〇〇九年

二部終章

五味文彦『日本歴史私の最新講義一　日本史の新たな見方、捉え方――中世史からの提言』敬文舎　二〇一二年
五味文彦『シリーズ日本中世史一　中世社会のはじまり』岩波新書　二〇一六年
坂上康俊『シリーズ日本古代史四　平城京の時代』岩波新書　二〇一一年
佐々木恵介『日本史リブレット　受領と地方社会』山川出版社　二〇〇四年
中世土器研究会編『概説中世の土器・陶磁器』真陽社　一九九五年

[著者]

森先一貴（もりさき・かずき）一部

1979年京都府生まれ。文化庁文化財第二課文化財調査官。東京大学大学院新領域創成科学研究科修了。奈良文化財研究所研究員を経て現職。専門は先史考古学。4万年前、日本列島に渡ったホモ・サピエンスが、旧石器時代から縄文時代にかけて各地で環境適応を進めていく過程を研究中。ロシア極東でも旧石器時代から新石器時代の発掘調査に参加し、周辺大陸から日本列島文化を位置づけたいと考えている。おもな著書に『旧石器社会の構造的変化と地域適応』（六一書房）、共著に『晩氷期の人類社会』（同）、『ゼミナール旧石器考古学』（同成社）、*Lithic Technological Organization and Paleoenvironmental Change*（Springer）がある。

近江俊秀（おおみ・としひで）二部

1966年宮城県生まれ。文化庁文化財第二課文化財調査官。奈良大学文学部文化財学科卒。奈良県立橿原考古学研究所研究員を経て現職。専門は日本古代交通史。おもな著書に『古代国家と道路』『道路誕生』（ともに青木書店）、『道が語る日本古代史』（古代歴史文化賞なら賞、朝日選書）、『古代道路の謎』（祥伝社新書）、『日本の古代道路』（角川選書）、『平城京の住宅事情』（吉川弘文館）、『入門 歴史時代の考古学』（同成社）などがある。

朝日選書 983

境界の日本史

地域性の違いはどう生まれたか

2019年 4 月25日　第 1 刷発行

著者　森先一貴／近江俊秀

発行者　三宮博信

発行所　朝日新聞出版
〒104-8011　東京都中央区築地5-3-2
電話　03-5541-8832（編集）
03-5540-7793（販売）

印刷所　大日本印刷株式会社

Published in Japan by Asahi Shimbun Publications Inc.
ISBN978-4-02-263083-4
定価はカバーに表示してあります。

ルポ　希望の人びと
ここまできた認知症の当事者発信
生井久美子
認知症の常識を変える。当事者団体誕生に至る10年

中東とＩＳの地政学
イスラーム、アメリカ、ロシアから読む21世紀
山内昌之編著
終わらぬテロ、米欧露の動向……世界地殻変動に迫る

枕草子のたくらみ
「春はあけぼの」に秘められた思い
山本淳子
なぜ藤原道長を恐れさせ、紫式部を苛立たせたのか

ネガティブ・ケイパビリティ　答えの出ない事態に耐える力
帚木蓬生《ははきぎほうせい》
教育・医療・介護の現場でも注目の「負の力」を分析

asahi sensho

日本人は大災害をどう乗り越えたのか
遺跡に刻まれた復興の歴史
文化庁編
たび重なる大災害からどう立ち上がってきたのか

江戸時代　恋愛事情
若衆の恋、町娘の恋
板坂則子
江戸期小説、浮世絵、春画・春本から読み解く江戸の恋

歯痛の文化史
古代エジプトからハリウッドまで
ジェイムズ・ウィンブラント／忠平美幸訳
恐怖と嫌悪で語られる、笑える歯痛の世界史

くらしの昭和史
昭和のくらし博物館から
小泉和子
衣食住さまざまな角度から見た激動の昭和史